Python Flask

파이썬
플라스크
웹 앱

Web App 개발 입문

사토 마사키, 히라타 테츠야 지음   테라다 마나부 감수   김은철, 유세라 옮김

AK IT

예제 코드 다운로드 및 문의 안내

이 책을 구입해 주셔서 감사합니다. 예제 코드 다운로드 방법 및 문의 방법에 대해 다음 사항을 참고해주시기 바랍니다.

● 역자가 운영하는 네이버 카페

책에 게시된 완성 예제 코드는 역자가 직접 운영하는 커뮤니티(네이버 카페)에서 다운로드할 수 있습니다. 또한 게시판을 통해 역자에게 책과 관련한 질문을 할 수 있습니다.

https://cafe.naver.com/pplus/

● 부록 데이터 다운로드 사이트

(주)AK커뮤니케이션즈의 홈페이지 자료실에서도 완성 예제 코드 파일을 다운로드할 수 있습니다. 부록 데이터는 허가 없이 배포하거나 웹 사이트에 게재할 수 없습니다.

http://www.amusementkorea.co.kr/

● 출판사 홈페이지 문의

(주)AK커뮤니케이션즈 홈페이지의 [고객센터]에서 1:1 문의를 이용해 주세요. 질문 내용에 따라서는 답변을 드리기까지 며칠 이상 기간이 요구되는 경우가 있습니다.

http://www.amusementkorea.co.kr/

○ 이 책에 기재된 URL 등은 예고 없이 변경될 수 있습니다.
○ 이 책의 내용에 대해서는 정확하게 기술하고자 노력했으나, 역자 및 (주)AK커뮤니케이션즈는 내용에 대한 어떠한 보증을 하지 않으며, 내용이나 샘플에 의거한 어떠한 운용 결과에 관해서도 일체의 책임을 지지 않습니다.
○ 이 책에 게재된 샘플 프로그램, 스크립트 및 실행 결과를 기록한 화면 이미지 등은 특정 설정을 기반으로 한 환경에서 재현된 예입니다.
○ 이 책에 기재된 회사명, 제품명은 모두 각 회사의 상표 및 등록 상표입니다.
○ 이 책의 내용은 2022년 1월 집필 시점 및 번역 시점의 것입니다.

시작하며

플라스크(Flask)는 웹 서비스를 개발하기 위한 파이썬 웹 마이크로 프레임워크입니다. 웹 개발에 필요한 모든 기능을 갖춘 풀스택 프레임워크와 달리, 마이크로 프레임워크란 필요한 기능만 갖춰 비교적 가볍고 단순한 프레임워크를 말합니다. 플라스크는 2010년 4월 1일에 아르민 로나허(Armin Ronacher)가 만우절 이벤트로 발표했다가 파이썬 사용자들의 관심을 얻어 아예 정식 서비스가 되었습니다. 2018년에는 파이썬 개발자 조사에서 가장 인기 있는 웹 프레임워크로 선정되기도 했으며 지금까지도 인기가 높습니다.

이 책의 목적은 플라스크를 이용해 웹 애플리케이션(이하 '앱')을 스스로 작성할 수 있게 하는 것입니다. 우선 간단한 앱부터 만들어 보고, 문의 폼과 데이터베이스를 이용한 앱, 인증 기능 등을 단계적으로 구현하면서 플라스크 앱 개발 기초를 배웁니다. 이어서 이미지 데이터(사진)에서 물체를 판별하는 물체 감지 앱을 만들고 이 앱을 Web API로 만드는 방법까지 설명합니다.

플라스크는 마이크로 프레임워크이므로 다른 웹 프레임워크에 비해 프레임워크 자체 사양에 얽매이지 않고 앱을 개발할 수 있습니다. 또한 프레임워크 안에서 미리 구현해 놓은 기능이 많지 않기 때문에 스스로 생각하며 자유롭게 기능을 구현하거나 앱 개발을 배우기에 적합합니다.

실무에서는 실증 실험을 하기 위한 시험이나 데모용 제품 개발과 같은 소규모 프로젝트에서 플라스크가 알맞은 프레임워크로 많이 활용됩니다. 또한 플라스크는 머신러닝과 같은 데이터를 활용한 제품을 개발할 때에도 많이 이용합니다. 머신러닝의 구현 코드를 제품에 넣거나 Web API로 범용화하여 서비스를 제공하기도 합니다. 한편 데이터를 활용한 제품 개발의 역사가 짧고 머신러닝을 제품에 적용해 본 경험이 아직은 많지 않은 것 같습니다. 그래서 이 책에서는 머신러닝의 동작을 알기 쉬운 손글씨 문자 인식을 하는 분석 코드를 다루어 어떻게 머신러닝을 앱에 적용할지에 대해서도 자세히 설명합니다.

앞으로 플라스크를 사용해서 앱을 개발하거나 머신러닝을 앱에 적용하고 싶은 여러분에게 이 책이 그 발판이 되면 좋겠습니다.

사토 마사키, 히라타 테츠야

CONTENTS

PART 0

파이썬 플라스크 소개

이 부의 내용

이 책에서는 파이썬의 웹 프레임워크 플라스크를 이용한 웹 앱 개발의 기본과 핵심에 대해서 배웁니다. 플라스크를 사용하면 코드를 단 몇 줄만 써서 웹 앱을 실행할 수 있습니다. 또한 앱 개발에 필요한 기능이 거의 준비되어 있는 풀스택 프레임워크와 달리 정해진 디렉터리 구성도 없어 앱 구성을 자유롭게 정할 수 있습니다. 한편 자유도가 높다 보니 앱 구성 방향을 잡기 힘든 단점도 있습니다. 이 문제는 자신이 만들고 싶은 앱의 내용이나 규모에 따라 제작하거나 수정하기 편한 쪽으로 결정하는 게 좋습니다.

이 책에서는 최소한의 샘플 앱으로 시작해 조금씩 규모를 키워 가면서 최종적으로는 실무 앱을 작성합니다. 플라스크 사용자라면 앱 구성에 대해 고민을 많이 할 텐데, 이 부분에 대해서도 가능한 한 적용하기 쉽게 설명합니다. 이 책을 통해 플라스크로 웹 앱을 개발하는 최고의 예시를 조금이라도 맛볼 수 있다면 다행입니다.

이제 0부에서는 학습 전 준비로 플라스크 개요를 살펴보고 플라스크를 이용하기 위한 환경을 구축해 보겠습니다.

CHAPTER 00

플라스크의 개요와 환경 구축

이 장의 내용

간단하게 쓰고 다양하게 만드는 플라스크

플라스크는 파이썬으로 만든 마이크로 웹 프레임워크입니다. 마이크로 웹 프레임워크란 '핵심 기능을 유지하면서 확장성을 가진 프레임워크'를 말하며 '마이크로'라고 해서 기능이 부족하지는 않습니다.

플라스크는 기본적으로 데이터베이스 기능이 포함되어 있지 않는 등 최소한의 기능만 제공합니다. 이처럼 최소한의 규약만 있어서 앱 구성도 자유롭게 결정할 수 있습니다. 또한 데이터베이스 기능 등 확장 기능을 많이 지원하며, 확장 기능은 플라스크 자체에 구현되어 있는 것처럼 간단하게 이용할 수 있습니다. 필요에 따라 다양한 확장 기능을 추가해서 크고 작은 웹 앱 개발을 비롯해 다양한 모델을 만들 수 있게 설계되어 있습니다.

0.2 왜 플라스크를 사용할까?

왜 지금 플라스크를 사용하는지를 생각해 보겠습니다. 2000년부터 2010년대 중반까지 웹 개발에서는 개발에 필요한 거의 모든 기능을 갖춘 풀스택 프레임워크의 인기가 많았고 풀스택 프레임워크를 쓰는 것이 당연했습니다. 그러나 점차 마이크로 서비스화가 진행되고, 프론트엔드의 기술이 급속히 발전해서 서버 측은 API를 반환하고, 프론트엔드에서는 JavaScript나 TypeScript로 구현하는 흐름으로 바뀌었습니다. 그리고 서버 측에서도 풀스택이 아닌 플라스크처럼 가볍고 배우기 쉬워 바로 이용할 수 있는 프레임워크가 필요하게 되었습니다. 이제 플라스크는 파이썬을 사용해 웹 개발에서 필요한 기능을 구현하기 위한 좋은 선택지가 되었습니다.

0.3 파이썬 웹 프레임워크 비교

파이썬에는 플라스크 이외에도 많은 웹 프레임워크가 있습니다. 그래서 신규 개발 프로젝트를 시작할 때 어떤 프레임워크를 쓸지 결정하기 어려울 수도 있습니다. 특히 플라스크와 자주 비교되는 프레임워크로는 장고(Django), 보틀(Bottle), FastAPI가 있습니다. 파이썬에서 이용할 수 있는 웹 프레임워크를 간단히 살펴봅시다.

▼ 파이썬 웹 프레임워크

프레임워크	공식 사이트	라이선스	초기 개발자	최초 릴리스	템플릿 엔진	O/R 매퍼
장고	www.djangoproject.com	BSD License	Adrian Holovaty, Simon Willison	2005년	Django Template	Django O/R 매퍼
플라스크	palletsprojects.com/p/flask	BSD license	Armin Ronacher	2010년	Jinja2	없음
보틀	bottlepy.org/docs/dev	MIT License	Marcel Hellkamp	2009년	Simple Template Engine	없음
FastAPI	fastapi.tiangolo.com	MIT License	Sebastian Ramirez	2018년	Jinja2	없음

TIP 템플릿 엔진이란 템플릿과 입력 데이터를 합성해서 출력하는 기능을 말합니다.

TIP O/R 매퍼란 객체 지향 언어의 객체와 데이터베이스의 데이터(레코드)에 대응(매핑)하는 구조를 말합니다.

장고

장고는 파이썬 웹 프레임워크 중에서도 가장 유명한 프레임워크입니다. 중규모 이상의 웹 앱을 구축하는 데 자주 사용합니다. 개발에 필요한 많은 기능이 구현되어 있어 풀스택 프레임워크로 불립니다.

장고를 설치하면 주로 다음과 같은 기능을 이용할 수 있습니다.

- 사용자 인증
- O/R 매퍼
- URL 디스패처
- 장고 모델 인스턴스의 직렬화 기구
- 내장 서버

- HTML 폼 유효성 검증 시스템
- 캐시 프레임워크
- 관리 화면
- 다국어화 기구
- 템플릿 엔진 기능 확장 기구

또한 Django REST Framework(DRF)를 추가로 설치함으로써 웹 앱뿐만 아니라 REST API(RESTful API)를 간단히 만들 수도 있습니다.

TIP 내장 서버란 개발 시 테스트 실행 등에서 사용할 수 있는 서버를 말합니다. 물론 플라스크에도 있습니다.

보틀

보틀은 파이썬에서 웹 앱을 만들기 위한 프레임워크 중에는 가장 단순한 프레임워크입니다. bottle. py라는 하나의 파일만으로 구성되어 있습니다. 또한 파이썬 표준 라이브러리 이외에 의존 관계가 없습니다.

플라스크와 마찬가지로 마이크로 웹 프레임워크 중 하나이지만 플라스크보다도 단순하고 빠르고 가볍다는 특징이 있습니다. 필요한 최소한의 기능만 갖추고 있으며 적은 코드로 다음과 같은 기능을 이용할 수 있게 만들어져 있습니다.

- 라우팅
- 템플릿
- 내장 서버

기능이 많은 앱을 작성하려면 모듈을 분할해서 쉽게 관리할 수 있는 Blueprint를 이용할 수 있는 플라스크가 낫습니다. 보틀은 To Do 앱 등 간단한 앱을 만드는 데 적합한 프레임워크입니다.

TIP 라우팅(routing)이란 네트워크에서 데이터를 보낼 때 적절한 전송 경로를 정의하는 과정을 말합니다. 플라스크의 라우팅은 1.2절에서 설명하겠습니다.

TIP Blueprint는 2.2절에서 설명하겠습니다.

FastAPI

Web API를 개발할 때 FastAPI는 플라스크와 자주 비교되기도 합니다. FastAPI는 비동기 처리가 용이하도록 만들어진 파이썬 웹 프레임워크이며, 요청을 처리하는 속도가 매우 빠릅니다. 그 외에도 다음과 같은 특징이 있습니다.

- RESTful Web 서비스의 기술 사양 중 하나인 OpenAPI(swagger.io/specification)의 기준에 맞게

자동으로 JSON Schema 모델을 생성합니다.

- 파이썬의 ASGI(asgi.readthedocs.io/en/latest) 프레임워크인 Uvicorn(www.uvicorn.org)에 의한 고성능화가 가능합니다. ASGI란 파이썬에서 웹 서버와 웹 앱을 접속하기 위한 사양을 말하며, WSGI(Web Server Gateway Interface)의 비동기에 대응하는 사양입니다.
- Pydantic(pydantic-docs.helpmanual.io)을 이용하여 모델의 타입이나 유효성 검증을 정의할 수 있습니다.
- API를 정의하면 Swagger UI, Redoc(github.com/Redocly/redoc)으로 문서를 자동으로 생성할 수 있습니다. Swagger UI(swagger.io/tools/swagger-ui)는 JSON으로 RESTful API를 기술하기 위한 사양입니다.
- API용 쿼리 언어 및 실행 환경인 GraphQL(graphql.org)나 웹 서버·웹 클라이언트 간에 쌍방향으로 통신하기 위한 기술인 WebSocket에도 대응합니다.

Web API를 개발할 때 원래는 직접 설계하고 처음부터 준비해야 하는 기능이 FastAPI의 프레임워크에는 이미 내장되어 있습니다. 또한 FastAPI는 원래 Starlette(www.starlette.io)라는 프레임워크를 바탕으로 해서 만들어졌으며 많은 기능을 상속하고 있습니다. 간단한 API를 개발하는 데에 적합한 프레임워크입니다.

이상으로 플라스크와 자주 비교되는 장고, 보틀, FastAPI의 개요를 살펴보았습니다. 마지막으로 0.1 절에서도 언급한 플라스크의 특징도 정리해 둡니다.

- 표준으로 제공하는 기능이 최소한이므로 학습 비용이 낮아 초보자도 바로 사용할 수 있습니다.
- 데이터베이스 기능 등 다양한 확장 기능을 지원하며, 소규모 웹 앱부터 Web API까지 개발할 수 있습니다.

이 책에서는 주로 플라스크로 웹 애플리케이션을 개발하는 방법을 설명합니다. 다음 절부터 플라스크 의 환경을 구축해 보겠습니다.

0.4 플라스크 환경 구축하기

그럼 플라스크를 이용하기 위한 환경을 구축해 보겠습니다.

파이썬 설치하기

이 책에서는 파이썬 3.10.7을 이용합니다.

www.python.org/downloads

위 경로에 접속해 자신의 운영체제에 맞는 인스톨러를 다운로드하고 설치하세요.

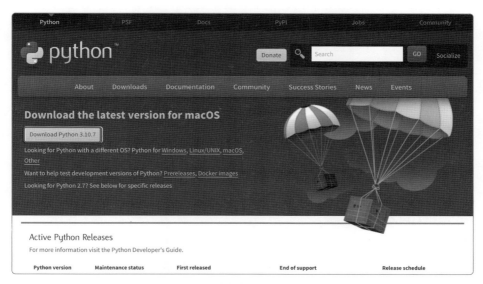

▲ 파이썬 다운로드

로컬 환경에 가상 환경 만들기

파이썬에서 개발을 할 때에는 개발 프로젝트별로 전용 실행 환경을 만들고 전환해서 사용할 수 있습니다. 임시로 만드는 개발용 실행 환경을 **가상 환경**이라고 합니다.

로컬 환경에서 개발을 진행하려면 우선 가상 환경(venv) 모듈을 사용해 로컬 환경에 가상 환경을 작성합니다. venv는 파이썬에 표준 탑재된 가상 환경용 모듈입니다. venv를 사용하면 프로젝트별로 분리된 파이썬의 실행 환경을 만들 수 있어 프로젝트별로 독립된 파이썬 패키지군을 설치할 수 있습니다. 실제로 가상 환경을 만들기 전에 먼저 명령어 사용법을 확인해 둡시다.

가상 환경 설정하기

가상 환경을 만들려면 설정할 임의의 디렉터리에서 다음 명령어를 실행합니다.

● 맥/리눅스

맥에서는 터미널을 열고 다음 명령어를 실행합니다. 그러면 venv 디렉터리가 생성되고 가상 환경이 만들어집니다.

```
$ python3 -m venv venv
```

● 윈도우

스크립트를 실행하기 위해 윈도우 파워셸(Windows PowerShell)에서 다음 명령어를 실행해 실행 정책을 변경해야 합니다. 다음 코드에서 >는 윈도우 프롬프트이며 그 뒤에 있는 코드를 입력하세요.

```
> PowerShell Set-ExecutionPolicy RemoteSigned CurrentUser
```

정책을 변경했으면 다음 명령어를 실행합니다.

```
> py -m venv venv
```

그러면 venv 디렉터리가 생성되고 가상 환경이 만들어집니다.

가상 환경 활성화하기

가상 환경을 만들었으면 가상 환경을 활성화해야 합니다. 활성화를 하면 가상 환경에 패키지를 설치해서 개발할 수 있게 됩니다. 가상 환경을 활성화하려면 다음 명령어를 사용합니다.

● 맥/리눅스

터미널에서 다음 명령어를 실행합니다.

```
$ source venv/bin/activate
```

● 윈도우

파워셸에서 다음 명령어를 실행합니다.

```
> venv\Scripts\Activate.ps1
```

가상 환경이 활성화되면 코드의 파일 경로 앞쪽에 (venv) 표시가 나타납니다. 이것은 앞으로 venv라는 이름의 가상 환경에 진입했다는 뜻입니다.

● 가상 환경 비활성화하기

가상 환경을 비활성화하면 가상 환경 사용을 중단할 수 있습니다. 비활성화하려면 맥/리눅스/윈도우의 프롬프트에서 다음 명령어를 사용합니다. 이후 실습을 하려면 이 명령어는 지금 입력하지 마세요.

```
deactivate
```

플라스크 설치하기

이제 실제로 가상 환경을 만들고 그 가상 환경에 플라스크를 설치해 보겠습니다.

작업 디렉터리와 가상 환경 설정하기

우선 지금부터 학습할 샘플 프로그램용 작업 디렉터리(폴더)와 가상 환경을 설정해 봅시다.

● 맥/리눅스

터미널에서 다음 명령어를 실행합니다.

```
$ mkdir flaskbook ─────────────── 작업 디렉터리 생성
$ cd flaskbook ──────────────── 작업 디렉터리로 이동
$ python3 -m venv venv ───────── 가상 환경 생성
$ source venv/bin/activate ───── 가상 환경 활성화
```

● 윈도우

파워셸에서 다음 명령어를 실행합니다.

```
> mkdir flaskbook ─────────────── 작업 디렉터리 생성
> cd flaskbook ──────────────── 작업 디렉터리로 이동
> py -m venv venv ────────────── 가상 환경 생성
> venv\Scripts\Activate.ps1 ──── 가상 환경 활성화
```

플라스크 설치하기

작업 디렉터리를 만들고 가상 환경을 활성화했으면 플라스크를 설치합니다. 이 책에서는 2021년 5월에 정식 발표된 플라스크 버전2를 이용합니다.

플라스크를 설치하려면 맥/리눅스/윈도우에서 `pip install` 명령어를 실행합니다. `pip`란 파이썬의 라이브러리를 설치하고 관리하는 도구입니다.

```
(venv) $ pip install flask
```

이로써 플라스크 설치가 완료되었습니다.

플라스크가 의존하고 있는 패키지

플라스크를 설치하면 플라스크가 의존하는 패키지도 동시에 설치됩니다. 설치된 패키지를 확인하려면 `pip list` 명령어를 사용합니다. 설치한 시점의 의존 관계로 정해져 있는 최신판이 출력됩니다.

```
(venv) $ pip list
Package        Version
-----------    -------
click          8.1.3
flask          2.2.2
itsdangerous   2.1.2
Jinja2         3.1.2
MarkupSafe     2.1.1
pip            22.2.2
setuptools     63.2.0
Werkzeug       2.2.2
```

▼ 플라스크가 의존하고 있는 패키지 일람

패키지	설명
click	명령어 라인용 프레임워크. 플라스크의 커스텀 명령어를 사용한다.
itsdangerous	안전하게 데이터를 서명해 데이터의 정합성을 확보한다. 플라스크의 세션이나 쿠키(Cookie)를 보호하기 위해서 사용한다.
Jinja2	디폴트 HTML 템플릿 엔진. 다른 템플릿 엔진을 사용할 수도 있다.
MarkupSafe	인젝션 공격을 회피하기 위해 템플릿을 렌더링할 때에 신뢰할 수 없는 입력을 취소한다.
Werkzeug	WSGI 툴킷으로 플라스크의 코어 구현은 Werkzeug(werkzeug.palletsprojects.com)를 바탕으로 만들어져 있다.

플라스크 명령어

플라스크를 설치하면 플라스크 명령어를 사용할 수 있습니다. flask 또는 flask --help 명령어로 옵션을 확인할 수 있습니다.

```
(venv) $ flask
Usage: flask [OPTIONS] COMMAND [ARGS]...

  A general utility script for flask applications.

  An application to load must be given with the '--app' option, 'FLASK_APP'
  environment variable, or with a 'wsgi.py' or 'app.py' file in the current
  directory.

Options:
  -e, --env-file FILE   Load environment variables from this file. python-
                        dotenv must be installed.
  -A, --app IMPORT      The flask application or factory function to load, in
                        the form 'module:name'. Module can be a dotted import
                        or file path. Name is not required if it is 'app',
                        'application', 'create_app', or 'make_app', and can be
                        'name(args)' to pass arguments.
  --debug / --no-debug  Set debug mode.
  --version             Show the flask version.
  --help                Show this message and exit.
Commands:
  routes  Show the routes for the app.
  run     Run a development server.
  shell   Run a shell in the app context.
```

flask run 명령어

flask run은 개발 시 플라스크의 내장 서버를 실행하는 명령어입니다.

이 명령어에는 많은 옵션이 있습니다. flask run --help 명령어를 실행해서 확인해 봅시다.

```
(venv) $ flask run --help
Usage: flask run [OPTIONS]

  Run a local development server.

  This server is for development purposes only. It does not provide the
  stability, security, or performance of production WSGI servers.

  The reloader and debugger are enabled by default with the '--debug' option.

Options:
  -h, --host TEXT                 The interface to bind to.
  -p, --port INTEGER              The port to bind to.
  --cert PATH                     Specify a certificate file to use HTTPS.
  --key FILE                      The key file to use when specifying a
                                  certificate.
  --reload / --no-reload          Enable or disable the reloader. By default
                                  the reloader is active if debug is enabled.
  --debugger / --no-debugger      Enable or disable the debugger. By default
                                  the debugger is active if debug is enabled.
  --with-threads / --without-threads
                                  Enable or disable multithreading.
  --extra-files PATH              Extra files that trigger a reload on change.
                                  Multiple paths are separated by ':'.
  --exclude-patterns PATH         Files matching these fnmatch patterns will
                                  not trigger a reload on change. Multiple
                                  patterns are separated by ':'.
  --help                          Show this message and exit.
```

flask run 명령어(또는 flask --debug run)를 실행하면

http://127.0.0.1:5000

에서 웹 서버가 실행됩니다. --host와 --port 옵션으로 호스트(서버)와 포트를 지정해서 실행할 수
도 있습니다(플라스크 앱이 없는 상태에서는 실행되지 않습니다).

▼ flask run 명령어의 주요 옵션 일람

옵션	내용
-h 또는 --host	호스트를 지정한다.
-p 또는 --port	포트를 지정한다.
--reload --no-reload	오토 리로드를 on/off 한다. 코드를 편집할 때 자동으로 반영시키려면 on으로 한다. 디버그 모드 시에는 기본적으로 on이 된다.
--debugger --no-debugger	디버거를 on/off 한다. 디버그 모드일 때는 기본적으로 on이 된다.
--help	명령어 옵션을 표시한다.

flask routes 명령어

flask routes 명령어는 앱의 라우팅 정보를 출력합니다. 라우팅이란 요청한 곳의 URL과 실제로 처리하는 함수를 연결하는 작업을 말합니다.

루트를 추가하여 flask routes 명령어를 실행하면 추가한 루트의 연결 정보를 확인할 수 있습니다 (플라스크 앱이 없는 상태에서는 실행되지 않습니다).

```
(venv) $ flask routes
Endpoint  Methods  Rule
--------  -------  ----------------------
index     GET      /
static    GET      /static/<path:filename>
```

엔드포인트(Endpoint)는 일반적으로 API에 접근하기 위한 URL을 가리키는데, 플라스크에서는 URI 와 연결된 함수명 또는 함수에 붙인 이름을 가리킵니다.

▼ flask routes 명령어의 실행 결과 설명

항목	설명
Endpoint	URL에 접근할 때 실행할 함수 또는 지정한 이름. static은 정적 파일용의 엔드포인트로, 항상 고정으로 존재한다.
Methods	사용할 HTTP 메서드. 지정이 없는 경우는 GET이 기본으로 된다.
Rule	사용할 URL의 규칙

flask shell 명령어

flask shell 명령어는 플라스크 앱의 컨텍스트(실행 환경)에서 파이썬 인터랙티브 셸을 사용하고 싶은 경우에 이용합니다. 디버깅이나 테스트를 할 때에 유용합니다(플라스크 앱이 없는 상태에서는 실행되지 않습니다).

```
(venv) $ flask shell
Python 3.10.7 (v3.10.7:6cc6b13308, Sep  5 2022, 14:02:52)
[Clang 13.0.0 (clang-1300.0.29.30)] on darwin
App: apps [production]
Instance: /Users/사용자명/flaskbook/instance
>>>
```

Visual Studio Code 설치하기

이 책에서는 개발용 에디터로 Visual Studio Code(이하 VSCode)를 이용합니다. 무료이며 기능이 풍부한 데다 누구나 바로 사용할 수 있기 때문입니다. 평소에 쓰는 에디터나 IDE(통합 개발 환경)가 따로 있다면 익숙한 에디터를 써도 괜찮습니다.

다음의 다운로드 링크에서 현재 OS에 맞는 인스톨러를 다운로드해서 설치하세요.

https://code.visualstudio.com/download

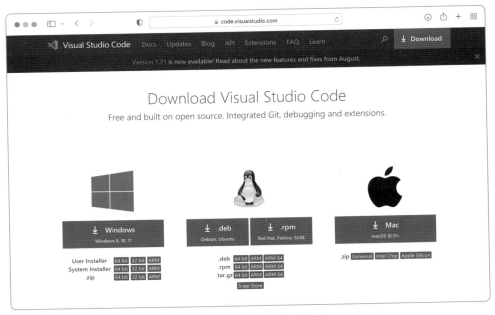

▲ Visual Studio Code의 다운로드

파이썬 확장 기능 설치

VSCode를 설치했으면 파이썬의 확장 기능을 설치합니다. VSCode의 확장 기능 아이콘(⊞)을 클릭하고 검색 상자에 'python'을 입력하여 파이썬 확장 기능을 설치합니다.

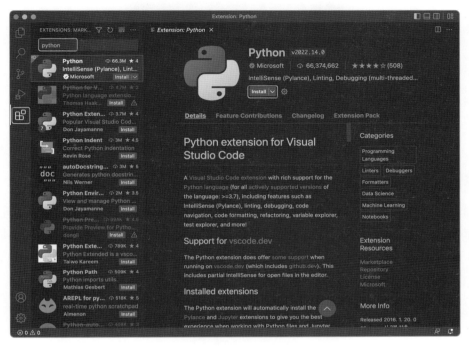

▲ 파이썬 확장 기능 설치하기

설치했으면 21쪽에서 작성한 작업 디렉터리 flaskbook을 VSCode에서 엽니다. VSCode의 메뉴에서 [File]→[Open](또는 윈도우는 [Open Folder...])을 선택하고 flaskbook 폴더를 지정합니다.

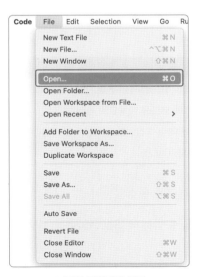

▲ 작업 디렉터리 열기

그러면 다음과 같이 VSCode에 작업 디렉터리 FLASKBOOK이 표시됩니다.

▲ VSCode에 작업 디렉터리가 표시된다.

코드 체커·포매터 이용하기

코드 체커·포매터는 소스 코드가 파이썬의 코드 스타일 가이드라인인 PEP8에 따라 작성되었는지 체크하여 자동으로 코드 형태를 맞춰 주는 라이브러리입니다. 이러한 라이브러리를 사용하면 소스 코드를 통일할 수 있어 개발 및 소스 코드 리뷰가 쉬워집니다. 또한 이러한 라이브러리는 설치한 후 VSCode에서 설정할 수 있으므로 이 책에서도 이용합니다.

TIP PEP8: https://github.com/python/peps/blob/main/pep-0008.txt

라이브러리 설치하기

우선은 터미널 또는 파워셸에서 다음 명령어를 실행하고 라이브러리를 설치합니다.

```
(venv) $ pip install flake8 black isort mypy
```

▼ 코드 체커·포매터

라이브러리명	용도
flake8	PEP8에 따른 작성법의 코드인지 여부를 자동으로 체크한다.
black	PEP8에 따른 작성법에 코드를 자동으로 완성한다.
isort	import 문을 PEP8에 따른 작성법으로 자동으로 정렬한다.
mypy	타입 힌트의 타입을 확인한다.

설치했으면 VSCode에서 라이브러리를 설정합니다.

VSCode의 [Manage](⚙) 버튼을 클릭해서 [Settings]를 선택하고 설정 화면을 엽니다.

▲ VSCode의 설정 화면 열기

그런 다음 Workspace 탭을 선택합니다. Workspace 탭에서는 이 프로젝트에만 적용되는 설정을 할
수 있습니다.

▲ Workspace 탭

Workspace 탭에서 다음과 같이 라이브러리 설정을 합니다.

flake8 설정하기

PEP8에 따른 작성법의 코드인지 여부를 자동 체크하는 설정을 합니다.

● Lint 활성화하기

위쪽의 검색 상자에 Python > Linting: Enabled라고 입력하면 코드 체크를 하는 Lint 기능의 설
정 항목이 표시됩니다. 다음과 같이 이미 활성화(체크된 상태)되어 있으므로 그대로 합니다.

▲ [Linting: Enabled]는 체크한 상태로 둔다.

● Pylint 비활성화하기

Link 기능으로서 flake8을 이용하기 위해 PyLint를 비활성화합니다. PyLint(https://pypi.org/project/pylint)는 flake8과 마찬가지로 파이썬 코드를 체크하는 라이브러리입니다. 검색 상자에 `Python > Linting: Pylint Enabled`라고 입력하여 설정 항목을 표시하고 체크를 해제합니다.

▲ [Pylint Enabled]의 체크를 해제한다.

● flake8 활성화하기

검색 상자에 `Python > Linting: Flake8 Enabled`라고 입력하여 설정 항목을 표시하고 체크합니다.

▲ Flake8 Enabled에 체크한다.

● 1행의 최대 문자수 변경하기

1행의 최대 문자수 기본값은 flake8이 79개, black이 88개라서 서로 다르기 때문에 문자수 79개를 초과하면 VSCode에 경고가 표시됩니다. 이 책에서는 black의 기본값으로 맞추기 위해 검색 상자에 `Flake8 Args`라고 입력하여 설정 항목을 추가한 후 `--max-line-length=88`이라고 입력하여 최대 문자수의 기본값을 88개로 변경합니다.

▲ --max-line-length=88 이라고 입력하여 최대 문자수를 88개로 변경한다.

black 설정하기

PEP8에 따른 작성법으로 코드를 자동 완성하는 설정을 실시합니다.

● 포매터를 black으로 변경하기

검색 상자에 Python > Formatting: Provider라고 입력하여 설정 항목을 표시하고, 풀다운 메뉴에서 포매터를 [black]으로 변경합니다.

▲ 포매터를 [black]으로 변경한다.

● 파일 저장 시 자동 포맷 기능 활성화하기

검색 상자에 Editor: Format On Save를 입력하고 설정 항목을 표시해 체크합니다.

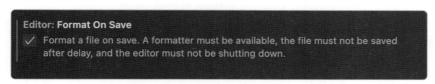

▲ [Format On Save]에 체크한다.

isort 설정하기

import 문을 PEP8에 맞게 자동으로 정렬하도록 설정합니다.

● 파일 저장 시 isort가 자동으로 실행되도록 설정하기

검색 상자에 Editor: Code Actions On Save를 입력하여 설정 항목을 표시하고 [Edit in settings.json] 링크를 클릭합니다. 그리고 editor.codeActionsOnSave를 다음과 같이 변경하고 저장합니다.

```
1   {
2       "python.linting.flake8Enabled": true,
3       "python.linting.flake8Args": [
4           "--max-line-length=88"
5       ],
6       "python.formatting.provider": "black",
7       "editor.formatOnSave": true,
8       "editor.codeActionsOnSave": {
9           "source.organizeImports": true
10      }
11  }
```

▲ isort 설정을 변경한다.

```
"editor.codeActionsOnSave": {
    "source.organizeImports": true
}
```

mypy 설정하기

타입 힌트의 타입 체크를 활성화합니다. [설정]의 Workspace 탭으로 돌아가 검색 상자에 Python >
Linting: Mypy Enabled를 입력하여 설정 항목을 표시하고 체크합니다.

▲ [Mypy Enabled]에 체크한다.

최종적으로 .vscode/settings.json의 내용은 다음과 같습니다.

```
{
    "python.linting.flake8Enabled": true,
    "python.linting.flake8Args": [
        "--max-line-length=88"
    ],
    "python.formatting.provider": "black",
    "editor.formatOnSave": true,
    "editor.codeActionsOnSave": {
        "source.organizeImports": true
    },
    "python.linting.mypyEnabled": true
}
```

VSCode에 파이썬 가상 환경 설정하기

VSCode가 파이썬 가상 환경(venv)을 이용하도록 설정해 보겠습니다. VSCode에서 flaskbook 폴더를 엽니
다. 프로젝트 폴더 내에 파이썬 파일이 없으면 가상 환경이 읽히지 않기 때문에 임의의 파이썬 파일(예: sample.
py 등)을 만듭니다. 파일을 만들면 VSCode 로딩이 시작되고 자동으로 파이썬 인터프리터가 읽힙니다
(EXPLORER에 ./venv/bin/python이 표시됩니다).

자동으로 ./venv/bin/python이 설정되지 않은 경우는 맨 아래의 상태 바를 클릭하면 [인터프리터

선택] 풀다운 메뉴가 표시되므로 [./venv/bin/python]을 선택합니다.

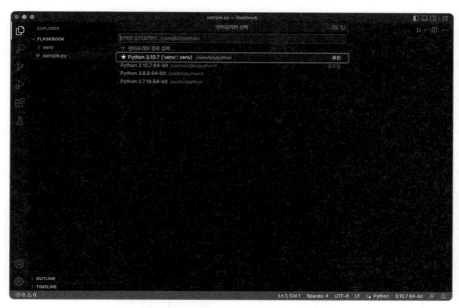

▲ 풀다운 메뉴에서 [./venv/bin/python]을 선택한다.

.gitignore

Git을 사용하여 버전 관리를 하는 경우 .gitignore 파일을 작성하여 특정 파일을 커밋 대상에서 제외해야 합니다. 이 경우에 gitignore.io라는 .gitignore 파일 생성 서비스를 이용하면 편리합니다.

https://www.toptal.com/developers/gitignore

gitignore.io는 언어나 프레임워크를 입력하면 .gitignore 파일에 포함하는 내용 목록을 출력합니다.

다음 명령어를 실행하면 .gitignore 파일을 생성할 수 있습니다.

```
(venv) $ curl -L http://www.gitignore.io/api/python,flask,visualstudiocode > .gitignore
```

curl 명령어를 사용할 수 없는 경우는 브라우저에

http://www.gitignore.io/api/python,flask,vscode

를 입력하고, flaskbook 폴더에 .gitignore 파일을 작성한 후 출력된 내용을 저장해 주세요.

이로써 플라스크에서 개발을 할 준비가 되었습니다. 다음 장부터 플라스크에서의 개발 방법을 하나씩 설명하겠습니다.

PART 1

플라스크 첫걸음

제1부에서는 다음 3단계로 나눠 각각 만들면서 플라스크의 기초를 배웁니다.

❶ 최소한의 기능 앱을 만든다(제1장)
❷ 데이터베이스를 이용한 앱을 만든다(제2장)
❸ 사용자 인증 기능을 만든다(제3장)

제1장에서는 처음에 간단한 앱을 만들고, 다음에 데이터베이스를 사용하지 않는 간단한 문의 폼을 작성함으로써 플라스크로 만드는 웹 앱 개발의 기초를 배웁니다.

제2장에서는 데이터베이스를 사용한 CRUD 앱을 만들면서 데이터베이스의 기초를 배웁니다. CRUD란 Create, Read, Update, Delete의 약칭으로, 데이터베이스에 사용자 테이블을 만들고 사용자 작성, 사용자 일람, 사용자 갱신, 사용자 삭제 기능을 구현합니다.

제3장에서는 웹 앱의 인증 기능을 만드는 방법을 학습합니다. 인증 기능에서는 회원가입, 로그인, 로그아웃, 로그인 상태 기능을 구현합니다.

CHAPTER 01

최소한의 기능 앱 만들기

이 장의 내용

1.1 MVT(Model, View, Template) 모델

플라스크는 사용자 인터페이스를 가진 앱을 구현하기 위한 디자인 패턴으로서 MVT(Model, View, Template) 모델을 채용하고 있습니다.

Model, View, Template은 각각 다음과 같은 기능을 가집니다.

❶ Model: 실무(비즈니스) 로직을 담당합니다.
❷ View: 입력을 받아 Model과 Template을 제어합니다.
❸ Template: 입출력을 담당합니다.

▲ MVT 모델

일반적으로는 MVC 모델이 유명한데, MVT의 View는 MVC의 Controller에 해당하며, MVT의 Template은 MVC의 View에 해당합니다. 작은 차이는 있지만 크게 다르지 않습니다.

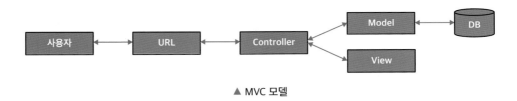

▲ MVC 모델

다음 절부터 플라스크로 웹 앱을 개발하는 방법을 설명합니다. 아직 가상 환경이나 작업 디렉터리 작성, 플라스크 설치 등의 환경 구축을 하지 않았다면 0.4절(19쪽)을 참조해 주세요.

최소한의 기능 앱 만들기

그럼 최소한의 기능을 가진 앱인 minimalapp을 만들어 봅시다.

우선 다음 명령어를 실행하여 현재의 상태를 확인해 둡니다.

```
(venv) $ pwd ─────────── 현재의 작업 디렉터리를 표시
/Users/사용자명/flaskbook
(venv) $ ls ─────────── 디렉터리 내의 정보를 표시
venv
```

flaskbook 작업 디렉터리에서 가상 환경이 활성화되어 있으며, venv 디렉터리만 있습니다.

작업 디렉터리 만들기

작성할 앱 minimalapp의 작업 디렉터리를 준비합시다. 앞으로 flaskbook 작업 디렉터리에 여러 앱을 추가하기 위해 apps/minimalapp 디렉터리를 작성합니다.

```
(venv) $ mkdir -p apps/minimalapp
```

다음과 같은 디렉터리 구성으로 앱 작성을 진행합니다.

▲ 지금까지의 디렉터리 구성

애플리케이션 실행하기

플라스크 앱을 실행하는 절차는 다음과 같습니다.

❶ 파이썬 스크립트(코드)를 작성합니다.
❷ 환경 변수를 설정합니다.
❸ flask run 명령어를 실행합니다.

① 파이썬 스크립트(코드) 작성하기

VSCode에서 apps/minimalapp 폴더에 app.py를 생성하고, app.py 안에 아래 코드를 작성합니다.

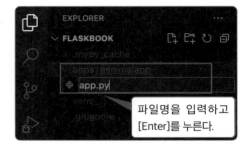

▲ 파일 작성하기

▲ app.py에 코드를 작성한 상태

TIP 이때 파일명을 flask.py로 하면 플라스크 본체와 충돌하여 실행할 수 없으므로 주의하세요.

▼ apps/minimalapp/app.py

```
# flask 클래스를 import한다
from flask import Flask


# flask 클래스를 인스턴스화한다
app = Flask(__name__)
```

```
# URL과 실행할 함수를 매핑한다
@app.route("/")
def index():
    return "Hello, Flaskbook!"
```

② 환경 변수 설정하기

앱을 실행하기 전에 환경 변수 FLASK_APP과 FLASK_ENV를 설정해야 합니다.

▼ 환경 변수 설정하기

환경 변수	설정하는 값
FLASK_APP	앱의 위치
FLASK_ENV	development 또는 production 을 지정한다. development 를 지정하면 디버그 모드가 on이 된다.

환경 변수는 콘솔(터미널 또는 파워셸)에서 설정합니다.

먼저 다음 명령어를 실행하여 app.py가 있는 디렉터리로 이동합니다.

```
(venv) $ cd apps/minimalapp
```

이동했으면 다음 명령어를 실행하여 환경 변수를 설정합니다.

● 맥/리눅스의 경우

```
(venv) $ export FLASK_APP=app.py
(venv) $ export FLASK_ENV=development
```

● 윈도우 파워셸의 경우

```
(venv) $env:FLASK_APP="app.py"
(venv) $env:FLASK_ENV="development"
```

③ flask run 명령어 실행하기

환경 변수를 설정했으면 apps/minimalapp 디렉터리에서 flask run 명령어를 실행하여 앱을 실행합니다. FLASK_ENV가 development인 경우에는 자동으로 디버깅 모드가 on이 됩니다. 플라스크 앱을 개발할 때는 디버깅 모드를 on으로 합니다.

```
(venv) $ pwd
/Users/사용자명/flaskbook/apps/minimalapp

(venv) $ flask run
 * Serving flask app 'app.py'
 * Debug mode: on
 * Running on http://127.0.0.1:5000
Press CTRL+C to quit
 * Restarting with stat
 * Debugger is active!
```

브라우저에서 다음의 URL에 접근하면 'Hello, Flaskbook!'이라고 표시됩니다.

http://127.0.0.1:5000/

▲ flask run의 실행 결과

🏗 Column   FLASK_ENV를 지정하지 않는 경우의 경고

FLASK_ENV를 지정하지 않고 flask run 명령어를 실행하면 다음과 같은 경고가 나옵니다. 이것은
플라스크 앱이 라이브 환경에서 실행하려고 하기 때문에 표시되는 것입니다. 플라스크에 부속된 내장
서버는 개발용이므로 라이브 환경에서는 이용하지 않습니다.

```
 * Serving flask app "app.py"
 * Environment: production
   WARNING: This is a development server. Do not use it in a ↵
production deployment.
   Use a production WSGI server instead.
 * Debug mode: off
Usage: flask run [OPTIONS]
```

디버그 모드란?

플라스크의 내장 서버를 사용하지 않고 환경 변수 FLASK_ENV에 production을 지정하여, 라이브 모드에서도 개발할 수 있습니다. 하지만 development 모드로 해서 디버그 모드를 on으로 하면 다음과 같은 장점이 있습니다.

- 오류 정보가 웹 페이지에 표시된다.
- 오토 리로더가 on이 되어 코드를 편집하면 자동으로 앱에 반영되므로 수동으로 재시작할 필요가 없어진다.

▲ 디버그 시 오류 출력 화면

에디터(이 책에서는 VSCode)에서 app.py의 코드를 편집하면 플라스크의 내장 서버가 오토 리로드하여 다음과 같이 콘솔에 출력됩니다.

```
* Detected change in '/path/to/flaskbook/apps/minimalapp/app.py', reloading
* Restarting with stat
* Debugger is active!
* Debugger PIN: 393-048-915
```

.env를 사용해 환경 변수 설정하기

지금까지 환경 변수를 설정하기 위해서 export 명령어를 실행했습니다. 다만 export 명령어로 설정한 환경 변수는 콘솔에서 로그아웃하면 사라집니다. 또한 콘솔의 환경 변수를 영속화하는 설정도 있는데 이런 경우 앱을 새로 바꿀 때마다 환경 변수를 변경해야 합니다.

그래서 .env 파일을 이용하면 앱 단위로 환경 변수를 설정할 수 있습니다. .env 파일을 작성하여 환경 변수의 값을 기술해 두면 그 환경 변수를 앱에서 읽어 들일 수 있습니다. 또한 .flaskenv라는 파일명으로도 마찬가지로 환경 변수를 읽어 들일 수 있는데, 이 두 파일에 차이는 없으므로 둘 중 하나를 이용하면 됩니다.

.env 또는 .flaskenv를 읽어 들이려면 python-dotenv 패키지를 이용합니다. 통상 python-dotenv 패키지를 이용하여 .env를 읽어 들이려면 python-dotenv를 이용하기 위한 코드를 기술해야 합니다. 그러나 플라스크에서는 코어(플라스크 내부)에서 python-dotenv를 로드하고 있으므로 pip install로 설치만 하면 이용할 수 있습니다.

python-dotenv 설치하고 .env 작성하기

그러면 python-dotenv를 설치하고, .env 파일의 값을 환경 변수로 읽어 들일 수 있게 해 봅시다.

다음 명령어를 실행하여 python-dotenv를 설치합니다.

```
(venv) $ pip install python-dotenv
```

minimalapp 바로 아래에 .env 파일을 작성하고 환경 변수를 설정합니다.

▼ apps/minimalapp/.env

```
FLASK_APP=app.py
FLASK_ENV=development
```

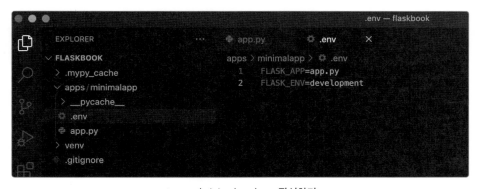

▲ apps/minimalapp/.env 작성하기

flask run 명령어는 .env 파일이 읽히고 있는지 확인하기 위해서, 조금 전의 환경 변수를 export 또는 $env:로 지정하지 않은 콘솔에서 실행하거나 콘솔을 재실행해 주세요.

flask run을 실행하면 앱의 실행을 확인할 수 있습니다.

```
(venv) $ flask run
 * Serving flask app 'app.py'
 * Debug mode: on
 * Running on http://127.0.0.1:5000
Press CTRL+C to quit
 * Restarting with stat
 * Debugger is active!
 * Debugger PIN: 393-048-915
```

애플리케이션 루트

애플리케이션 루트란 앱을 실행하는 현재 디렉터리를 말하며, 모듈이나 패키지를 읽어 들이는 경로는 애플리케이션 루트에 의해 결정됩니다. 모듈은 함수나 클래스를 모은 .py 파일을 가리키며, 패키지는 모듈을 모은 모듈군을 가리킵니다.

플라스크는 내부에서 python-dotenv 패키지를 호출하므로 python-dotenv를 설치하고, .env가 없는 경우에 애플리케이션 루트가 바뀝니다.

- .env가 없는 경우 ➡ flask run 명령어를 실행한 디렉터리가 애플리케이션 루트
- .env가 있는 경우 ➡ .env 파일이 있는 디렉터리가 애플리케이션 루트

지금까지 .env가 없는 경우와 있는 경우의 양쪽을 시험했는데, 어떤 경우에는 minimalapp 디렉터리 바로 아래에 .env 파일을 배치하여 flask run 명령어를 실행했습니다. 그러므로 어느 경우든 애플리케이션 루트는 같습니다(apps/minimalapp).

.env가 없는 경우와 있는 경우의 구조를 살펴봅시다.

.env가 없는 경우

flask run 명령어를 실행하면 환경 변수의 **FLASK_APP** 값을 얻고, 실행 디렉터리에 값과 이름이 같은 모듈이 있는지 확인합니다. 모듈이 있다면 모듈로부터 플라스크 앱을 취득해 실행합니다.

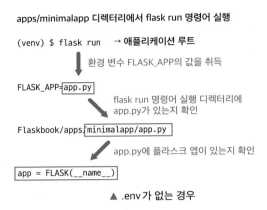

▲ .env 가 없는 경우

.env가 있는 경우(python-dotenv 설치 완료)

flask run 명령어를 실행하면 .env 파일을 검색하여 파일이 발견되는 위치가 애플리케이션 루트입니다.

.env 파일에서 **FLASK_APP**의 값을 얻고, 실행 디렉터리에 값과 이름이 같은 모듈이 있는지 체크합니다. 모듈이 있는 경우는 모듈로부터 플라스크의 앱을 취득해 실행합니다.

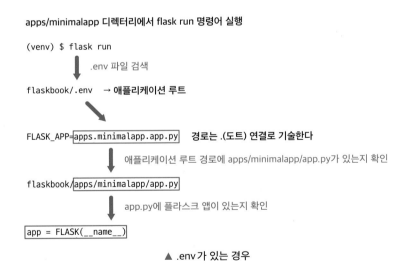

▲ .env 가 있는 경우

애플리케이션 루트 변경하기

먼저 현재의 디렉터리 루트를 확인해 둡시다. 다음과 같이 minimalapp이 애플리케이션 루트로 되어 있습니다.

▲ 현재의 애플리케이션 루트

앞으로 여러 개의 앱을 개발할 때에 매번 VSCode 윈도우를 전환하지 않고 끝낼 수 있도록 애플리케이션 루트를 flaskbook 디렉터리로 변경합시다. 그러기 위해서는 apps/minimalapp에 있는 .env 파일을 flaskbook 디렉터리로 이동합니다.

▲ 애플리케이션 루트 변경하기

.env 파일을 이동하려면 .env의 **FLASK_APP**에 minimalapp 앱의 위치를

```
apps.minimalapp.app.py
```

와 같이 .으로 연결해 지정합니다.

▼ 애플리케이션 루트 변경하기(.env 또는 flaskbook/.env)

수정

```
FLASK_APP=apps.minimalapp.app.py
FLASK_ENV=development
```

이로써 애플리케이션 루트가 **flaskbook**으로 바뀌었습니다. flaskbook 디렉터리로 이동하여 **flask run** 명령어를 다시 실행하고, 브라우저에서 다음의 URL로 접근해 보세요.

http://127.0.0.1:5000/

지금까지와 마찬가지로 'Hello, Flaskbook!'이 표시됩니다.

이상으로 플라스크 앱을 로컬에서 실행하여 개발할 준비가 끝났습니다. 이어서 플라스크의 웹 개발의 기초에 대해서 설명합니다.

라우팅 이용하기

라우팅이란 요청한 곳의 URI와 실제로 처리를 담당하는 함수를 연결하는 작업을 가리킵니다. 플라스크에서는 함수의 앞에 데코레이터라는 함수 @app.route()를 추가함으로써 루트를 추가할 수 있습니다. app.py에 'Hello, World!'를 출력하는 라우팅을 추가합니다.

TIP URI란 http://127.0.0.1:5000/~에서 ~에 해당하는 부분이며, 브라우저(클라이언트)로부터 서버에 대한 요청 대상의 리소스를 말합니다.

▼ 루트 추가하기(apps/minimalapp/app.py)

```python
from flask import flask


app = Flask(__name__)


@app.route("/")
def index():
    return "Hello, Flaskbook!"


@app.route("/hello")
def hello():                                                    ❶ 추가
    return "Hello, World!"
```

이로써 브라우저에서 다음의 URL에 접근하면 'Hello, World!'가 출력됩니다.

http://127.0.0.1:5000/hello

▲ http://127.0.0.1:5000/hello의 실행 결과

flask routes 명령어로 라우팅 정보 확인하기

flask routes 명령어로 라우팅 정보를 확인할 수 있습니다. flask routes는 매우 편리하므로 앞으로도 결과를 확인하기 위해 자주 사용합니다.

```
(venv) $ flask routes
Endpoint  Methods  Rule
```

```
--------   -------   ----------------------
hello      GET       /hello
index      GET       /
static     GET       /static/<path:filename>
```

HTML 폼에서 이용하는 HTTP 메서드

HTTP 메서드는 클라이언트가 서버에 대해서 요청을 송신할 때에 서버에게 실행하기를 바라는 조작을 전달하기 위해 사용합니다. HTTP 메서드에는 몇 가지 종류가 있는데, HTML 폼에서는 GET 메서드나 POST 메서드를 이용합니다. GET 메서드는 검색 등 리소스를 얻는 경우에 이용합니다. 폼이 아닌 평소의 브라우징도 GET 메서드가 됩니다. POST 메서드는 로그인이나 문의 송신 등 폼의 값을 등록·갱신하는 경우에 이용합니다.

TIP HTML 폼은 클라이언트가 데이터를 입력·선택하고, HTML 폼을 처리하는 웹 서버 등으로 송신하기 위한 구조입니다.

또한 Web API에서는 GET과 POST 외에 PUT이나 DELETE 등의 HTTP 메서드를 구분해서 사용하는데, 자세한 사용법은 12.3절에서 설명하겠습니다.

플라스크의 엔드포인트에 이름 붙이기

엔드포인트(Endpoint)는 일반적으로 API에 접근하기 위한 URI를 가리키는데, 플라스크에서는 URI와 연결된 함수명 또는 함수에 붙인 이름을 가리킵니다.

엔드포인트명은 기본값으로 `@app.route`로 수식된 함수명이 되는데,

```
@app.route("/", endpoint="endpoint-name")
```

와 같이 임의의 이름을 붙일 수 있습니다.

예를 들어 엔드포인트명을 `hello-endpoint`로 만들어 봅시다. 조금 전 app.py에 추가한 코드를 다음과 같이 수정합니다. 엔드포인트는 플라스크 내부의 설정값으로 사용됩니다. 54쪽에서 설명하고 있는 `url_for`의 이름 등으로 이용할 수 있습니다.

▼ hello 엔드포인트명을 hello-endpoint 로 수정하기 (apps/minimalapp/app.py)

```
...생략...

@app.route("/hello",
    methods=["GET"],                                                    추가
    endpoint="hello-endpoint")
```

```
def hello():
    return "Hello, World!"
```

flask routes 명령어를 실행하면 엔드포인트명이 바뀐 것을 확인할 수 있습니다.

```
(venv) $ flask routes
Endpoint          Methods   Rule
--------------    -------   ----------------------
hello-endpoint    GET       /hello
index             GET       /
static            GET       /static/<path:filename>
```

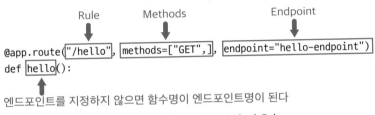

▲ flask routes의 Endpoint, Method, Rule

허가할 HTTP 메서드 지정하기

@app.route 데코레이터로 허가할 HTTP 메서드를 지정할 수 있습니다. 허가할 HTTP 메서드를 지정하려면

```
@app.route("/", methods=["GET", "POST"])
```

와 같이 methods에 HTTP 메서드명을 지정합니다. 아무것도 지정하지 않는 경우는 GET이 기본값이 됩니다. 또한 플라스크 버전 2.0 이후에서는 route()를 생략하여

```
@app.get("/hello")
@app.post("/hello")
```

와 같이 기술할 수 있게 되었습니다.

▼ 허가할 HTTP 메서드를 GET과 POST로 하는 경우

```
@app.route("/hello", methods=["GET", "POST"])
```

```
def hello():
    return "Hello, World!"

# flask2부터는 @app.get("/hello"), @app.post("/hello")라고 기술하는 것이 가능
# @app.get("/hello")
# @app.post("/hello")
# def hello():
#     return "Hello, World!"
```

이처럼 methods에 HTTP 메서드를 기술함으로써 이 함수는 GET과 POST 메서드의 요청을 받을 수 있습니다.

Rule에 변수 지정하기

@app.route 데코레이터의 Rule에 변수를 지정할 수 있습니다. 변수는 <변수명> 형식으로 지정합니다.

app.py에서 앞서 작성한 코드를 다음과 같이 수정해 봅시다.

▼ URL 규칙에 <name> 변수 지정하기 (apps/minimalapp/app.py)

```
...생략...

@app.route("/hello/<name>",                                        수정
    methods=["GET", "POST"],
    endpoint="hello-endpoint")
def hello(name):                                                   수정
    # Python 3.6부터 도입된 f-string으로 문자열을 정의
    return f"Hello, {name}!"                                       수정
```

다음과 같이 브라우저에서 /hello/<name>의 <name> 부분에 임의의 문자열(여기에서는 AK)를 지정하여 접근하면 지정한 문자열이 출력됩니다.

http://127.0.0.1:5000/hello/**AK**

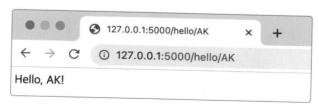

▲ http://127.0.0.1:5000/hello/AK 의 결과

옵션에서 컨버터라는 타입 정의를 이용해 **<컨버터: 변수명>**이라고 기술함으로써 변수의 데이터 타입도 지정할 수 있습니다. 컨버터를 이용함으로써 타입 체크를 할 수 있고, 타입이 맞지 않는 경우는 오류가 됩니다.

▼ 컨버터

컨버터의 타입	설명
string	슬래시가 없는 텍스트
int	양의 정수
float	양의 부동 상수점
path	슬래시가 있는 텍스트를 허용
uuid	UUID 문자열

TIP UUID(Universally Unique Identifier)란 소프트웨어에서 객체를 유일하게 식별하기 위한 식별자입니다.

템플릿 엔진 이용하기

템플릿 엔진은 템플릿이라는 모형과 데이터를 합성하여 성과 문서를 출력하는 소프트웨어입니다. 플라스크의 기본 템플릿 엔진은 Jinja2입니다. 플라스크를 설치하면 Jinja2도 동시에 설치됩니다. 템플릿 엔진을 사용하여 HTML을 렌더링(그리기)하려면 render_template 함수를 이용합니다.

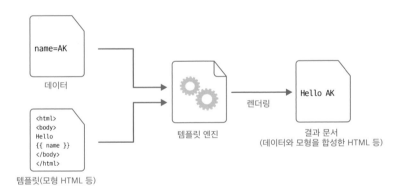

▲ 템플릿 엔진의 구조

템플릿을 만들고 앱 측에서는 render_template 함수에 템플릿의 이름과 키워드 인수로서 변수를 넘겨 이용할 수 있습니다. render_template 함수를 사용해서 템플릿을 이용해 봅시다.

먼저 렌더링을 위해 필요한 템플릿으로서 HTML 파일을 작성합니다. VSCode에서 minimalapp에 templates 디렉터리를 생성하고 거기에 index.html을 만듭니다.

템플릿에서 {{ 변수명 }}이라고 기술한 부분은 Jinja2가 변수를 전개하여 렌더링합니다. 변수의 값을 표시하기 위해 index.html에 {{ name }}을 추가합니다(❶).

```
<!DOCTYPE html>
<html lang="ko">
  <head>
    <meta charset="UTF-8" />
    <title>Name</title>
  </head>

  <body>
    <h1>Name: {{ name }}</h1>
  </body>
</html>
```

❶ {{ name }} 변수를 기술한다

apps/minimalapp/app.py를 다음과 같이 수정합니다.

▼ 템플릿 이용하기 (apps/minimalapp/app.py)

```
# render_template를 추가로 import한다
from flask import Flask, render_template

...생략...


# show_name 엔드포인트를 작성한다
@app.route("/name/<name>")
def show_name(name):
    # 변수를 템플릿 엔진에게 건넨다
    return render_template("index.html", name=name)
```

수정

추가

다음과 같이 브라우저에서 /name/<name>의 <name>에 임의의 문자열(여기에서는 AK)을 지정하여 접근하면 index.html에 지정한 문자열이 삽입되어 출력됩니다.

http://127.0.0.1:5000/name/AK

▲ http://127.0.0.1:5000/name/AK 의 표시 결과

Jinja2의 사용법

Jinja2에서 일반적으로 자주 사용하는 변수의 값 출력과 `if`와 `for`의 사용법에 대해 설명합니다.

변수의 값 출력하기

변수의 값을 표시하려면 {{ }}을 사용합니다. `render_template`의 2번째 인수 이후에 설정한 키워드 인수 또는 사전 오브젝트에서 지정한 변수명을 이용할 수 있습니다.

```
<h1>Name: {{ name }}</h1>
```

조건식 if 문의 사용법

조건식 if 문을 이용하려면 {% %}를 사용합니다.

> **TIP** 해당 구문의 자세한 내용은 다음의 공식 문서를 참조해 주세요.
> https://jinja.palletsprojects.com/en/3.0.x/templates

```
{% if name %}
<h1>Name: {{ name }}</h1>
{% else %}
<h1>Name:</h1>
{% endif %}
```

반복 for 문의 사용법

반복 for 문을 이용할 때에도 {% %}를 사용합니다.

```
<ul>
    {% for user in users %}
    <li><a href="{{ user.url }}">{{ user.username }}</a></li>
    {% endfor %}
</ul>
```

url_for 함수를 사용해서 URL 생성하기

엔드포인트의 URL을 이용하려면 `url_for` 함수를 사용하면 편리합니다. 통상 HTML 파일이나 View 파일에 /name과 같이 기술하는데, 이것을 `url_for("name")`과 같이 기술할 수 있습니다.

이렇게 함으로써 엔드포인트에 대응하는 Rule이 바뀐다고 해도 HTML 파일이나 View에 기술하는 URL을 변경할 필요가 없어집니다.

실제로 지금까지의 라우팅 정보를 `url_for` 함수로 출력해 봅시다. 먼저 `flask routes` 명령어로 현재의 루트 정보를 확인합니다.

```
(venv) $ flask routes
Endpoint         Methods      Rule
-------------    ---------    ----------------------
hello-endpoint   GET, POST    /hello/<name>
index            GET          /
show_name        GET          /name/<name>
static           GET          /static/<path:filename>
```

그러면 test_request_context 함수를 사용하여 현재의 루트 정보를 url_for 함수로 출력(print)해 봅시다.

app.py는 다음과 같이 수정·추가합니다. test_request_context는 플라스크의 테스트용 함수로 실제로 요청 없이 앱의 동작을 확인하기 위해 사용합니다.

▼ 라우팅 정보 출력하기 (apps/minimalapp/app.py)

```
# url_for를 추가로 import한다
from flask import Flask, render_template, url_for ──────────────① 수정

...생략...

with app.test_request_context(): ─────────────────────────②
    # /
    print(url_for("index")) ──────────────────────────③
    # /hello/world
    print(url_for("hello-endpoint", name="world")) ────────────④
    # /name/AK?page=1
    print(url_for("show_name", name="AK", page="1")) ──────────⑤
```

❶ url_for를 추가로 import합니다.

❷ app.py의 맨 아래 부분에 `with app.test_request_context():`를 추가하고 `url_for()`를 출력하는 준비를 합니다.

❸ url_for의 1번째 인수에는 엔드포인트를 지정하고 `flask run`을 실행하면 콘솔에 URL이 출력되도록 합니다.

❹ URL 규칙의 변수에 값을 설정하는 경우는 2번째 인수에 `key=value`의 타입으로 지정합니다.

❺ URL 규칙의 변수에 값을 설정하고, 그다음 인수에 key=value를 지정하면 GET 파라미터가 됩니다.

flask run 명령어를 실행하면 url_for에서 지정한 엔드포인트 값을 확인할 수 있습니다.

```
(venv) $ flask run
/
/hello/world
/name/AK?page=1
```

정적 파일 이용하기

웹사이트에서는 HTML과 함께 이미지나 JavaScript, CSS(Cascading Style Sheets)를 이용합니다. 이것들은 요청 내용에 관계없이 항상 같은 내용이 나타나므로 정적 파일이라고 합니다. CSS는 HTML의 외형인 UI를 꾸미기 위해 이용하고, JavaScript는 주로 HTML의 동작을 처리하기 위해 이용합니다. JavaScript는 서버 측에서도 이용할 수 있으나, 여기에서는 클라이언트 측의 스크립트로 인식합니다.

플라스크에서는 정적 파일을 이용할 때 기본적으로 static 디렉터리에 배치합니다. static 디렉터리는 templates와 마찬가지로 앱 실행 모듈과 같은 열 위치나 혹은 패키지 바로 아래에 작성합니다. 그러면 VSCode에서 static 디렉터리를 생성하고, style.css 파일을 작성해 style.css를 HTML에서 읽어 들여 봅시다.

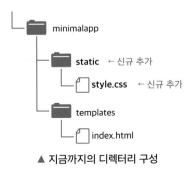

▲ 지금까지의 디렉터리 구성

정적 파일을 이용하기 위해서는, 조금 전의 flask routes 명령어의 실행 결과처럼 static이라는 엔드포인트를 사용해야 합니다. static 내의 파일은 다음과 같이 지정합니다.

```
url_for("static", filename="style.css")
> /static/style.css
```

HTML에서 static 내의 style.css를 읽어 들이기 위해서 templates/index.html에서 스타일 시트를 읽어 들이는 코드를 추가합니다.

▼ 스타일시트 읽어 들이기(apps/minimalapp/templates/index.html)

```
<!DOCTYPE html>
<html lang="ko">
  <head>
    <meta charset="UTF-8" />
    <title>Name</title>
    <link
      rel="stylesheet"
      href="{{ url_for('static', filename='style.css') }}"    ┐  style.css를 읽어 들인다
    />
  </head>

  <body>
    <!--{{ name }}을 추가한다-->
    <h1>Name: {{ name }}</h1>
  </body>
</html>
```

앞에서 쓴 코드는 다음과 같이 전개됩니다.

```
<link rel="stylesheet" href="/static/style.css"/>
```

애플리케이션 컨텍스트와 요청 컨텍스트

플라스크에는 애플리케이션 컨텍스트와 요청 컨텍스트라는 두 종류의 컨텍스트가 있습니다.

애플리케이션 컨텍스트

애플리케이션 컨텍스트란 요청을 통해 앱 레벨의 데이터를 이용할 수 있도록 하는 것입니다. 애플리케이션 레벨의 데이터에는 current_app과 g가 있습니다.

▼ 애플리케이션 컨텍스트

애플리케이션 컨텍스트명	설명
current_app	액티브 앱(실행 중의 앱)의 인스턴스
g	요청을 통해 이용할 수 있는 전역 임시(일시) 영역. 요청마다 리셋된다.

지금까지 app = Flask(__name__)로 취득한 app에 접근하면 앱의 인스턴스에 접근할 수 있었지만, 앱 규모가 커지면 상호 참조해 순환이 생기는 순환 참조가 발생하기 쉬워지고, 플라스크 측에서 오류

가 발생합니다.

플라스크는 이 문제를 해결하기 위해 플라스크 앱의 인스턴스인 app을 직접 참조하는 것이 아니라, current_app에 접근합니다. 애플리케이션 컨텍스트인 current_app은 플라스크에 요청 처리를 하면 스택에 push되어서 current_app이라는 속성에 접근할 수 있게 됩니다.

TIP 스택(일시적으로 데이터를 저장하는 데이터 구조)에 데이터를 쌓는 것을 push(푸시), 데이터를 꺼내는 것을 pop(팝)이라고 합니다.

애플리케이션 컨텍스트는 수동으로 취득하여 스택에 쌓을(push) 수 있으므로 다음 예시로 확인해 보겠습니다. 이것은 보통은 사용하지 않는 코드지만, 플라스크 내부의 구조를 이해하기 위해서 기술합니다.

▼ 애플리케이션 컨텍스트 확인하기 (apps/minimalapp/app.py)

```python
# current_app과 g를 추가로 import한다
from flask import Flask, render_template, url_for, current_app, g
...생략...


# 여기에서 호출하면 오류가 된다
# print(current_app)


# 애플리케이션 컨텍스트를 취득하여 스택에 push한다
ctx = app.app_context()
ctx.push()


# current_app에 접근할 수 있게 된다
print(current_app.name)
# >> apps.minimalapp.app


# 전역 임시 영역에 값을 설정한다
g.connection = "connection"
print(g.connection)
# >> connection
```

current_app은 애플리케이션 컨텍스트로부터 push되면 스택에 쌓여서 어디에서나 접근할 수 있게 됩니다. g는 요청을 통해 이용할 수 있는 전역 임시 영역인데, g도 마찬가지로 애플리케이션 컨텍스트가 스택에 쌓이면 이용할 수 있습니다. g의 대표적인 이용 예는 데이터베이스의 커넥션(접속) 등이며 예시 코드에서는 g.connection에 connection이라는 문자열을 저장하고 출력합니다. g에 설정한 값은 동일한 요청이 있는 동안에는 어디에서나 접근할 수 있게 됩니다.

요청 컨텍스트

요청 컨텍스트는 요청이 있는 동안 요청 레벨의 데이터를 이용할 수 있도록 하는 것입니다. 요청 레벨의 데이터에는 request와 session이 있습니다. 요청 컨텍스트를 수동으로 취득하여 푸시하려면 54쪽에서 url_for 함수를 사용해 URL을 생성했던 것처럼 test_request_context 함수를 사용합니다.

▼ 요청 컨텍스트 확인하기(apps/minimalapp/app.py)

```
# request를 추가로 import한다
from flask import Flask, current_app, g, render_template, url_for, request    —— 수정

...생략...
with app.test_request_context("/users?updated=true"):
    # true가 출력된다
    print(request.args.get("updated"))                                          —— 추가
```

request와 session에 대해서는 다음 절 이후에 자세하게 설명합니다.

컨텍스트의 라이프 사이클

컨텍스트는 다음과 같은 라이프 사이클로 생성, 삭제됩니다.

❶ 요청 처리를 시작합니다.
❷ 애플리케이션 컨텍스트를 작성합니다(스택으로 push).
❸ 요청 컨텍스트를 작성합니다(스택으로 push).
❹ 요청 처리를 종료합니다.
❺ 요청 컨텍스트를 삭제합니다(스택으로부터 pop).
❻ 애플리케이션 컨텍스트를 삭제합니다(스택으로부터 pop).

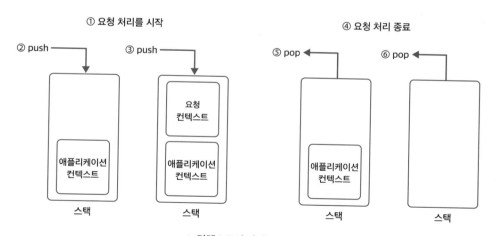

▲ 컨텍스트의 라이프 사이클

1.3 문의 폼 만들기

플라스크로 최소한의 웹 앱인 minimalapp을 만들었습니다. 여기부터는 조금 더 발전시켜서 minimalapp에 문의 폼을 작성하면서 기본 기능 사용법을 알아 보겠습니다.

문의 폼의 사양

작성하는 문의 폼은

- 문의 폼 화면
- 문의 완료 화면

두 가지 화면으로 간단하게 구성합니다. 데이터베이스는 이용하지 않고 문의 폼 화면으로부터 문의를 하면 입력한 이메일 주소에 문의 내용을 송신하고 문의 완료 화면을 표시합니다.

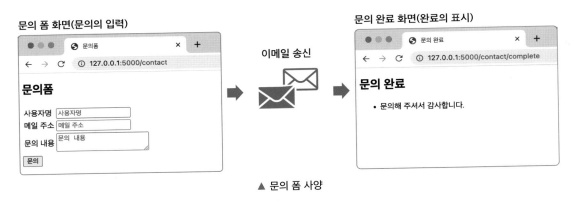

▲ 문의 폼 사양

PRG 패턴

문의 폼을 작성하기 전에 PRG 패턴에 대해 알아 둡니다. PRG 패턴이란 POST/REDIRECT/GET 패턴의 약어로, 폼 데이터를 POST하면 REDIRECT(리다이렉트)하여 GET한 페이지를 표시하는 패턴을 말합니다.

PRG 패턴을 사용하지 않는 경우, 폼 데이터를 POST한 다음에 리로드하면 본래 POST한 콘텐츠가 재송신되어 폼 데이터가 이중으로 전송될 가능성이 있습니다.

이 문제를 회피하기 위해 PRG 패턴을 사용하는 경우가 많습니다. 이번에 작성하는 문의 폼에서도 이 PRG 패턴을 사용합니다.

❶ 문의 폼 화면을 표시(GET)합니다.
❷ 문의 내용을 이메일로 송신(POST)합니다.
❸ 문의 완료 화면으로 리다이렉트(REDIRECT)합니다.
❹ 문의 완료 화면을 표시(GET)합니다.

경로 정보는 다음과 같습니다.

▼ 문의 폼(contact)과 문의 완료(contact_complete)의 경로 정보

Endpoint	Methods	Rule
contact	GET	/contact
contact_complete	GET, POST	/contact/complete

요청과 리다이렉트

요청 정보를 취득하려면 플라스크 모듈에서 요청 객체(request)를 import합니다. 다른 엔드포인트로 리다이렉트하려면 redirect 함수를 사용합니다.

▼ request의 import (apps/minimalapp/app.py)

```
# redirect를 추가로 import한다                                      수정
from flask import Flask, current_app, g, render_template, request, url_for, redirect
```

▼ 대표적인 요청 객체(request)의 속성 또는 메서드

속성 또는 메서드	설명
method	요청 메서드
form	요청 폼
args	쿼리 파라미터
cookies	요청 쿠키(Cookie)
files	요청 파일
environ	환경 변수
headers	요청 헤더
referrer	요청의 리퍼러(링크 참조 페이지)
query_string	요청 쿼리 문자열
Scheme	요청의 프로토콜(http/https)
url	요청 URL

TIP 이외에도 다양한 속성이나 메서드가 있습니다. 자세한 것은 공식 문서의 API 레퍼런스를 참조해 주세요.
https://flask.palletsprojects.com/en/2.0.x/api

문의 폼의 엔드포인트 만들기

apps/minimalapp/app.py에

- 문의 폼 화면을 표시하는 엔드포인트
- 이메일을 보내 문의 완료 화면을 표시하는 엔드포인트

를 추가합니다. 이메일을 보내는 처리는 마지막에 추가할 것이므로 여기에서는 주석으로 위치만 표시
해 두겠습니다.

▼ 엔드포인트 추가하기 (apps/minimalapp/app.py)

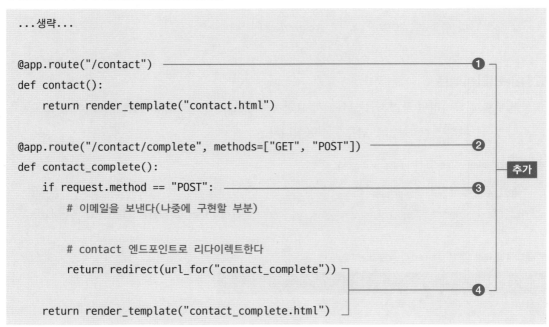

```
...생략...

@app.route("/contact")                                              ①
def contact():
    return render_template("contact.html")


@app.route("/contact/complete", methods=["GET", "POST"])            ②
def contact_complete():
    if request.method == "POST":                                    ③
        # 이메일을 보낸다(나중에 구현할 부분)


        # contact 엔드포인트로 리다이렉트한다
        return redirect(url_for("contact_complete"))
                                                                    ④
    return render_template("contact_complete.html")
```

❶ 문의 폼 화면을 반환하는 contact 엔드포인트를 만듭니다.

❷ 문의 폼 처리·문의 완료 화면을 반환하는 contact_complete 엔드포인트를 만듭니다. @app.
route 데코레이터의 2번째 인수에 methods=["GET", "POST"]를 지정하여 GET과 POST 메서드
를 허가합니다.

❸ request.method 속성을 이용하여 요청된 메서드를 확인합니다.

❹ GET의 경우는 문의 완료 화면(contact_complete.html)을 반환하고, POST의 경우는 문의 완료
엔드포인트(contact_complete)로 리다이렉트합니다.

플라스크에는 flask-wtf라는 폼용 확장 기능이 있으며, 이것을 사용하면 간단하게 CSRF 대책을 할

수 있지만 여기에서는 플라스크 기능을 확인하기 위해 이용하지는 않습니다. 자세한 것은 제3장에서 설명하겠습니다.

🏛 Column | CSRF란?

CSRF는 크로스 사이트 요청 포저리스(Cross-Site Request Forgeries)의 약어로 웹 앱의 취약성 중 하나입니다.

공격자는 사용자의 브라우저에 공격용 웹사이트를 표시해 의도하지 않은 요청을 서버에 송신합니다. 웹 앱이 사용자로부터의 요청에 대해서 CSRF 대책을 대응해 놓지 않은 경우, 이 요청을 정상적인 것으로 취급해 버립니다.

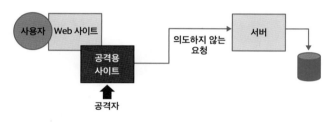

▲ CSRF 대책을 적용하지 않는 경우

CSRF 대책으로는 서버가 폼 데이터를 반환할 때에 랜덤한 토큰(token)을 생성하여 보관해 두고, 사용자로부터 요청이 있었을 때에 생성해 둔 토큰이 요청의 토큰과 일치하는지 여부를 체크해 올바른 요청인지 여부를 판단합니다.

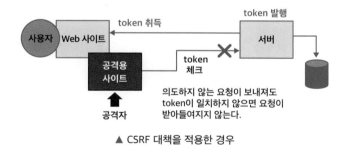

▲ CSRF 대책을 적용한 경우

문의 폼의 템플릿 만들기

templates 디렉터리 바로 아래에 문의 폼 화면(contact.html)과 문의 완료 화면(contact_complete.html)을 작성합니다.

문의 폼 화면

3개의 입력란 '사용자명', '메일 주소', '문의 내용'과 버튼을 1개 준비합니다.

▼ 문의 폼 화면(apps/minimalapp/templates/contact.html)

```html
<!DOCTYPE html>
<html lang="ko">
<head>
    <meta charset="UTF-8" />
    <title>문의 폼</title>
    <link rel="stylesheet" href="{{ url_for('static', filename='style.css') }}" />
</head>

<body>
    <h2>문의 폼</h2>
    <form
        action="{{ url_for('contact_complete') }}"
        method="POST"
        novalidate="novalidate"
    >
        <table>
            <tr>
                <td>사용자명</td>
                <td>
                    <input
                        type="text"
                        name="username"
                        value="{{ username }}"
                        placeholder="사용자명"
                    />
                </td>
            </tr>
            <tr>
                <td>메일 주소</td>
                <td>
                    <input
                        type="text"
                        name="email"
                        value="{{ email }}"
```

```
                    placeholder="메일 주소"
                />
            </td>
        </tr>
        <tr>
            <td>문의 내용</td>
            <td>
                <textarea name="description" placeholder="문의 내용">↵
{{ description }}</textarea>
            </td>
        </tr>
    </table>
    <input type="submit" value="문의" />
    </form>
</body>
</html>
```

문의 완료 화면

'문의 완료'라는 고정 메시지를 표시합니다.

▼ 문의 폼 화면(apps/minimalapp/templates/contact_complete.html)

```
<!DOCTYPE html>
<html lang="ko">
  <head>
    <meta charset="UTF-8" />
    <title>문의 완료</title>
      <link
        rel="stylesheet"
        href="{{ url_for('static', filename='style.css') }}"
      />
  </head>

  <body>
    <h2>문의 완료</h2>
  </body>
</html>
```

이로써 문의 폼의 틀이 완성되었습니다. `flask routes` 명령어로 라우팅 정보를 확인합니다.

```
(venv) $ flask routes
Endpoint          Methods     Rule
----------------  ---------   ------------------------
contact           GET         /contact
contact_complete  GET, POST   /contact/complete
...생략...
```

엔드포인트에 contact와 contact_complete가 추가되었고, contact_complete의 메서드가 GET,
POST로 되어 있는 것을 알 수 있습니다.

화면 확인하기

아직 구현이 완료되지 않았지만, 브라우저에서 다음 URL에 접근하면 문의 폼 화면이 표시됩니다.

http://127.0.1:5000/contact

▲ 문의 폼 화면

[문의] 버튼을 클릭하면 문의 완료 화면의

http://127.0.0.1:5000/contact/complete

로 이동하는 것을 확인할 수 있습니다.

▲ 문의 완료 화면

POST된 폼의 값 얻기

POST된 폼의 값을 얻으려면 request의 form 속성을 이용합니다. apps/minimalapp/app.py의 contact_complete 엔드포인트를 수정합니다.

▼ contact_complete 엔드포인트 수정하기(apps/minimalapp/app.py)

```python
...생략...

@app.route("/contact/complete", methods=["GET", "POST"])
def contact_complete():
    if request.method == "POST":
        # form 속성을 사용해서 폼의 값을 취득한다
        username = request.form["username"]
        email = request.form["email"]                      추가
        description = request.form["description"]

        # 이메일을 보낸다(나중에 구현할 부분)

        return redirect(url_for("contact_complete"))

    return render_template("contact_complete.html")
```

Flash 메시지

Flash 메시지는 동작 실행 후에 간단한 메시지를 표시하는 기능입니다. 완료 시나 오류 발생 시 등 일시적으로 메시지를 표시할 때 이용합니다.

유효성 검증(밸리데이션) 추가하기

문의 폼 화면에 유효성 검증(입력 체크 처리)을 추가합니다. 입력 체크 시 오류가 있으면 Flash 메시지를 사용하여 한 번만 오류 정보를 표시합니다.

Flash 메시지는 flash 함수를 사용하여 설정하고, 템플릿에서 get_flashed_messages 함수를 사용하여 취득해 표시합니다. Flash 메시지를 이용하려면 세션이 필요하므로 config의 SECRET_KEY를 설정해야 합니다.

> **TIP** 세션은 사용자의 로그인 정보 등을 서버에 유지하고, 일련의 처리를 계속적으로 실시할 수 있도록 하는 구조입니다. 1.5절에서 설명합니다.

config는 앱을 이용하는 데 필요한 설정입니다. config에 값을 설정하려면

```
app.config["config_key"] = config_value
```

와 같이 지정합니다. 또한 config를 설정하는 방법은 몇 가지가 있는데, 제2장의 [config 설정하기]에서 자세하게 설명합니다.

SECRET_KEY 설정하기

세션을 사용하려면 세션 정보 보안을 위해 비밀 키(SECRET_KEY)를 설정합니다. 비밀 키는 랜덤한 값으로 해야 합니다.

apps/minimalapp/app.py에 config의 SECRET_KEY 값을 설정합니다.

▼ SECRET_KEY 의 값 설정하기(apps/minimalapp/app.py)

```
...생략...


app = Flask(__name__)
# SECRET_KEY를 추가한다
app.config["SECRET_KEY"] = "2AZSMss3p5QPbcY2hBsJ"  ──────── 추가
```

다음으로 POST 값의 입력 체크를 추가합니다. 또한 이메일 주소(email)가 올바른 형식인지 여부를 체크하기 위해서 email-validator 패키지를 설치해 둡니다.

```
(venv) $ pip install email-validator
```

apps/minimalapp/app.py의 contact_complete 엔드포인트를 갱신합니다.

▼ 입력 체크 추가하기(apps/minimalapp/app.py)

```
from email_validator import validate_email, EmailNotValidError ──────── ❶ 추가
# import 문이 길어지기 때문에 줄바꿈
from flask import (
    Flask,
    current_app,
    g,
    redirect,
    render_template,
    request,
    url_for,
```

```
    flash,                                                          ❷ 추가
)
...생략...

@app.route("/contact/complete", methods=["GET", "POST"])
def contact_complete():
    if request.method == "POST":
        username = request.form["username"]
        email = request.form["email"]
        description = request.form["description"]

        # 입력 체크
        is_valid = True

        if not username:
            flash("사용자명은 필수입니다")
            is_valid = False                                         ❸

        if not email:
            flash("메일 주소는 필수입니다 ")
            is_valid = False

        try:
            validate_email(email)                                   ❹
        except EmailNotValidError:                                         추가
            flash("메일 주소의 형식으로 입력해 주세요")
            is_valid = False

        if not description:
            flash("문의 내용은 필수입니다")
            is_valid = False                                        ❸

        if not is_valid:
            return redirect(url_for("contact"))

        # 이메일을 보낸다(나중에 구현할 부분)

        # 문의 완료 엔드포인트로 리다이렉트한다
```

```
        flash("문의해 주셔서 감사합니다.")                    ──────────────⑤ 추가
        return redirect(url_for("contact_complete"))

    return render_template("contact_complete.html")
```

❶ 이메일 주소 형식 체크용 validate_email과 EmailNotValidError를 import합니다.

❷ flash를 추가로 import합니다.

❸ 사용자명, 이메일 주소, 문의 내용 입력란이 비어 있으면 flash에 오류 메시지를 설정합니다.

> **TIP** Flash 메시지는 여러 개 설정할 수 있으나, 브라우저 또는 웹 서버의 쿠키 크기의 제한을 초과하는 경우는 Flash 메시지를 이용할 수 없으니 주의하세요.

❹ email이 이메일 주소의 형식인지 여부를 validate_email 함수로 확인합니다. 형식이 정확하지 않은 경우는 예외가 발생하므로 try-except로 감쌉니다.

❺ POST 값에 문제가 없는 경우는 Flash 메시지에 "문의해 주셔서 감사합니다."를 설정하고, 문의 완료 화면으로 리다이렉트합니다.

flash에 설정한 오류 메시지를 문의 폼 화면의 apps/minimalapp/templates/contact.html에서 취득하기 위해 get_flashed_messages 함수를 사용합니다.

▼ Flash 메시지를 문의 폼 화면에 표시하기 (apps/minimalapp/templates/contact.html)

```
...생략...
<body>
    <h2>문의 폼</h2>

    {% with messages = get_flashed_messages() %}
    {% if messages %}
    <ul>
        {% for message in messages %}
        <li class="flash">{{ message }}</li>
        {% endfor %}
    </ul>
    {% endif %}
    {% endwith %}
    ...생략...
<body>
```
추가

with 구문으로

```
{% with messages = get_flashed_messages() %}
```

와 같이 기술하면 messages 변수의 이용 가능한 범위를 with 문장 안에서만 한정할 수 있습니다. http://127.0.0.1:5000/contact에 접속해서 입력란을 비워 둔 채로 [문의] 버튼을 클릭하면 다음과 같은 메시지가 나타납니다.

▲ 입력 체크의 Flash 메시지

문의 완료 화면의 apps/minimalapp/templates/contact_complete.html에도 Flash 메시지를 추가합니다.

▼ Flash 메시지를 문의 완료 화면에 표시하기(apps/minimalapp/templates/contact_complete.html)

```
...생략...

<body>
 <h2>문의 완료</h2>

 {% with messages = get_flashed_messages() %}
 {% if messages %}
 <ul>
     {% for message in messages %}
     <li>{{ message }}</li>
     {% endfor %}
 </ul>
 {% endif %}
 {% endwith %}
```
추가

```
    </body>
</html>
```

▲ 문의 완료의 Flash 메시지

로깅

개발 시나 운용 시에 예기치 않은 오류가 발생하는 경우 등, 앱에서 무슨 일이 발생하고 있는지를 확인해야 할 상황이 있는데, 그럴 때에 로거가 유용합니다. 로거를 이용하면 애플리케이션 로그(앱의 동작 상황)를 콘솔이나 파일에 출력할 수 있습니다.

로거에는 로그 레벨이 있으며, 지정한 로그 레벨보다도 레벨이 높은 로그만 출력됩니다. 예를 들어 로그 레벨을 ERROR로 설정하면 ERROR나 CRITICAL 수준의 로그만 출력됩니다. 개발 시에는 로그 레벨을 DEBUG로 해 두고, 라이브 환경에서는 로그 레벨을 ERROR로 하는 등 환경에 따라 로그 레벨을 전환합니다.

▼ 로그 레벨

레벨	개요	설명
CRITICAL	치명적인 오류	프로그램의 이상 종료를 수반하는 것과 같은 오류 정보
ERROR	오류	예기치 않은 실행 시 오류 정보
WARNING	경고	오류에 가까운 현상 등의 준정상계(Abnormal) 정보
INFO	정보	정상 동작의 확인에 필요한 정보
DEBUG	디버그 정보	개발 시 필요한 정보

플라스크는 파이썬 표준 logging 모듈을 이용합니다.

TIP logging 모듈의 자세한 내용은 공식 문서를 참조하세요.
https://docs.python.org/3/library/logging.html#module-logging

로그 레벨은 apps/minimalapp/app.py에 app.logger.setLevel 함수를 사용하여 지정합니다.

▼ 로그 레벨 지정하기(apps/minimalapp/app.py)

```
# logging을 import한다
import logging ─────────────────────────────────────── 추가

...생략...

app = Flask(__name__)
app.config["SECRET_KEY"] = "2AZSMss3p5QPbcY2hBsJ"
# 로그 레벨을 설정한다
app.logger.setLevel(logging.DEBUG) ──────────────────── 추가
```

로그를 출력하려면 다음과 같이 지정합니다.

```
app.logger.critical("fatal error")
app.logger.error("error")
app.logger.warning("warning")
app.logger.info("info")
app.logger.debug("debug")
```

flask-debugtoolbar 설치하기

플라스크에서 개발할 때에 편리한 모듈 중에 flask-debugtoolbar가 있습니다. 플라스크의 flask-debugtoolbar 확장을 이용함으로써 HTTP 요청 정보나 flask routes 결과, 데이터베이스가 발행하는 SQL을 브라우저에서 확인할 수 있습니다.

flask-debugtoolbar는 다음 명령어로 설치합니다.

```
(venv) $ pip install flask-debugtoolbar
```

apps/minimalapp/app.py에 flask-debugtoolbar를 이용하기 위한 코드를 추가합니다.

▼ flask-debugtoolbar 이용하기(apps/minimalapp/app.py)

```
...생략...
from flask_debugtoolbar import DebugToolbarExtension ──── ❶ 추가

app = Flask(__name__)
app.config["SECRET_KEY"] = "2AZSMss3p5QPbcY2hBsJ"
app.logger.setLevel(logging.DEBUG)
```

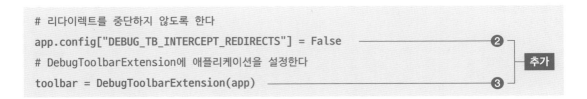

```
# 리다이렉트를 중단하지 않도록 한다
app.config["DEBUG_TB_INTERCEPT_REDIRECTS"] = False ─────────────── ❷
# DebugToolbarExtension에 애플리케이션을 설정한다                              추가
toolbar = DebugToolbarExtension(app) ──────────────────────────── ❸
```

❶ DebugToolbarExtension을 import합니다.

❷ 리다이렉트를 중단하지 않도록 하는 config를 설정합니다. 리다이렉트하면 요청한 값을 flask-debugtoolbar에서 확인할 수 없게 되므로 디폴트는 True(리다이렉트를 중단)로 되어 있습니다.

❸ import한 DebugToolbarExtension에 앱을 설정합니다.

브라우저에서 다음의 URL에 접근하면 브라우저의 오른쪽에 디버그 툴바가 표시됩니다.

http://127.0.0.1:5000/contact

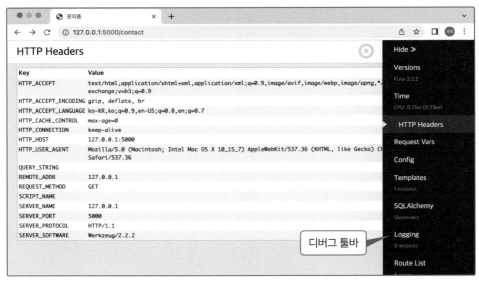

▲ 디버그 툴바

이메일 보내기

문의 폼 화면으로부터 문의했을 때에 이메일을 보내는 기능을 구현합니다. 이메일을 보내기 위해서 플라스크의 flask-mail 확장을 이용합니다.

```
(venv) $ pip install flask-mail
```

flask-mail을 설치했으면 config를 설정합니다. 여기에서는 Gmail 계정을 이용하여 이메일을 설정합니다. Gmail 계정이 없다면 계정을 새로 만들어 두세요.

▼ 기본적인 flask-mail의 설정

설정	기본값	설명
MAIL_SERVER	localhost	이메일 서버의 호스트명
MAIL_PORT	25	이메일 서버의 포트
MAIL_USE_TLS	False	TLS를 유효로 하는가
MAIL_USE_SSL	False	SSL을 유효로 하는가
MAIL_DEBUG	app.debug	디버그 모드
MAIL_USERNAME	None	송신자 이메일 주소
MAIL_PASSWORD	None	송신자 이메일 주소의 비밀번호
MAIL_DEFAULT_SENDER	None	이메일의 송신자명과 이메일 주소

애플리케이션에서 Gmail로 이메일 보내기 준비하기

Gmail을 사용하여 앱에서 이메일을 보내려면 먼저 다음의 Gmail 2단계 인증 프로세스 페이지에서 2단계 인증을 설정합니다.

https://myaccount.google.com/signinoptions/two-step-verification/enroll-welcome

그리고 다음의 앱 비밀번호 페이지에서 앱용 비밀번호를 취득해야 합니다.

https://security.google.com/settings/security/apppasswords

앱용 비밀번호 만들기

❶ [앱 선택]에서 [기타(맞춤 입력)]을 선택합니다.

❷ 임의의 이름을 입력합니다. 여기에서는 **Flaskbook**으로 합니다.

❸ [생성] 버튼을 클릭하면 비밀번호가 생성되므로 이것을 복사해 둡니다. 이 비밀번호는 나중에 [MAIL_PASSWORD]에 설정합니다.

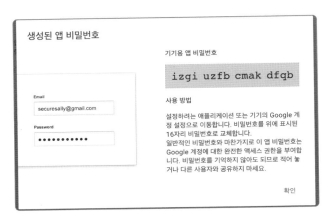

이메일 송신 기능 구현하기

Gmail 설정이 완료됐으면 이메일 송신 기능을 구현합니다.

flask-mail 이용하기

먼저 apps/minimalapp/app.py에 flask-mail을 이용하는 처리를 추가합니다.

▼ flask-mail을 이용하는 코드 추가하기(apps/minimalapp/app.py)

```
import logging
import os ────────────────────────────────────── ❶ 추가


...생략...


from flask_mail import Mail ──────────────────────── ❷ 추가


app = Flask(__name__)
...생략...
```

```
# Mail 클래스의 config를 추가한다
app.config["MAIL_SERVER"] = os.environ.get("MAIL_SERVER")
app.config["MAIL_PORT"] = os.environ.get("MAIL_PORT")
app.config["MAIL_USE_TLS"] = os.environ.get("MAIL_USE_TLS")            ❸ 추가
app.config["MAIL_USERNAME"] = os.environ.get("MAIL_USERNAME")
app.config["MAIL_PASSWORD"] = os.environ.get("MAIL_PASSWORD")
app.config["MAIL_DEFAULT_SENDER"] = os.environ.get("MAIL_DEFAULT_SENDER")


# flask-mail 확장을 등록한다
mail = Mail(app)                                                       ❹ 추가
```

❶ 환경 변수를 취득하기 위해서 os를 import합니다.

❷ Mail 클래스를 import합니다.

❸ Mail 클래스의 config를 환경 변수로부터 얻습니다.

❹ flask-mail 확장을 앱에 등록합니다.

config 설정값 추가하기

다음에 .env 파일에 flask-mail config의 설정값을 추가합니다.

▼ flask-mail config의 설정값 추가하기(apps/minimalapp/.env)

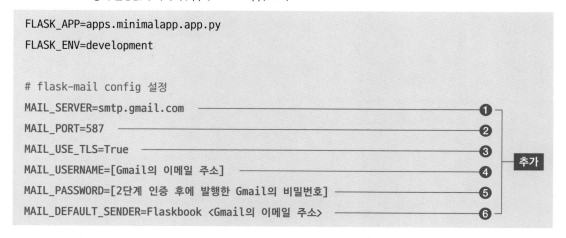

```
FLASK_APP=apps.minimalapp.app.py
FLASK_ENV=development


# flask-mail config 설정
MAIL_SERVER=smtp.gmail.com                                    ❶
MAIL_PORT=587                                                 ❷
MAIL_USE_TLS=True                                             ❸
MAIL_USERNAME=[Gmail의 이메일 주소]                             ❹    추가
MAIL_PASSWORD=[2단계 인증 후에 발행한 Gmail의 비밀번호]          ❺
MAIL_DEFAULT_SENDER=Flaskbook <Gmail의 이메일 주소>            ❻
```

❶ MAIL_SERVER는 Gmail의 송신 이메일 서버 smtp.gmail.com을 설정합니다.

❷ MAIL_PORT는 TLS(STARTLS: 이메일 암호화)를 사용하기 위해 포트 번호 587을 설정합니다.

❸ MAIL_USE_TLS는 TLS를 유효로 하기 위해 True를 설정합니다.

❹ MAIL_USERNAME은 이번에 이용하는 Gmail의 이메일 주소를 설정합니다.

❺ MAIL_PASSWORD는 새로 생성한 앱용 비밀번호를 설정합니다.

❻ MAIL_DEFAULT_SENDER는 이메일의 송신자명 Flaskbook <Gmail의 이메일 주소>를 설정합니다.

TIP 앱용 비밀번호는 76쪽에서 생성한 비밀번호입니다.

이메일 보내기

이어서 apps/minimalapp/app.py의 문의 완료 엔드포인트 contact_complete에 이메일을 보내는 처리를 추가합니다.

▼ contact_complete로 이메일을 보내는 코드 추가하기(apps/minimalapp/app.py)

```python
...생략...

# flask-mail로부터 Message를 추가로 import한다
from flask_mail import Mail, Message                          ❶ 수정

...생략...

@app.route("/contact/complete", methods=["GET", "POST"])
def contact_complete():
    if request.method == "POST":
        ...생략...

        # 이메일을 보낸다
        send_email(
            email,
            "문의 감사합니다.",
            "contact_mail",                                    ❷ 추가
            username=username,
            description=description,
        )
        ...생략...

    return render_template("contact_complete.html")

def send_email(to, subject, template, **kwargs):
    """메일을 송신하는 함수"""
    msg = Message(subject, recipients=[to])
    msg.body = render_template(template + ".txt", **kwargs)    ❸ 추가
    msg.html = render_template(template + ".html", **kwargs)
    mail.send(msg)
```

❶ flask_mail로부터 Message를 추가로 import합니다.

❷ 이메일을 보내는 처리로서 이메일 송신 함수를 호출하는 처리를 추가합니다.

❸ 이메일을 보내는 함수를 추가합니다. 이메일은 텍스트 이메일과 HTML 이메일 양쪽을 작성하여 송신합니다. HTML 이메일을 수신할 수 없는 경우는 텍스트 이메일이 송신됩니다.

이메일 템플릿 만들기

apps/minimalapp/templates 디렉터리에 텍스트 이메일의 템플릿 contact_mail.txt를 작성합니다. 변수로 치환하는 부분은 {{ }}로 지정합니다.

▼ 텍스트 이메일 템플릿 (apps/minimalapp/templates/contact_mail.txt)

```
{{ username }} 씨

문의 감사합니다. 문의 내용은 다음과 같습니다.

문의 내용

{{ description }}
```

마찬가지로 apps/minimalapp/templates 디렉터리에 HTML 이메일의 템플릿 contact_mail.html도 작성합니다. 이쪽도 변수로 치환하는 부분은 {{ }}로 지정합니다.

▼ 텍스트 이메일의 템플릿 (apps/minimalapp/templates/contact_mail.html)

```
<!DOCTYPE html>
<html lang="ko">
  <head>
    <meta charset="UTF-8" />
    <title>문의 완료 </title>
  </head>

  <body>
    <p>{{ username }} 씨</p>
    <p>문의 감사합니다. 문의 내용은 다음과 같습니다. </p>
    <p>문의 내용</p>
    <p>{{ description }}</p>
  </body>
</html>
```

이상으로 이메일 송신 처리를 구현했습니다. 이로써 문의 폼 기능 구현을 완료했습니다.

문의 폼 동작 확인하기

그럼 문의 폼이 문제없이 동작하는지 확인해 봅시다. 브라우저에서 다음의 URL에 접근합니다.

http://127.0.0.1:5000/contact

문의 폼 화면이 표시되면 내용을 입력하고 [문의] 버튼을 클릭합니다.

▲ 문의 폼

문의 완료 화면이 표시됩니다.

▲ 문의 완료

동시에 폼에 입력한 이메일 주소에 이메일이 송신됩니다. Gmail에서 확인해 주세요.

▲ 보낸 이메일

이로써 문의 폼을 완성했습니다. 문의 폼의 구현에서는 사용하지 않았지만, 자주 사용하는 HTTP 기능에는 쿠키, 세션, 응답이 있습니다. 이후에서는 이러한 사용법을 설명합니다.

1.4 쿠키

쿠키(Cookie)는 클라이언트의 브라우저와 웹 서버와의 사이에서 상태를 관리하기 위해서 브라우저에 저장된 정보와 그 구조를 가리킵니다. 서버에서 받아 브라우저에 보존된 쿠키 정보는 요청과 함께 쿠키를 보냈던 서버로 보내집니다.

플라스크에서 쿠키로부터 값을 취득하는 데는 요청 객체(request)를 사용합니다. 또한 값의 설정에는 make_response로 얻은 응답 객체(response)를 사용합니다.

여기에서는 플라스크에서 쿠키를 다루는 방법을 간단히 소개합니다. 구체적인 예는 1.6절에서 다시 다루겠습니다.

쿠키로부터 값을 취득하기

```
from flask import request


# key를 지정한다
username = request.cookies.get("username")
```

쿠키로 값을 설정하기

```
from flask import make_response, render_template


response = make_response(render_template("contact.html"))
# key와 value를 설정한다
response.set_cookie("username", "AK")
```

쿠키로부터 값을 삭제하기

```
from flask import make_response, render_template, response


response = make_response(render_template("contact.html"))
# key를 지정한다
response.delete_cookie("username")
```

1.5 세션

세션은 사용자의 로그인 정보 등을 서버에 유지하고, 일련의 처리를 계속적으로 실시할 수 있도록 하는 구조입니다. HTTP는 스테이트리스이므로 상태를 유지할 수 없지만, 쿠키를 사용한 세션 관리 구조를 이용함으로써 사용자가 일련의 처리를 연속적으로 할 수 있습니다.

❶ 사용자가 로그인 조작을 합니다.

❷ 서버는 세션 ID를 발행하고 사용자 정보를 연결하여 정보를 유지합니다.

❸ 세션 ID를 브라우저의 쿠키에 저장합니다.

❹ 이후 요청 시 보내지는 쿠키로부터 세션 ID를 취득하고 연결된 사용자를 취득합니다.

❺ 취득한 사용자에게 필요한 처리를 하거나 정보를 반환합니다.

TIP 스테이트리스(stateless)란 서버가 클라이언트의 정보를 유지하지 않아 웹 서버 측에서 상태를 관리할 수 없는 것을 말합니다.

플라스크에서 세션을 다루려면 session을 import합니다. 또한 1.3절의 Flash 메시지(67쪽)에서 설명한 바와 같이 세션을 다루려면 config에 SECRET_KEY를 설정해야 합니다. 여기에서는 플라스크에서 세션을 다루는 방법을 간단히 소개합니다.

세션에 값 설정하기

```
from flask import session


session["username"] = "AK"
```

세션으로부터 값을 취득하기

```
from flask import session


username = session["username"]
```

세션으로부터 값을 삭제하기

```
from flask import session


session.pop("username", None)
```

1.6 응답

응답(response)은 브라우저로부터 온 요청에 대해 서버가 클라이언트에게 반환하는 응답입니다.

플라스크에서는 통상,

```
return render_template("contact_complete.html")
```

와 같이 기술함으로써 필요한 값이 응답으로서 반환됩니다. 쿠키에 값을 설정하는 등 응답의 내용을 갱신해야 하는 경우는 make_response 함수를 이용합니다.

▼ 대표적인 응답 객체(response)의 속성 및 메서드

속성 또는 메서드	설명
status_code	응답 상태 코드
headers	응답 헤더
set_cookie	쿠키를 설정한다.
delete_cookie	쿠키를 삭제한다.

문의 폼의 엔드포인트에 응답 객체(response)를 취득하는 처리를 추가하고, 동작을 확인해 봅시다.

▼ 응답 객체 취득하기(apps/minimalapp/app.py)

```
...생략...

from flask import (
    flask,
    current_app,
    flash,
    g,
    redirect,
    render_template,
    request,
    url_for,
```

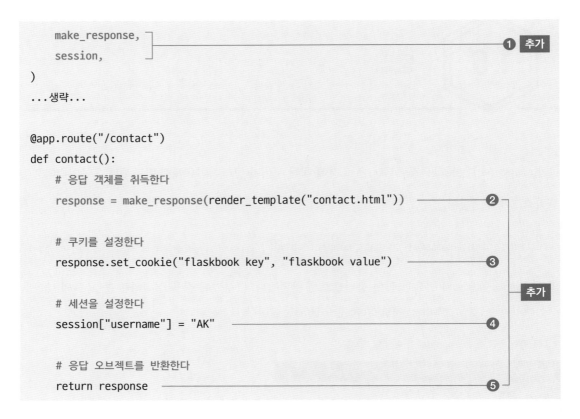

```
    make_response,
    session,                                                          ① 추가
)
...생략...

@app.route("/contact")
def contact():
    # 응답 객체를 취득한다
    response = make_response(render_template("contact.html"))          ②

    # 쿠키를 설정한다
    response.set_cookie("flaskbook key", "flaskbook value")           ③
                                                                            추가
    # 세션을 설정한다
    session["username"] = "AK"                                        ④

    # 응답 오브젝트를 반환한다
    return response                                                   ⑤
```

❶ make_response와 session을 추가로 import합니다.

❷ render_template을 make_response 함수에 건네고, 응답 객체를 취득합니다.

❸ set_cookie 함수의 key에 flaskbook key, value에 flaskbook value를 설정합니다.

❹ session["username"]에 값을 설정합니다.

❺ 응답 객체를 반환합니다.

그럼 동작을 확인해 봅시다. 브라우저에서 다음의 URL에 접근하여 디버그 툴바의 [Request Vars]를 열면 설정한 세션 정보가 SESSION Variables 항목에 표시됩니다.

http://127.0.0.1:5000/contact

1번째 요청은 서버에서 쿠키와 세션에 정보를 써 넣어 응답했을 뿐이므로, 쿠키에는 세션 ID와 설정한 쿠키 정보는 표시되지 않습니다.

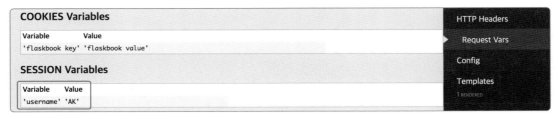

▲ 1번째 요청의 결과

브라우저는 응답을 받아 쿠키에 값을 설정하고 있으므로 2번째 이후의 요청에서는 쿠키에 세션 ID와 설정한 쿠키 정보가 표시됩니다.

다시 한번 브라우저에서 다음의 URL에 접근하여 디버그 툴의 [Request Vars]를 열면 설정한 값이 표시되는 것을 확인할 수 있습니다.

http://127.0.0.1:5000/contact

▲ 2번째 요청의 결과

이 장의 마무리

이 장에서는 최소한의 앱을 작성하고, 거기에 문의 폼 기능을 추가하면서 플라스크에서의 웹 앱 개발의 흐름 및 플라스크의 기본적인 기능에 대해 설명했습니다.

▼ 이 장에서 pip install 한 확장 또는 패키지

확장 또는 패키지	설명
python-dotenv	환경 변수를 .env 파일로부터 읽어 들인다.
email-validator	이메일 주소 형식을 체크한다.
flask-debugtoolbar	플라스크 앱 개발 보조 도구
flask-mail	이메일을 송신한다.

다음 장에서는 데이터베이스를 이용한 앱의 작성법을 배웁니다. 데이터베이스를 이용할 수 있게 되면 데이터 추가, 변경, 삭제 등 개발할 수 있는 앱의 폭이 훨씬 넓어집니다.

파이썬은 객체 지향 언어 중 하나입니다. 데이터 및 처리를 클래스로서 통합해 두고 클래스를 바탕으로 객체를 생성할 수 있습니다.

▼ 클래스와 관련된 용어

용어	설명
클래스	데이터 및 처리의 정의를 통합한 것으로 클래스를 바탕으로 객체를 생성한다.
객체(오브젝트)	클래스를 인스턴스화한 것으로 프로그램을 조작하거나 처리하는 데이터
인스턴스화	클래스로부터 객체를 생성하는 것
생성자(컨스트럭터)	인스턴스화 시의 초기화 처리

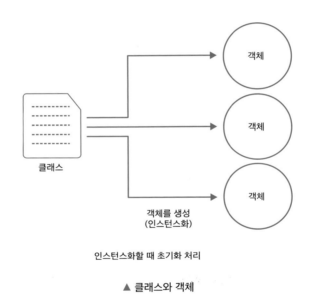

인스턴스화할 때 초기화 처리

▲ 클래스와 객체

CHAPTER 02

데이터베이스를 이용한 앱 만들기

이 장의 내용

제1장에서는 최소한의 앱인 minimalapp에 문의 폼을 작성했습니다. 이 장에서는 데이터베이스를 이용한 CRUD 앱을 새로 만듭니다. 프로젝트는 제1장에서 작성한 flaskbook을 계속 사용합니다.

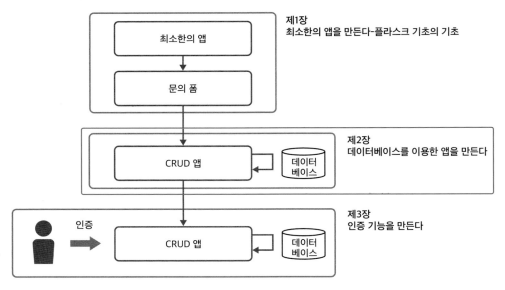

▲ 제1부에서 작성하는 앱

디렉터리 구성

이 장에서 작성하는 데이터베이스를 이용한 CRUD 앱의 디렉터리 구성은 다음과 같습니다. 다음 절에서 순차적으로 이 구성을 만들어 보겠습니다. CRUD란 데이터베이스를 조작하는 데 있어서 최소한 필요한 기능인 Create(데이터 작성), Read(읽어 들이기), Update(갱신), Delete(삭제)의 약칭입니다. CRUD의 기능을 이용하면 다양한 앱을 만들 수 있게 됩니다.

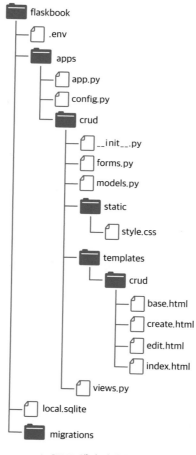

▲ CRUD 앱의 디렉터리 구성

 **2.2** 앱 실행하기: Blueprint의 이용

앱을 실행하기 위해서 다음의 처리를 실시합니다.

❶ CRUD 앱의 모듈을 작성합니다.

❷ 환경 변수 FLASK_APP의 경로를 변경합니다.

❸ 엔드포인트를 만듭니다.

❹ 템플릿을 만듭니다.

❺ 정적 파일을 작성합니다.

❻ 템플릿에 CSS를 읽어 들입니다.

❼ 동작을 확인합니다.

① CRUD 앱의 모듈 작성하기

이전 장까지 작성한 minimalapp과 마찬가지로 플라스크를 인스턴스화하고 app을 취득합니다. minimalapp과 다른 점은 app을 취득하기 위해 create_app 함수를 사용한다는 점입니다. create_app 함수는 플라스크 앱을 생성하는 함수입니다.

create_app 함수를 사용해서 간단히 개발 환경이나 스테이징 환경(테스트 환경), 라이브 환경 등 환경을 전환할 수 있습니다. 그래서 유닛 테스트(프로그램의 테스트)가 쉬워진다는 장점도 있습니다.

apps 디렉터리에 app.py를 작성하고 create_app 함수를 사용하여 다음과 같이 기술합니다.

▼ apps/app.py

```
from flask import Flask

# create_app 함수를 작성한다
def create_app():
    # 플라스크 인스턴스 생성                                    ❶
    app = Flask(__name__)

                                                              ❷
    # crud 패키지로부터 views를 import한다
```

```
from apps.crud import views as crud_views ─────────────────────── ③

# register_blueprint를 사용해 views의 crud를 앱에 등록한다
app.register_blueprint(crud_views.crud, url_prefix="/crud") ────── ④

return app
```

❶ create_app 함수를 작성합니다.

❷ 플라스크 인스턴스를 생성합니다.

❸ 이제부터 작성하는 crud 패키지로부터 views를 import합니다.

❹ Blueprint라 불리는 기능인 app.register_blueprint 함수를 사용해 crud 앱을 등록합니다. url_prefix에 /crud를 지정하고, 이 views의 엔드포인트의 모든 URL이 crud로부터 시작되게 합니다.

여기에서 나온 Blueprint는 플라스크를 사용하는 데 매우 중요한 기능입니다.

Blueprint란?

Blueprint란 앱을 분할하기 위한 플라스크의 기능입니다. Blueprint를 이용함으로써 앱의 규모가 커져도 간결한 상태를 유지할 수 있어서 보수성이 향상됩니다.

Blueprint의 특징 및 이용 방법

Blueprint에는 다음과 같은 특징이 있습니다.

· 앱을 분할할 수 있다.
· URL 프리픽스 및 서브 도메인을 지정하여 다른 애플리케이션 루트와 구별할 수 있다.
· Blueprint 단위로 템플릿을 나눌 수 있다.
· Blueprint 단위로 정적 파일을 나눌 수 있다.

Blueprint를 이용하려면 Blueprint 객체(Blueprint 앱)를 생성하고, 플라스크 앱인 app 인스턴스의 register_blueprint 메서드에 전달해 등록합니다.

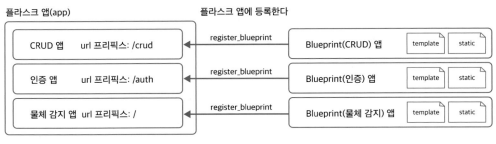

▲ Blueprint

Blueprint 클래스의 주요 생성자는 다음과 같습니다.

▼ Blueprint 클래스의 대표적인 생성자

인수	설명
name	Blueprint 앱의 이름. 각 엔드포인트명 앞에 추가된다(예 crud.index).
import_name	Blueprint 앱의 패키지(apps.crud.views)의 이름. 보통 __name__ 을 지정한다.
static_folder	Blueprint 앱의 정적 파일용 폴더. 디폴트로는 무효
template_folder	Blueprint 앱의 템플릿 파일용 디렉터리. 디폴트로는 무효 Blueprint의 템플릿은 앱 본체의 템플릿 디렉터리보다도 우선순위가 낮다.
url_prefix	Blueprint 앱의 모든 URL의 맨 앞에 추가하여 다른 앱의 경로와 구별하기 위한 경로
subdomain	Blueprint를 서브 도메인으로서 이용하는 경우에 지정한다.

다음은 Blueprint 객체의 생성 예입니다.

```
# Blueprint 객체를 생성한다
# template_folder와 static_folder를 지정하지 않는 경우는
# Blueprint 앱용 템플릿과 정적 파일을 이용할 수 없다
sample = Blueprint(
    __name__,
    "sample",
    static_folder="static",
    template_folder="templates",
    url_prefix="/sample",
    subdomain="example",
)
```

생성한 Blueprint 객체는 다음과 같이 register_blueprint 함수로 등록합니다.

```
app.register_blueprint(sample, url_prefix="/sample", subdomain="example")
```

▼ app.register_blueprint의 대표적인 인수

인수	설명
blueprint	등록하는 Blueprint 앱. 뒤에서 설명하는 Blueprint 클래스의 객체를 지정한다.
url_prefix	Blueprint 앱에서 모든 URL의 맨 앞에 추가하는 다른 앱의 경로와 구별하기 위한 경로
subdomain	Blueprint를 서브 도메인으로서 이용하는 경우에 지정한다.

app.register_blueprint와 Blueprint 클래스에서 지정하는 파라미터가 중복하는 경우는 app.register_blueprint의 값이 우선해서 이용됩니다.

```
#Blueprint 객체를 건넨다(url_prefix는 sample2가 우선된다)
app.register_blueprint(sample, url_prefix="/sample2")
```

Blueprint로 앱을 분할하는 모듈화

Blueprint로 앱을 얼마나 잘게 분할할지에 대해 정해진 규칙은 없습니다. 작게 나눌 수도 있고 크게 나눌 수도 있으며, 앱을 분할하지 않을 수도 있습니다. 만들고 싶은 앱에 적합하게 모듈화해 분할하는 것이 이상적이지만, 1개의 기준으로서 기능을 다음과 같이 생각하면 이해하기 쉬워집니다.

- URL 프리픽스 및 서브 도메인으로 나누고 싶은가
- 화면의 레이아웃으로 나누고 싶은가

Naver와 같은 포털 사이트를 예로 들면 톱 페이지에는 다양한 사이트로 이어지는 링크가 있으며, 링크에 접근하면 각각 서브 도메인이나 레이아웃이 전혀 다른 페이지로 바뀝니다. 한편 서브 도메인이나 레이아웃이 다른 페이지라도 공통의 로그인 기능을 갖고 있으며, 같은 로그인 ID를 이용할 수 있습니다.

이 경우 서브 도메인이나 레이아웃이 다른 사이트별로 Blueprint로 분할하면 각각의 사이트 개별 기능을 개발하기 쉬워집니다. 한편 Blueprint로 분할해도 로그인 기능과 같이 공통으로 사용하고 싶은 기능은 이용할 수 있습니다.

여러 개의 Blueprint로 템플릿을 이용할 때 주의점

Blueprint로 등록한 앱의 템플릿을 이용하는 경우는 Blueprint의 생성자에 `template_folder` 파라미터를 지정합니다.

```
crud = Blueprint("crud", __name__, template_folder="templates")
```

다만 여러 개의 Blueprint가 똑같이 상대 템플릿 경로를 이용하는 경우 가장 먼저 등록한 Blueprint의 템플릿이 다른 Blueprint의 템플릿보다 우선되며 2번째 이후의 Blueprint 템플릿을 표시할 수 없게 됩니다. 이를 방지하려면 templates 디렉터리와 HTML 파일 사이에 Blueprint로 등록한 앱 이름의 디렉터리를 끼워야 합니다.

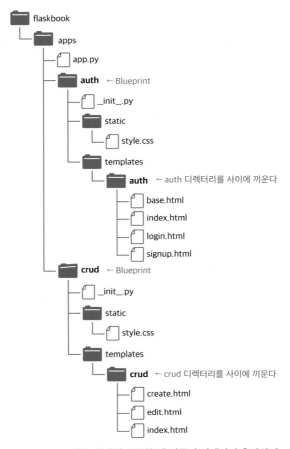

```
flaskbook
  └── apps
       ├── app.py
       ├── auth        ← Blueprint
       │    ├── __init__.py
       │    ├── static
       │    │    └── style.css
       │    └── templates
       │         └── auth        ← auth 디렉터리를 사이에 끼운다
       │              ├── base.html
       │              ├── index.html
       │              ├── login.html
       │              └── signup.html
       └── crud        ← Blueprint
            ├── __init__.py
            ├── static
            │    └── style.css
            └── templates
                 └── crud        ← crud 디렉터리를 사이에 끼운다
                      ├── create.html
                      ├── edit.html
                      └── index.html
```

▲ templates 바로 아래에 등록한 앱 이름의 디렉터리 추가하기

templates와 HTML 파일의 사이에 앱 이름의 디렉터리를 끼움으로써 명시적으로 경로를 분할해서
플라스크가 해석할 수 있도록 합니다.

② 환경 변수 FLASK_APP의 경로 변경하기

minimalapp의 **app**은 apps/minimalapp/app.py에 있는데, 이 장에서 작성하는 CRUD 앱은
apps/app.py의 **create_app** 함수에서 생성하므로 .env 파일의 **FLASK_APP** 환경 변수의 값을 변경
합니다.

▼ 환경 변수 FLASK_APP의 경로 변경하기(flaskbook/.env)

```
# FLASK_APP=apps.minimalapp.app.py
FLASK_APP=apps.app:create_app                              변경
FLASK_ENV=development


...생략...
```

함수로 앱을 생성하는 경우는 **모듈:함수**와 같이 지정합니다. 또한 앱을 생성하는 함수명이 `create_app`의 경우는 플라스크가 자동으로 `create_app` 함수를 호출하므로 함수명을 지정하지 않고 `apps.app.py`로 지정해도 실행할 수 있습니다.

③ 엔드포인트 만들기

apps/crud/views.py를 작성하고 여기에 crud 앱의 엔드포인트를 만듭니다.

▼ crud 앱의 엔드포인트 만들기(apps/crud/views.py)

```
from flask import Blueprint, render_template                              ①

# Blueprint로 crud 앱을 생성한다
crud = Blueprint(
    "crud",
    __name__,
    template_folder="templates",                                         ②
    static_folder="static",
)

# index 엔드포인트를 작성하고 index.html을 반환한다
@crud.route("/")
def index():                                                              ③
    return render_template("crud/index.html")
```

❶ Blueprint와 render_template을 import합니다.

❷ Blueprint로 crud 앱을 생성합니다. template_folder와 static_folder를 지정하면 crud 디렉터리 내의 **templates**와 **static**을 이용할 수 있습니다.

❸ `index` 엔드포인트를 작성하고 `index.html`을 반환합니다. 앞서 데코레이터를 사용한 minimalapp 예제에서는 **flask** 클래스가 생성한 앱인 **app**을 이용했는데, Blueprint를 사용하는 경우는 **Blueprint** 클래스에서 생성한 앱 **crud**를 이용합니다.

④ 템플릿 만들기

apps/crud/templates/crud/index.html을 작성하고 다음의 HTML 코드를 작성합니다.

▼ 템플릿 만들기 (apps/crud/templates/crud/index.html)

```html
<!DOCTYPE html>
<html lang="ko">
  <head>
    <meta charset="UTF-8" />
    <title>CRUD</title>
  </head>


  <body>
    <p class="crud">CRUD 애플리케이션</p>
  </body>
</html>
```

⑤ 정적 파일 작성하기

apps/crud/static/style.css을 작성하고 **crud** 클래스를 이탤릭으로 하는 CSS를 기술합니다.

▼ CSS 파일 (apps/crud/static/style.css)

```css
.crud {
    font-style: italic;
}
```

⑥ 템플릿에 CSS 읽어 들이기

apps/crud/templates/crud/index.html에 조금 전 작성한 style.css를 읽어 들입니다.

▼ CSS 파일 읽어 들이기 (apps/crud/templates/crud/index.html)

```html
<!DOCTYPE html>
<html lang="ko">
  <head>
    <meta charset="UTF-8" />
    <link rel="stylesheet" href="{{ url_for('crud.static', filename='style.css') }}" />
    <title>CRUD</title>
  </head>


  <body>
    <p class="crud">CRUD 애플리케이션</p>
```

```
    </body>
  </html>
```

url_for의 1번째 인수의 값을 **crud.static**으로 함으로써 crud 앱의 static 경로가 됩니다.

⑦ 동작 확인하기

flask run 명령어로 앱을 실행해서 동작을 확인해 봅시다. 애플리케이션 루트에는 엔드포인트가 없으므로 Not Found가 되지만 /crud에 접근하면 crud 앱이 표시됩니다.

```
(venv) $ flask run
```

브라우저에서 다음의 URL에 접근하면 Not Found가 됩니다.

http://127.0.0.1:5000

▲ http://127.0.0.1:5000/의 실행 결과

다음의 URL에 접근하면 이탤릭체로 'CRUD 애플리케이션'이라고 표시됩니다.

http://127.0.0.1:5000/crud/

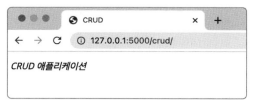

▲ http://127.0.0.1:5000/crud/의 실행 결과

지금까지의 디렉터리 구성을 확인해 둡시다.

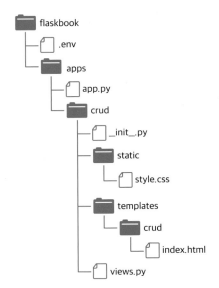

```
flaskbook
├── .env
└── apps
    ├── app.py
    └── crud
        ├── __init__.py
        ├── static
        │   └── style.css
        ├── templates
        │   └── crud
        │       └── index.html
        └── views.py
```

▲ CRUD 앱 출력까지의 디렉터리 구성

계속해서 flask routes 명령을 실행하여 라우팅을 확인해 보겠습니다. crud 프리픽스가 붙은 crud.index와 crud.static이 작성되었습니다.

```
(venv) $ flask routes
Endpoint        Methods     Rule
----------      -------     --------------------------
crud.index      GET         /crud/
crud.static     GET         /crud/static/<path:filename>
static          GET         /static/<path:filename>
```

TIP static 엔드포인트는 디폴트로 반드시 존재합니다.

SQLAlchemy 설정하기

SQLAlchemy란 파이썬이 제공하는 O/R 매퍼 또는 ORM(Object-Relational Mapping)입니다. O/R 매퍼는 데이터베이스와 프로그래밍 언어 간에 호환되지 않는 데이터를 변환합니다. 그러므로 SQLAlchemy를 이용하면 SQL 코드를 쓰지 않고 파이썬 코드로 데이터베이스를 조작할 수 있습니다. 보통 데이터베이스의 데이터를 프로그램에서 조작하는 경우는 SQL로 데이터베이스를 조작해야 하는데 SQLAlchemy가 파이썬 코드로부터 SQL로 변환합니다.

확장 기능 설치하기

플라스크에서 SQLAlchemy를 이용하려면 flask-sqlalchemy라는 확장 기능을 이용합니다. SQLAlchemy는 유연하고 강력한 O/R 매퍼이므로 대규모 앱에도 적용할 수 있습니다.

데이터베이스를 마이그레이션하는 확장 기능 flask-migrate도 같이 설치합니다. 마이그레이션은 코드 정보를 바탕으로 데이터베이스의 테이블 작성이나 컬럼 변경 등을 실시하기 위한 기능입니다. 코드 정보를 바탕으로 SQL이 발행되며, SQL 정보를 파일로 유지하기 위해 계속적으로 데이터베이스의 갱신이나 갱신 전 상태로 되돌리는 롤백이 가능해집니다.

pip install로 2개의 확장 기능을 설치합니다.

```
(venv) $ pip install flask-sqlalchemy
(venv) $ pip install flask-migrate
```

TIP SQLAlchemy의 버전 1.4에서는 Querying(2.0 style) 기능이 추가되었습니다.
https://docs.sqlalchemy.org/en/14/orm/session_basics.html#querying-2-0-style

flask-sqlalchemy와 flask-migrate 이용 준비하기

확장 기능을 설치했으면 flask-sqlalchemy와 flask-migrate를 이용할 준비를 합니다. 이 책에서는 데이터베이스 서버를 준비하지 않아도 되는 SQLite를 이용하여 설명합니다. SQLite는 서버가 아닌 앱에 내장해서 이용하는 오픈 소스 데이터베이스입니다. 또한 로컬에 데이터를 파일로 저장할 수도 있습니다.

apps/app.py를 다음과 같이 수정합니다.

▼ flask-sqlalchemy와 flask-migrate 준비하기(apps/app.py)

```python
from pathlib import Path                                          ① 추가
from flask import Flask
from flask_migrate import Migrate                                 ② 추가
from flask_sqlalchemy import SQLAlchemy                           ③ 추가


# SQLAlchemy를 인스턴스화한다
db = SQLAlchemy()                                                 ④ 추가


def create_app():
    app = Flask(__name__)
    # 앱의 config 설정을 한다
    app.config.from_mapping(
        SECRET_KEY="2AZSMss3p5QPbcY2hBsJ",
        SQLALCHEMY_DATABASE_URI=
            f"sqlite:///{Path(__file__).parent.parent / 'local.sqlite'}",   ⑤ 추가
        SQLALCHEMY_TRACK_MODIFICATIONS=False
    )


    # SQLAlchemy와 앱을 연계한다
    db.init_app(app)                                             ⑥ 추가
    # Migrate와 앱을 연계한다
    Migrate(app, db)                                            ⑦ 추가

    ...생략...
```

❶ Path를 import합니다.

❷ Migrate 클래스를 import합니다.

❸ SQLAlchemy 클래스를 import합니다.

❹ SQLAlchemy를 인스턴스화합니다.

❺ SQLite를 SQLAlchemy로 사용하기 위해 앱의 config 설정을 합니다. SQLALCHEMY_ DATABASE_URI에는 SQLite의 데이터베이스를 출력하는 경로를 지정합니다. SQLALCHEMY_ TRACK_MODIFICATIONS는 False로 하지 않으면 경고가 나오므로 False를 설정해 둡니다.

❻ SQLAlchemy와 앱을 연계합니다.

❼ Migrate와 앱을 연계합니다.

이로써 flask-sqlalchemy와 flask-migrate를 이용할 준비가 되었습니다. flask-sqlalchemy 는 다양한 데이터베이스를 지원하고 있으며, SQLALCHEMY_DATABASE_URI에 다른 데이터 소스(URI) 를 지정함으로써 데이터베이스를 변경할 수 있습니다.

▼ SQLALCHEMY_DATABASE_URI의 대표적인 데이터 소스

데이터베이스	URI
MySQL	mysql://username:password@hostname/database
PostgreSQL	postgresql://username:password@hostname/database
SQLite(Linux, macOS)	sqlite:////absolute/path/to/database
SQLite(Windows)	sqlite:///c:/absolute/path/to/database

2.4 데이터베이스 조작하기

SQLAlchemy로는 모델(데이터 구조)을 정의하고 이것을 마이그레이션하여 테이블을 작성합니다.

모델 정의하기

crud 패키지(디렉터리)에 models.py를 작성하고 모델을 정의합니다. User 모델을 정의하여 마이그레이션함으로써 데이터베이스에 users 테이블을 작성할 수 있습니다.

▼ 모델 정의하기(apps/crud/models.py)

```python
from datetime import datetime

from apps.app import db                                               ❶
from werkzeug.security import generate_password_hash                  ❷

# db.Model을 상속한 User 클래스를 작성한다
class User(db.Model):                                                 ❸
    # 테이블명을 지정한다
    __tablename__ = "users"                                           ❹
    # 컬럼을 정의한다
    id = db.Column(db.Integer, primary_key=True)
    username = db.Column(db.String, index=True)
    email = db.Column(db.String, unique=True, index=True)
    password_hash = db.Column(db.String)                              ❺
    created_at = db.Column(db.DateTime, default=datetime.now)
    updated_at = db.Column(
        db.DateTime, default=datetime.now, onupdate=datetime.now
    )

    # 비밀번호를 설정하기 위한 프로퍼티
    @property
    def password(self):                                               ❻
        raise AttributeError("읽어 들일 수 없음")
```

```
# 비밀번호를 설정하기 위해 setter 함수로 해시화한 비밀번호를 설정한다
@password.setter
def password(self, password):
    self.password_hash = generate_password_hash(password)
```
❼

❶ apps.app으로부터 db를 import합니다.

❷ werkzeug.security로부터 입력된 비밀번호용 문자열을 해시화하는 generate_password_ hash 함수를 import합니다.

❸ db.Model을 상속한 User 클래스를 정의합니다.

❹ __table name__에 테이블명을 지정합니다.

❺ 컬럼(열)을 정의합니다.

❻ 비밀번호를 설정하기 위한 프로퍼티를 작성합니다.

❼ password의 setter 함수로 비밀번호를 해시화하여 password_hash에 값을 설정합니다.

TIP Werkzeug는 WSGI 툴킷입니다(https://werkzeug.palletsprojects.com/en/2.0.x/). 플라스크는 Werkzeug를 바탕으로 만들어져 있으므로 Werkzeug의 기능을 이용할 수 있습니다.

▼ 모델의 대표적인 컬럼 정의

SQLAlchemy 컬럼의 데이터 타입	DB 컬럼	설명
Boolean	TINYINT	최솟값 –128, 최댓값 127의 정수(부호가 있는 경우)
SmallInteger	TINYINT	최솟값 –32768, 최댓값 32767의 정수(부호가 있는 경우)
Integer	INT	최솟값 –2147483648, 최댓값 2147483647의 정수(부호가 있는 경우)
BigInteger	BIGINT	최솟값 –9223372036854775808, 최댓값 9223372036854775807의 정수(부호가 있는 경우)
Float	FLOAT	부동 소수점
Numeric	DECIMAL	10진수
String	VARCHAR	문자열
Text	TEXT	텍스트
Date	DATE	날짜
Time	TIME	시각
DateTime	DATETIME	날짜와 시각
TimeStamp	TIMESTAMP	날짜와 시각(날짜에 00을 허용하지 않는다)

▼ 컬럼의 대표적인 옵션 정의

SQLAlchemy 옵션	설명
primary_key	기본 키
unique	유니크 키
index	인덱스
nullable	NULL 허용
default	디폴트 값 설정

모델이 작성됐으면 apps/crud/__init__.py에 models.py를 import합니다.

▼ 모델 선언하기 (apps/crud/__init__.py)

```
import apps.crud.models
```

데이터베이스 초기화와 마이그레이션

모델이 선언되었으므로 데이터베이스를 초기화하고 마이그레이션 파일을 작성합니다. 마이그레이션 파일이란 데이터베이스의 설계서와 같은 것으로, 마이그레이션 파일을 실행하면 작성한 내용이 데이터베이스에 반영됩니다.

flask db init 명령어

flask db init 명령어는 데이터베이스를 초기화합니다. flask db init 명령어를 실행하면 flaskbook 바로 아래에 migrations 디렉터리가 생성됩니다.

```
(venv) $ flask db init
  Creating directory /Users/사용자명/flaskbook/migrations ...  done
  Creating directory /Users/사용자명/flaskbook/migrations/versions ...  done
  Generating /Users/사용자명/flaskbook/migrations/script.py.mako ...  done
  Generating /Users/사용자명/flaskbook/migrations/env.py ...  done
  Generating /Users/사용자명/flaskbook/migrations/README ...  done
  Generating /Users/사용자명/flaskbook/migrations/alembic.ini ...  done
  Please edit configuration/connection/logging settings in ↵
  '/Users/사용자명/flaskbook/migrations/alembic.ini' before proceeding.
```

Column migrations 디렉터리의 위치 바꾸기

migrations 디렉터리의 위치를 바꾸고 싶다면 -d 옵션으로 디렉터리를 지정합니다. 예를 들어 apps 아래에 migrations 디렉터리를 배치하려면 다음과 같이 기술합니다. 단, 이후 실행하는 migrate 명령어에서도 마찬가지로 -d 옵션을 지정해야 하므로 주의하세요.

```
(venv) $ flask db init -d apps/migrations
```

flask db migrate 명령어

flask db migrate 명령어는 데이터베이스의 마이그레이션 파일을 생성하는 명령어입니다. `flask db migrate` 명령어를 실행하면 모델 정의를 바탕으로 `migrations/versions` 아래에 파이썬 파일로 데이터베이스에 적용하기 전의 정보가 생성됩니다.

```
(venv) $ flask db migrate
INFO  [alembic.runtime.migration] Context impl SQLiteImpl.
INFO  [alembic.runtime.migration] Will assume non-transactional DDL.
INFO  [alembic.autogenerate.compare] Detected added table 'users'
INFO  [alembic.autogenerate.compare] Detected added index 'ix_users_↵
email' on '['email']'
INFO  [alembic.autogenerate.compare] Detected added index 'ix_users_↵
username' on '['username']'
  Generating /Users/사용자명/flaskbook/migrations/versions/4fb9337f78e8_.py ...  done
```

flask db upgrade 명령어

flask db upgrade 명령어는 마이그레이션 정보를 실제로 데이터베이스에 반영하기 위한 명령어입니다. `flask db upgrade` 명령어를 실행하면 users 테이블이 생성됩니다.

```
(venv) $ flask db upgrade
INFO  [alembic.runtime.migration] Context impl SQLiteImpl.
INFO  [alembic.runtime.migration] Will assume non-transactional DDL.
INFO  [alembic.runtime.migration] Running upgrade  -> 4fb9337f78e8, empty message
```

flask db downgrade 명령어로 마이그레이트한 데이터베이스를 적용하기 전의 상태로 되돌릴 수 있습니다.

```
(venv) $ flask db downgrade
INFO  [alembic.runtime.migration] Context impl SQLiteImpl.
INFO  [alembic.runtime.migration] Will assume non-transactional DDL.
INFO  [alembic.runtime.migration] Running downgrade 4fb9337f78e8 -> , empty message
```

VSCode로 데이터베이스 확인하기

VSCode로 데이터베이스의 내용을 확인합시다. VSCode의 확장 기능 아이콘(⊞)을 클릭하고, 검색 상자에 sqlite라고 입력하여 확장을 설치합니다. 작성된 데이터베이스 파일의 [local.sqlite]를 우클릭하고 [Open Database]를 선택하면 [SQLITE EXPLORER] 메뉴가 왼쪽 아래에 표시되므로 이곳에서 데이터베이스를 확인할 수 있습니다.

▲ sqlite 확장 설치하기

▲ VSCode에서 데이터베이스 확인하기

SQLAlchemy를 사용한 기본적인 데이터 조작

CRUD 기능을 구현하기 전에 SQLAlchemy의 기본 사용법에 대해서 설명합니다.

SQL 로그 출력하기

SQLAlchemy를 사용하기 전에 실행한 SQL을 콘솔 로그에서 확인할 수 있도록 apps/app.py의 config에 **SQLALCHEMY_ECHO=True**를 설정해 둡니다.

▼ SQL을 콘솔 로그에 출력하는 설정(apps/app.py)

```
...생략...

def create_app():
    app = Flask(__name__)
    # 앱의 config 설정
    app.config.from_mapping(
        SECRET_KEY="2AZSMss3p5QPbcY2hBsJ",
        SQLALCHEMY_DATABASE_URI="sqlite:////"
        + str(Path(Path(__file__).parent.parent, "local.sqlite")),
        SQLALCHEMY_TRACK_MODIFICATIONS=False,
        # SQL을 콘솔 로그에 출력하는 설정
        SQLALCHEMY_ECHO=True                                          추가
    )

...생략...
```

query filter와 executer

SQLAlchemy를 사용하여 SQL을 실행하는 방법은 크게 query filter를 이용하는 경우와 executer를 이용하는 경우가 있습니다.

- **query filter**: 주로 검색 조건을 좁히거나 정렬하기 위해 이용합니다.
- **executer**: SQL을 실행하고 결과를 취득하기 위해 이용합니다.

▼ query filter와 executer에 의한 SQL의 실행 예

```
User.query
    .filter_by(id=2, username="admin")   # query filter
    .all()                               # executer
```

▼ 대표적인 SQLAlchemy의 query filter

함수	설명
filter()	조건에 맞는 값을 모두 가져온다.
filter_by()	WHERE 구. 레코드를 가져올 조건을 지정한다.
limit()	LIMIT 구. 가져올 레코드의 개수와 상한을 지정한다.
offset()	OFFSET 구. 레코드를 가져올 행의 시작 위치를 지정한다.
order_by()	ORDER BY 구. 레코드를 정렬한다.
group_by()	GROUP BY 구. 레코드를 그룹화한다.

▼ 대표적인 SQLAlchemy의 executer

메서드	설명
all()	모든 레코드를 가져온다.
first()	1번째 레코드를 가져온다.
first_or_404()	1번째 레코드를 가져오거나 레코드가 없으면 404 오류를 반환한다.
get()	기본 키(primary key)를 지정하여 레코드를 가져온다.
get_or_404()	기본 키를 지정하여 레코드를 가져오지 않으면 404 오류를 반환한다.
count()	레코드의 개수를 가져온다.
paginate()	페이징으로 레코드를 취득한다.

TIP ~_or_404는 flask-sqlalchemy 특유의 메서드입니다.

executer를 사용하여 SELECT하기

SQL을 실행하려면 session(session.query)을 이용합니다.

TIP session(session.query)은 SQLAlchemy1.4에서 Deprecated(비추천)가 되고, 새로운 기법이 추가될 예정입니다. 단, Deprecated가 된 후에도 계속 이용할 수 있습니다.
https://docs.sqlalchemy.org/en/14/orm/tutorial.html

모든 데이터 가져오기

데이터베이스에 있는 모든 데이터를 가져오려면 all()을 사용합니다. apps/crud/views.py에 sql 엔드포인트를 추가하여 확인합니다.

▼ sql 엔드포인트 추가하기(apps/crud/views.py)

```
# db를 import한다
from apps.app import db
# User 클래스를 import한다
from apps.crud.models import User
```

```
...생략...

@crud.route("/sql")
def sql():
    db.session.query(User).all()
    return "콘솔 로그를 확인해 주세요"
```

브라우저에서 다음의 URL에 접근하면 콘솔 로그에서 실제로 실행한 SQL을 확인할 수 있습니다.

http://127.0.0.1:5000/crud/sql

실행 결과

```
INFO sqlalchemy.engine.base.Engine SELECT users.id AS users_id,↵
/...생략.../ FROM users
```

🏗 Column 모델 객체

session.query 말고도 모델 객체(MyModel.query)를 이용하는 방법이 있습니다.

모델 객체를 이용하는 경우에는

```
User.query.all()
```

라고 작성함으로써 db.session.query(User).all()과 같은 결과를 얻을 수 있습니다.

데이터 1건 가져오기

데이터 1건만 가져오려면 first()를 지정합니다. first_or_404()를 지정하면 결과가 0건일 경우 응답에 404 오류가 반환됩니다.

레코드를 1건 가져오기

```
db.session.query(User).first()
```

실행 SQL

```
INFO sqlalchemy.engine.base.Engine SELECT users.id AS users_id,↵
/...생략.../ FROM users LIMIT ? OFFSET ?
INFO sqlalchemy.engine.base.Engine (1, 0)
```

`LIMIT ? OFFSET ?`의 ?에 해당하는 값은 다음 행의 (1, 0)에 출력됩니다. 이 경우 `LIMIT 1 OFFSET 0`이 됩니다. 다른 SQL도 같은 방식입니다.

기본 키의 번호를 지정하여 가져오기

기본 키(primary key)의 번호를 지정하고 결과를 반환하려면 `get()`을 지정합니다. `get_or_404()`를 지정하면 결과가 0건이면 응답에 404 오류가 반환됩니다.

기본 키가 2인 레코드 가져오기

```
db.session.query(User).get(2)
```

실행 SQL

```
INFO sqlalchemy.engine.base.Engine SELECT users.id AS users_id,↵
/...생략.../ FROM users WHERE users.id = ?
INFO sqlalchemy.engine.base.Engine (2,)
```

레코드 개수 가져오기

테이블의 레코드 개수를 가져오려면 `count()`를 지정합니다.

레코드 개수 가져오기

```
db.session.query(User).count()
```

실행 SQL

```
INFO sqlalchemy.engine.base.Engine SELECT count(*) AS count_1 FROM↵
(SELECT users.id AS users_id, /...생략.../ FROM users) AS anon_1
```

페이지네이션 객체 가져오기

페이지네이션(pagination) 또는 페이징(paging)이란 한 화면에 표시할 수를 지정하여 여러 페이지로 분할하는 것을 가리킵니다. 건수가 많은 리스트를 표시할 때 유용한데, `paginate()`를 이용하면 한 페이지에 표시하기 위해서 필요한 레코드를 간단히 가져올 수 있습니다.

`paginate`의 인수는

```
paginate(page=None, per_page=None, error_out=True, max_per_page=None)
```

와 같이 되어 있습니다. 예를 들어 한 페이지에 10건을 표시하는 경우, 두 번째 페이지를 표시하려면 다음의 코드를 기술합니다.

한 페이지에 10건 표시하고 두 번째 페이지 표시하기

```
db.session.query(User).paginate(2, 10, False)
```

실행 SQL

```
INFO sqlalchemy.engine.base.Engine SELECT users.id↵
AS users_id, /...생략.../ FROM users LIMIT ? OFFSET ?
INFO sqlalchemy.engine.base.Engine (10, 10)

INFO sqlalchemy.engine.base.Engine SELECT count(*) AS count_1 FROM↵
(SELECT ...생략... FROM users) AS anon_1
INFO sqlalchemy.engine.base.Engine ()
```

페이지에 표시할 레코드 가져오기

건수 가져오기

query filter를 사용하여 SELECT하기

다음은 query filter를 사용해 SELECT합니다.

WHERE 구(filter_by)

WHERE 구를 이용하려면 filter() 또는 filter_by()를 지정합니다. filter_by()를 사용하는 경우는 인수에 **컬럼명=값**과 같이 지정합니다.

id가 2이고 username이 admin인 레코드 가져오기

```
db.session.query(User).filter_by(id=2, username="admin").all()
```

실행 SQL

```
INFO sqlalchemy.engine.base.Engine SELECT users.id AS users_id,↵
/...생략.../ FROM users WHERE users.id = ? AND users.username = ?
INFO sqlalchemy.engine.base.Engine (2, 'admin')
```

WHERE 구(filter)

filter를 사용하는 경우는 인수에 **모델명.속성==값**과 같이 지정합니다. 여러 개를 가져오는 경우는 AND 조건입니다.

id가 2이고 username이 admin인 레코드 가져오기

```
db.session.query(User).filter(User.id==2, User.username=="admin").all()
```

실행 SQL

```
INFO sqlalchemy.engine.base.Engine SELECT users.id AS users_id,↵
/...생략.../ FROM users WHERE users.id = ? AND users.username = ?
INFO sqlalchemy.engine.base.Engine (2, 'admin')
```

LIMIT 구

LIMIT 구를 사용하는 경우는 limit(값)을 이용합니다.

가져올 레코드의 개수를 1건으로 지정하기

```
db.session.query(User).limit(1).all()
```

실행 SQL

```
INFO sqlalchemy.engine.base.Engine SELECT users.id AS users_id,↵
/...생략.../ FROM users LIMIT ? OFFSET ?
INFO sqlalchemy.engine.base.Engine (1, 0)
```

OFFSET 구

OFFSET 구를 사용하는 경우는 offset(값)을 이용합니다.

3번째의 레코드로부터 1건 가져오기

```
db.session.query(User).limit(1).offset(2).all()
```

실행 SQL

```
INFO sqlalchemy.engine.base.Engine SELECT users.id AS users_id,↵
/...생략.../ FROM users LIMIT ? OFFSET ?
INFO sqlalchemy.engine.base.Engine (1, 2)
```

ORDER BY 구

ORDER BY 구를 사용하는 경우는 order_by("컬럼명")를 이용합니다.

username을 정렬

```
db.session.query(User).order_by("username").all()
```

실행 SQL

```
INFO sqlalchemy.engine.base.Engine SELECT users.id AS users_id,↵
/...생략.../ FROM users ORDER BY users.username
INFO sqlalchemy.engine.base.Engine ()
```

GROUP BY 구

GROUP BY 구를 사용하는 경우는 group_by("컬럼명")를 이용합니다.

username을 그룹화

```
db.session.query(User).group_by("username").all()
```

실행 SQL

```
INFO sqlalchemy.engine.base.Engine SELECT users.id AS users_id,↵
/...생략.../ FROM users GROUP BY users.username
INFO sqlalchemy.engine.base.Engine ()
```

INSERT하기

INSERT하려면 다음과 같이 User 모델 객체를 작성하여 DB 세션에 추가하고 커밋하여 변경을 반영합니다. 커밋하지 않으면 변경이 반영되지 않으므로 주의하세요.

INSERT

```
# 사용자 모델 객체를 작성한다
user = User(
    username="사용자명",
    email="flaskbook@example.com",
    password="비밀번호"
)
```

```
# 사용자를 추가한다
db.session.add(user)
# 커밋한다
db.session.commit()
```

실행 SQL

```
INFO sqlalchemy.engine.base.Engine INSERT INTO users (username,↵
email, password_hash, created_at, updated_at) VALUES (?, ?, ?, ?, ?)
INFO sqlalchemy.engine.base.Engine('사용자명', 'flaskbook@example.com', ↵
'pbkdf2:sha256:150000$7YSsK2wD$7cfeef32c6602f299388d86cff1219↵
630ca45bb1745e91cab41f6e0f714f1f45', None, None)
```

UPDATE하기

UPDATE하려면 다음과 같이 모델을 검색하여 객체를 가져오고 값을 갱신한 후 커밋합니다.

UPDATE

```
user = db.session.query(User).filter_by(id=1).first()
user.username = "사용자명2"
user.email = "flaskbook2@example.com"
user.password = "비밀번호2"
db.session.add(user)
db.session.commit()
```

실행 SQL

```
INFO sqlalchemy.engine.base.Engine UPDATE users SET username=?,
email=?, password_hash=? WHERE users.id = ?
sqlalchemy.engine.base.Engine ('사용자명2', 'flaskbook2@example.↵
com', 'pbkdf2:sha256:150000$4KcNaXDf$6bcdc2e06c23cd96a119e09412c↵
cc6ff9b1021e569803734fe22adfbb2f83516', 1)
```

DELETE하기

DELETE하려면 다음과 같이 모델을 검색하여 객체를 취득하고 삭제한 후 커밋합니다.

DELETE

```
user = db.session.query(User).filter_by(id=1).delete()
db.session.commit()
```

실행 SQL

```
INFO sqlalchemy.engine.base.Engine DELETE FROM users WHERE users.id = ?
INFO sqlalchemy.engine.base.Engine (1,)
```

데이터베이스를 사용한 CRUD 앱 만들기

2.5

지금까지 SQLAlchemy를 사용한 대표적인 SQL 조작 방식을 설명했습니다. 이어서 실제로 데이터베이스를 사용한 CRUD 앱을 구현해 보겠습니다. CRUD 앱은 다음의 라우팅 구성으로 CRUD(Create, Read, Update, Delete) 기능을 구현합니다.

```
(venv) $ flask routes
Endpoint           Methods      Rule
----------------   ---------    ----------------------------
crud.create_user   GET, POST    /crud/users/new
crud.delete_user   POST         /crud/users/<user_uuid>/delete
crud.edit_user     GET, POST    /crud/users/<user_uuid>
crud.users         GET          /crud/users
```

폼의 확장 기능 이용하기

여기부터는 폼의 확장 기능인 flask-wtf를 이용합니다. flask-wtf는 유효성 검증이나 CSRF에 대처하기 위한 폼을 작성하는 플라스크 확장입니다. flask-wtf를 이용하면 다음과 같은 장점이 있습니다.

- HTML을 쉽고 간편하게 작성할 수 있습니다.
- 폼의 유효성 검증을 간단히 할 수 있습니다.
- CSRF에 간단히 대처할 수 있습니다.

flask-wtf를 설치합니다.

```
(venv) $ pip install flask-wtf
```

TIP CSRF에 대해서는 63쪽을 참조해 주세요.

apps/app.py의 config에 CSRF 대책을 위한 설정을 추가합니다.

▼ CSRF 대책을 위한 설정 추가하기(apps/app.py)

```
...생략...
```

```
from flask_wtf.csrf import CSRFProtect ──────────────────── ① 추가

...생략...
csrf = CSRFProtect() ────────────────────────────────── ② 추가

def create_app():
    app = Flask(__name__)
    app.config.from_mapping(
        ...생략...
        WTF_CSRF_SECRET_KEY="AuwzyszU5sugKN7KZs6f", ──────── ④ 추가
    )

    csrf.init_app(app) ──────────────────────────────── ③ 추가

    ...생략...
```

❶ CSRFProtect 클래스를 import합니다.
❷ CSRFProtect 클래스를 인스턴스화합니다.
❸ csrf.init_app 함수를 사용하여 앱과 연계합니다.
❹ WTF_CSRF_SECRET_KEY에 랜덤한 값을 설정합니다.

사용자를 신규 작성하기

다음의 절차로 사용자를 신규 작성하는 폼 화면을 작성합니다.

- 사용자 신규 작성·갱신 폼 클래스를 작성합니다.
- 사용자 신규 작성 화면의 엔드포인트를 만듭니다.
- 신규 작성 화면의 템플릿을 만듭니다.
- 동작을 확인합니다.

사용자 신규 작성·갱신 폼 클래스 작성하기

flask-wtf를 사용하면 폼의 값이나 데이터의 검증 설정을 클래스에서 지정할 수 있습니다. 클래스에서 지정함으로써 HTML을 간결하게 하고 검증 누락도 방지하기 쉬워집니다.

apps/crud/forms.py를 작성하고, 사용자 신규 등록·갱신용 폼 클래스를 작성합니다.

▼ 사용자 신규 등록·갱신용 폼 클래스 작성하기(apps/crud/forms.py)

```python
from flask_wtf import FlaskForm                                              ❶
from wtforms import PasswordField, StringField, SubmitField                  ❷
from wtforms.validators import DataRequired, Email, Length                   ❸


# 사용자 신규 작성과 사용자 편집 폼 클래스
class UserForm(FlaskForm):                                                   ❹
    # 사용자 폼의 username 속성의 라벨과 검증을 설정한다
    username = StringField(
        "사용자명",
        validators=[
            DataRequired(message="사용자명은 필수입니다. "),                    ❺
            Length(max=30, message="30문자 이내로 입력해 주세요. "),
        ],
    )
    # 사용자폼 email 속성의 라벨과 검증을 설정한다
    email = StringField(
        "메일 주소",
        validators=[
            DataRequired(message="메일 주소는 필수입니다. "),                   ❻
            Email(message="메일 주소의 형식으로 입력해 주세요. "),
        ],
    )
    # 사용자 폼 password 속성의 라벨과 검증을 설정한다
    password = PasswordField(
        "비밀번호",                                                          ❼
        validators=[DataRequired(message="비밀번호는 필수입니다. ")]
    )
    # 사용자폼 submit의 문구를 설정한다
    submit = SubmitField("신규 등록")                                         ❽
```

❶ flask_wtf로부터 FlaskForm 클래스를 import합니다.

❷ WTForms(wtforms)는 폼 클래스에서 브라우저의 폼 데이터를 다루기 위한 라이브러리입니다. wtforms로부터 PasswordField, StringField, SubmitField를 import합니다. 이것들은 브라우저의 폼을 구성하는 부품입니다.

❸ wtforms.validators로부터 DataRequired, Email, Length를 import합니다. 필수 체크나 이메일 주소 형식 체크, 문자열의 길이의 유효성 검증에 이용합니다.

❹ FlaskForm을 상속한 사용자 신규 작성과 사용자 편집용의 폼 클래스를 작성합니다.

❺ 사용자 폼의 username 속성의 라벨과 검증을 설정합니다. 폼의 사용자명 항목의 입력은 필수로 하고, 문자 수는 30자로 제한합니다.

❻ 사용자 폼 email 속성의 라벨과 검증을 설정합니다. 폼의 이메일 주소 항목 입력은 필수로 하고, 이메일 주소 형식인지 여부를 확인합니다. 또한 Email 검증을 하려면 email_validator 확장을 설치해 두어야 합니다.

❼ 사용자 폼 password 속성의 라벨과 검증을 설정합니다. 폼의 비밀번호 항목의 입력을 필수로 합니다.

❽ 사용자 폼 submit의 문구를 설정합니다.

▼ WTForms의 대표적인 HTML 필드

필드	설명
StringField	텍스트 필드
PasswordField	비밀번호 필드
RadioField	라디오 버튼 필드
SelectField	선택 박스 필드
SelectMultipleField	여러 개 선택할 수 있는 선택 박스 필드
TextAreaField	텍스트 에어리어 필드
FileField	파일 필드
DateField	날짜 필드
DateTimeField	일시 필드
DecimalField	10진수 필드
HiddenField	비표시 필드
FloatField	소수점 필드
IntegerField	숫자 필드
FormField	폼 필드
SubmitField	제출 필드

▼ WTForms의 유효성 검증

검증 항목	설명
DataRequired	입력 필수
InputRequired	입력 필수(입력하기 전에 표시)
Email	이메일 주소
length	길이
NumberRange	숫자의 범위

Regexp	정규 표현식
URL	형식
UUID	UUID 형식
IPAddress	IP 주소
MacAddress	MAC 주소

Column 자체적인 유효성 검증을 하는 방법

wtforms의 유효성 검증으로도 할 수 없는 검증을 하고 싶다면 따로 만들 수도 있습니다. 자체적으로 유효성 검증을 구현하려면 다음 2가지를 지켜야 합니다.

- 메서드명은 validate_+필드명으로 정의합니다.
- 오류 시에는 raise ValidationError를 발생시킵니다.

자체적인 유효성 검증에서 폼의 사용자명 항목을 필수로 하려면 다음과 같이 기술합니다.

```
# ValidationError를 import한다
from wtforms import StringField, ValidationError


class UserForm(FlaskForm):
    username = StringField("사용자명")

    ...생략...


    # validate_+필드명으로 정의한다
    def validate_username(self, username):
        if not username.data:
            # 오류 시는 raise ValidationError를 발생시킨다
            raise ValidationError("사용자명은 필수입니다. ")
```

사용자 신규 작성 화면의 엔드포인트 만들기

apps/crud/views.py에 **create_user** 엔드포인트를 만듭니다.

▼ create_user 엔드포인트 만들기(apps/crud/views.py)

```
from apps.crud.forms import UserForm                          ❷ 추가
 ...생략...
```

```
from flask import Blueprint, render_template, redirect, url_for ——————————————  ❶ 변경

...생략...

@crud.route("/users/new", methods=["GET", "POST"])
def create_user():
    # UserForm을 인스턴스화한다
    form = UserForm() ————————————————————————————————————————  ❸
    # 폼의 값을 검증한다
    if form.validate_on_submit(): ————————————————————————————  ❹
        # 사용자를 작성한다
        user = User(
            username=form.username.data,
            email=form.email.data,                                    ❺   추가
            password=form.password.data,
        )
        # 사용자를 추가하고 커밋한다
        db.session.add(user)
        db.session.commit() —————————————————————————————————  ❻
        # 사용자의 일람 화면으로 리다이렉트한다
        return redirect(url_for("crud.users")) ——————————————  ❼
    return render_template("crud/create.html", form=form)
```

❶ redirect와 url_for를 추가로 import합니다.

❷ UserForm 클래스를 import합니다.

❸ UserForm 클래스를 인스턴스화합니다.

❹ 폼의 값을 검증합니다. 폼으로부터 제출되었을 때 실행됩니다.

❺ 폼의 값을 전달하고 사용자 객체를 작성합니다.

❻ 사용자를 추가하고 커밋합니다.

❼ 사용자의 일람 화면으로 리다이렉트합니다.

Blueprint로 앱을 분할하고 템플릿을 이용하는 경우, render_template에 지정하는 HTML의 값이 crud/create.html이 되므로 주의하세요. 다른 앱과 경로가 중복하지 않도록 templates 디렉터리에 앱명(여기에서는 crud)의 디렉터리를 작성해 두어야 합니다.

신규 작성 화면의 템플릿 만들기

apps/crud/templates/crud 디렉터리에 create.html을 작성하고, 사용자를 작성하는 폼을 추가합니다.

▼ 신규 작성 화면의 템플릿 (apps/crud/templates/crud/create.html)

```html
<!DOCTYPE html>
<html lang="ko">
  <head>
    <meta charset="UTF-8" />
    <title>사용자 신규 작성 </title>
  </head>

  <body>
    <h2>사용자 신규 작성</h2>
    <form                                                           ❷
      action="{{ url_for('crud.create_user') }}"
      method="POST"
      novalidate="novalidate"
    >
      {{ form.csrf_token }}                                          ❶
      <p>
        {{ form.username.label }} {{ form.username(placeholder="사용자명") }}
      </p>
      {% for error in form.username.errors %}
      <span style="color: red;">{{ error }}</span>                   ❸
      {% endfor %}
      <p>
        {{ form.email.label }} {{ form.email(placeholder="메일 주소") }}
      </p>
      {% for error in form.email.errors %}
      <span style="color: red;">{{ error }}</span>                   ❸
      {% endfor %}
      <p>
        {{ form.password.label }} {{ form.password(placeholder="비밀번호") }}
      </p>
      {% for error in form.password.errors %}
      <span style="color: red;">{{ error }}</span>                   ❸
      {% endfor %}
```

```
      <p>{{ form.submit() }}</p>
    </form>
  </body>
</html>
```

❶ {{ form.csrf_token }} 또는 {{ form.hidden() }}이라고 지정함으로써 csrf_token이 자동으로 생성됩니다.

❷ form 클래스를 이용하여 input 태그를 작성할 수 있습니다.

❸ 유효성 검증 오류는 form.[필드명].errors로 설정되므로 반복하여 표시합니다.

동작 확인하기

브라우저에서 다음의 URL에 접근합니다.

http://127.0.0.1:5000/crud/users/new

▲ 신규 작성 화면(초기 화면)

아무것도 입력하지 않고 [신규 등록] 버튼을 클릭하면 유효성 검증 오류가 표시됩니다.

▲ 검증 오류가 표시된다.

폼에 값을 입력하고 [신규 등록] 버튼을 클릭합니다.

▲ 폼에 값 입력하기

VSCode로 데이터베이스 확인하기

VSCode로 데이터베이스를 확인하면 users 테이블에 레코드가 삽입되어 있는 것을 확인할 수 있습니다.

▲ users 테이블의 레코드

그러나 아직 사용자의 일람 화면인 crud.users의 엔드포인트가 없기 때문에 오류가 출력됩니다.

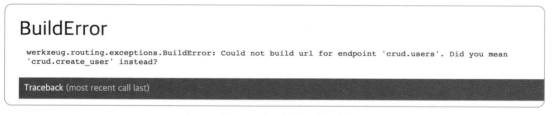

▲ crud.users의 엔드포인트가 없는 것을 나타내는 오류

이처럼 users 테이블에는 레코드가 생성되는데, 사용자의 일람 화면을 작성하고 있지 않으므로 오류가 표시됩니다.

또한 폼에 CSRF 토큰인 {{ form.csrf_token }} 태그를 넣지 않고 신규 작성을 하면 다음과 같은 오류가 납니다.

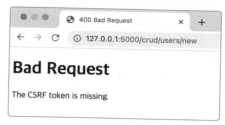

▲ CSRF 토큰을 찾을 수 없음을 나타내는 오류

사용자 일람 표시하기

다음의 절차로 사용자의 일람 화면을 작성합니다.

- 사용자의 일람 화면의 엔드포인트를 만듭니다.
- 사용자의 일람 화면의 템플릿을 생성합니다.
- 스타일 시트를 작성합니다.
- 동작을 확인합니다.

사용자의 일람 화면의 엔드포인트 만들기

apps/crud/views.py에 users 엔드포인트를 만듭니다.

▼ users 엔드포인트 만들기(apps/crud/views/py)

```
...생략...

@crud.route("/users")
def users():
    """사용자의 일람을 취득한다"""
    users = User.query.all()
    return render_template("crud/index.html", users=users)
```

사용자 테이블로부터 모든 레코드를 가져와 템플릿에 전달합니다.

사용자의 일람 화면의 템플릿 생성하기

이미 작성 완료의 apps/crud/templates/crud/index.html을 갱신합니다.

▼ 사용자의 일람 화면의 템플릿 (apps/crud/templates/crud/index.html)

```html
<!DOCTYPE html>
<html lang="ko">
  <head>
    <meta charset="UTF-8" />
    <title>사용자의 일람</title>
    <link rel="stylesheet" href="{{ url_for('crud.static', filename='style.css') }}"        ──①
    />
  </head>

  <body>
    <h2>사용자의 일람</h2>

    <a href="{{ url_for('crud.create_user') }}">사용자 신규 작성 </a>          ──②

    <table>
        <tr>
            <th>사용자 ID</th>
            <th>사용자명</th>
            <th>메일 주소</th>
        </tr>
        {% for user in users %}
        <tr>
            <td>{{ user.id }}</td>
            <td>{{ user.username }}</td>                                    ──③
            <td>{{ user.email }}</td>
        </tr>
        {% endfor %}
    </table>
  </body>
</html>
```

① table에 스타일을 맞추기 위해 url_for("crud.static", filename="style.css")를 사용하여 crud 앱의 스타일 시트를 읽어 들입니다.

② 사용자 신규 작성 화면으로의 링크를 url_for("crud.create_user")를 사용하여 작성합니다.

③ {% for %} 반복문을 사용하여 사용자의 일람을 출력합니다.

스타일 시트 수정하기

테이블을 보기 쉽게 볼 수 있도록 이미 작성하고 있는 apps/crud/static/style.css를 수정합니다.

▼ 스타일 시트 (apps/crud/static/style.css)

```css
table {
    /* 인접하는 border를 겹쳐서 1개로 해서 표시한다 */
    border-collapse: collapse;
}

table,
th,
td {
    /* 1px의 실선으로 해서 색을 조절한다 */
    border: 1px solid #c0c0c0;
}
```

수정

동작 확인하기

브라우저에서 다음의 URL에 접근하면 조금 전 등록한 사용자 정보가 표시됩니다.

http://127.0.0.1:5000/crud/users

▲ 등록한 사용자 정보가 표시되었다.

사용자 편집하기

다음의 절차로 사용자 편집 화면을 작성합니다.

· 사용자 편집 화면의 엔드포인트를 만듭니다.
· 사용자 편집 화면의 템플릿을 생성합니다.
· 동작을 확인합니다.

사용자 편집 화면의 엔드포인트 만들기

apps/crud/views.py에 edit_user 엔드포인트를 만듭니다.

▼ edit_user 엔드포인트 만들기 (apps/crud/views.py)

```
...생략...

# methods에 GET과 POST를 지정한다
@crud.route("/users/<user_id>", methods=["GET", "POST"])  ──────────────────  ①
def edit_user(user_id):
    form = UserForm()

    # User 모델을 이용하여 사용자를 취득한다
    user = User.query.filter_by(id=user_id).first()  ──────────────────  ②

    # form으로부터 제출된 경우는 사용자를 갱신하여 사용자의 일람 화면으로 리다이렉트한다
    if form.validate_on_submit():
        user.username = form.username.data
        user.email = form.email.data
        user.password = form.password.data                                  ③
        db.session.add(user)
        db.session.commit()
        return redirect(url_for("crud.users"))

    # GET의 경우는 HTML을 반환한다
    return render_template("crud/edit.html", user=user, form=form)  ─────  ④
```

① 편집 화면 표시의 GET과 편집 실행 시의 POST를 받아들이므로 methods에는 ["GET", "POST"]를 지정합니다.

② User 모델을 이용하여 사용자를 취득합니다.

③ form으로부터 제출된 경우는 사용자를 갱신하고, 사용자의 일람 화면으로 리다이렉트합니다.

④ GET의 경우는 HTML을 반환합니다.

사용자 편집 화면의 템플릿 만들기

apps/crud/templates/crud 디렉터리에 edit.html을 작성하고, 사용자 편집 폼 화면을 추가합니다.

▼ 사용자 편집 화면의 템플릿 (apps/crud/templates/crud/edit.html)

```
<!DOCTYPE html>
```

```
<html lang="ko">
  <head>
    <meta charset="UTF-8" />
    <title>사용자 편집</title>
    <link rel="stylesheet" href="{{ url_for('crud.static', filename='style.css' ) }}" />
  </head>

  <body>
    <h2>사용자 편집</h2>

    <form
      action="{{ url_for('crud.edit_user', user_id=user.id) }}"
      method="POST"
      novalidate="novalidate"
    >
      {{ form.csrf_token }}
      <p>
        {{ form.username.label }} {{ form.username(placeholder="사용자명",
        value=user.username) }}
      </p>
      {% for error in form.username.errors %}
      <span style="color: red;">{{ error }}</span>
      {% endfor %}
      <p>
        {{ form.email.label }} {{ form.email(placeholder="메일 주소",
        value=user.email) }}
      </p>
      {% for error in form.email.errors %}
      <span style="color: red;">{{ error }}</span>
      {% endfor %}
      <p>
        {{ form.password.label }} {{ form.password(placeholder="비밀번호") }}
      </p>
      {% for error in form.password.errors %}
      <span style="color: red;">{{ error }}</span>
      {% endfor %}
      <p><input type="submit" value="갱신" /></p>
    </form>
```

```
    </body>
  </html>
```

사용자 편집 화면으로의 링크를 추가하기 위해서 사용자 ID 컬럼을 a 태그로 변경합니다.

▼ 사용자 편집 화면에 링크 추가하기 (apps/crud/templates/crud/index.html)

```
    ...생략...
    {% for user in users %}
    <tr>
        <!-- a 태그로 링크를 추가한다 -->
        <td>
        <a href="{{ url_for('crud.edit_user', user_id=user.id) }}">{{ user.id }}</a  변경
        </td>
        <td>{{ user.username }}</td>
        <td>{{ user.email }}</td>
    </tr>
    {% endfor %}
    ...생략...
```

동작 확인하기

브라우저에서 다음의 URL에 접근하면 사용자 UUID가 링크로 되어 있으므로 다음 링크를 클릭합니다.

http://127.0.0.1:5000/crud/users

▲ 사용자 UUID의 링크 클릭하기

사용자 편집 화면이 표시되면 내용을 수정하고 [갱신] 버튼을 클릭합니다. 여기에서는 비밀번호 항목도 입력해야 합니다. 비밀번호는 모델을 정의할 때 해시화한 데이터를 내부에 보존하기 때문에 데이터를 가져올 수 없습니다. 따라서 폼 안에 사용자가 입력한 비밀번호의 값은 들어가지 않습니다.

▲ 내용을 수정하고 [갱신] 버튼 클릭하기

사용자 정보가 편집되었습니다.

▲ 사용자 정보 갱신하기

사용자 삭제하기

마지막으로 다음의 절차로 사용자 삭제 기능을 작성합니다.

- 사용자 삭제 엔드포인트를 만듭니다.
- 사용자 편집 화면에 사용자 삭제 폼의 템플릿을 추가합니다.
- 동작을 확인합니다.

사용자 삭제 엔드포인트 만들기

apps/crud/views.py에 `delete_user` 엔드포인트를 추가합니다. 삭제는 POST만 이용하므로 methods에는 POST만을 지정합니다.

▼ delete_user 엔드포인트 만들기(apps/crud/views.py)

```
...생략...

@crud.route("/users/<user_id>/delete", methods=["POST"])
def delete_user(user_id):
```

```
    user=User.query.filter_by(id=user_id).first( )
    db.session.delete(user)
    db.session.commit ( )
    return redirect(url_for("crud.users"))
```

사용자 편집 화면에 사용자 삭제 폼의 템플릿 추가하기

apps/crud/templates/crud/edit.html에 사용자 편집 화면을 삭제하기 위한 폼을 추가합니다.

▼ 사용자 편집 화면의 템플릿에 삭제하기 위한 폼 추가하기(apps/crud/templates/crud/edit.html)

```
    ...생략...
  </form>

  <form action="{{ url_for('crud.delete_user', user_id=user.id) }}" method="POST">   ┐
      {{ form.csrf_token }}                                                          │ 추가
      <input type="submit" value="삭제">                                            │
  </form>                                                                            ┘


</body>
</html>
```

동작 확인하기

브라우저에서 다음의 URL에 접근하여 사용자의 일람 화면을 표시합니다. 그리고 사용자 UUID의 링크를 클릭하여 사용자 편집 화면으로 이동하면 [삭제] 버튼이 추가되어 있으므로 이 버튼을 클릭합니다. 그러면 사용자 삭제가 실행되어 사용자의 일람에 표시되지 않게 됩니다.

http://127.0.0.1:5000/crud/users

▲ 사용자 삭제하기

▲ 사용자가 삭제된 상태

템플릿의 공통화와 상속

지금까지 모든 HTML 파일에 `<html>` 태그나 `<head>` 태그를 기술했는데, jinja2 템플릿 엔진에는 공통의 템플릿 파일을 상속하는 기능이 있습니다. 공통 템플릿을 생성하고 상속함으로써 HTML 파일에 중복한 HTML 코드를 쓸 필요가 없어집니다.

공통 템플릿 생성하기

먼저 apps/crud/templates/crud 디렉터리에 공통의 템플릿인 base.html을 작성합니다.

▼ 공통의 템플릿 (apps/crud/templates/crud/base.html)

```
<!DOCTYPE html>
<html lang="ko">
  <head>
    <meta charset="UTF-8" />
    <!-- title을 상속처에서 구현한다 -->
    <title>{% block title %}{% endblock %}</title>
    <link rel="stylesheet" href="{{ url_for('crud.static', filename='style.css') }}" />
  </head>

  <body>
    <!-- content를 상속처에서 구현한다 -->
    {% block content %}{% endblock %}
  </body>
</html>
```

상속처에서 개별의 구현이 필요하는 부분에는 여러 개의

```
{% block [block_name] %}{% endblock %}
```

을 사용합니다.

사용자의 일람 화면 다시 만들기

사용자의 일람 화면(index.html)을 base.html을 상속하는 구현으로 다시 만듭니다.

▼ 사용자의 일람 화면 다시 만들기(apps/crud/templates/crud/index.html)

```
{% extends "crud/base.html" %}                                        ❶
{% block title %}사용자의 일람{% endblock %}
{% block content %}
<h2>사용자의 일람</h2>

<a href="{{ url_for('crud.create_user') }}">사용자 신규 작성</a>

<table>
    <tr>
        <th>사용자 ID</th>
        <th>사용자명</th>
        <th>메일 주소</th>
    </tr>
    {% for user in users %}
    <tr>
        <td>
            <a href="{{ url_for('crud.edit_user', user_id=user.id) }}">{{ user.id }}</a>
        </td>
        <td>{{ user.username }}</td>
        <td>{{ user.email }}</td>
    </tr>
    {% endfor %}
</table>
{% endblock %}
```

base.html을 상속하려면 다음과 같이 기술합니다(❶).

```
{% extends "crud/base.html" %}
```

따로 구현이 필요한 부분은 다음과 같이 base.html에서 지정한 이름에 block으로 둘러싸서 기술합니다.

```
{% block [block_name] %}사용자의 일람{% endblock %}
```

사용자 신규 작성 화면과 사용자 편집 화면의 다시 작성하기

마찬가지로 사용자 신규 작성 화면(create.html)과 사용자 편집 화면(edit.html)도 변경합니다.

▼ 사용자 신규 작성 화면의 다시 작성하기 (apps/crud/templates/crud/create.html)

```
{% extends "crud/base.html" %}
{% block title %}사용자 신규 작성{% endblock %}
{% block content %}
<h2>사용자 신규 작성</h2>

<form
    action="{{ url_for('crud.create_user') }}"
    method="POST"
    novalidate="novalidate"
>
    {{ form.csrf_token }}
    <p>{{ form.username.label }} {{ form.username(placeholder="사용자명") }}</p>
    {% for error in form.username.errors %}
    <span style="color: red;">{{ error }}</span>
    {% endfor %}
    <p>{{ form.email.label }} {{ form.email(placeholder="메일 주소") }}</p>
    {% for error in form.email.errors %}
    <span style="color: red;">{{ error }}</span>
    {% endfor %}
    <p>{{ form.password.label }} {{ form.password(placeholder="비밀번호") }}</p>
    {% for error in form.password.errors %}
    <span style="color: red;">{{ error }}</span>
    {% endfor %}
    <p>{{ form.submit() }}</p>
</form>
{% endblock %}
```

▼ 사용자 편집 화면 (apps/crud/templates/crud/edit.html)

```
{% extends 'crud/base.html' %}
{% block title %}사용자 편집 {% endblock %}
{% block content %}
<h2>사용자 편집</h2>
```

```
<form
    action="{{ url_for('crud.edit_user', user_id=user.id) }}"
    method="POST"
    novalidate="novalidate"
>
    {{ form.csrf_token }}
    <p>
        {{ form.username.label }} {{ form.username(placeholder="사용자명",
        value=user.username) }}
    </p>
    {% for error in form.username.errors %}
    <span style="color: red;">{{ error }}</span>
    {% endfor %}
    <p>
        {{ form.email.label }} {{ form.email(placeholder="메일 주소",
        value=user.email) }}
    </p>
    {% for error in form.email.errors %}
    <span style="color: red;">{{ error }}</span>
    {% endfor %}
    <p>{{ form.password.label }} {{ form.password(placeholder="비밀번호") }}</p>
    {% for error in form.password.errors %}
    <span style="color: red;">{{ error }}</span>
    {% endfor %}
    <p><input type="submit" value="갱신" /></p>
</form>

<form action="{{ url_for('crud.delete_user', user_id=user.id) }}" method="POST">
    {{ form.csrf_token }}
    <input type="submit" value="삭제" />
</form>
{% endblock %}
```

이로써 템플릿의 공통화가 되었습니다.

2.7 config 설정하기

앱은 개발 환경, 스테이징 환경, 라이브 환경 등 각각의 환경에서 설정해야 하는 config의 값이 바뀝니다. 그러므로 지금까지와 같이 소스 코드(이 책에서는 apps/app.py)에 config 값을 직접 기입하면 환경별로 소스 코드를 바꿔 써야 합니다.

그래서 환경을 쉽게 변경할 수 있도록 config를 읽어 들이는 방법을 변경합니다. 플라스크에서는 다음과 같이 config를 설정하는 방법이 여러 개 있습니다.

- from_object를 사용하는 방법
- from_mapping을 사용하는 방법
- from_envvar를 사용하는 방법
- from_pyfile을 사용하는 방법
- from_file을 사용하는 방법

어떤 것을 이용해도 큰 차이는 없지만 이 책에서는 `from_object`를 사용하는 방법으로 변경합니다.

from_object를 사용하는 방법

`from_object`를 사용할 때는 config를 파이썬 객체로부터 읽어 들입니다. 여기에서는 로컬 환경과 테스트 환경의 config 설정을 작성하는데, 필요에 따라 스테이징 환경이나 실제 가동 환경의 설정을 추가합니다.

config 값 설정하기

apps 디렉터리에 config.py를 작성하고, 환경별 클래스를 작성하여 필요한 config 값을 설정합니다.

▼ config 값 설정하기(apps/config.py)

```python
from pathlib import Path

basedir = Path(__file__).parent.parent


# BaseConfig 클래스 작성하기
```

```python
class BaseConfig:
    SECRET_KEY = "2AZSMss3p5QPbcY2hBsJ"
    WTF_CSRF_SECRET_KEY = "AuwzyszU5sugKN7KZs6f"                    ❶


# BaseConfig 클래스를 상속하여 LocalConfig 클래스를 작성한다
class LocalConfig(BaseConfig):
    SQLALCHEMY_DATABASE_URI = f"sqlite:///{basedir / 'local.sqlite'}"
    SQLALCHEMY_TRACK_MODIFICATIONS = False                         ❷
    SQLALCHEMY_ECHO = True


# BaseConfig 클래스를 상속하여 TestingConfig 클래스를 작성한다
class TestingConfig(BaseConfig):
    SQLALCHEMY_DATABASE_URI = f"sqlite:///{basedir / 'testing.sqlite'}"
    SQLALCHEMY_TRACK_MODIFICATIONS = False                         ❸
    WTF_CSRF_ENABLED = False


# config 사전에 매핑한다
config = {
    "testing": TestingConfig,
    "local": LocalConfig,                                          ❹
}
```

❶ config의 베이스가 되는 BaseConfig 클래스를 작성합니다.

❷ BaseConfig 클래스를 상속하여 LocalConfig를 작성하고, 필요한 config를 설정합니다.

❸ 마찬가지로 BaseConfig 클래스를 상속하여 TestingConfig를 작성하고, 필요한 config를 설정합니다. Testing에서는 CSRF를 무효로 하기 위해서 WTF_CSRF_ENABLED = False를 설정합니다.

❹ config 사전에 환경의 키명과 클래스명을 매핑합니다.

config 객체 읽어 들이기

다음에 apps/app.py로부터 config 객체를 읽어 들이도록 변경합니다.

▼ config 객체 읽어 들이기(apps/app.py)

```python
...생략...
from apps.config import config                                    ❶
...생략...


# config의 키를 전달한다
```

```
def create_app(config_key):                                              ❷
    app = Flask(__name__)

    # config_key에 매치하는 환경의 config 클래스를 읽어 들인다
    app.config.from_object(config[config_key])                           ❸
        ...생략...
```

❶ config 모듈을 import합니다.

❷ create_app에 인수로서 config의 키(local 또는 testing)를 지정합니다.

❸ 기존의 app.config.from_mapping을 삭제하고, app.config.from_object를 사용하여
  config로부터 해당 config의 객체를 읽어 들이도록 변경합니다.

config의 키를 전달하기 위해서 .env 파일의 create_app 함수에 local 인수를 전달하는 것처럼
변경합니다.

▼ config의 키 전달하기(flaskbook/.env)

```
# "local" 인수를 전달한다
FLASK_APP=apps.app:create_app("local")
FLASK_ENV=development
```

환경 변수를 변경하면 앱을 재실행해야 하므로 주의하세요.

config를 읽어 들이는 다른 방법

이 절의 앞부분에서 언급했는데, from_object를 사용하는 방법 말고도 config를 읽어 들이는 방법
이 몇 가지 있습니다. 여기에서 각각의 사용법을 설명합니다.

- from_mapping을 사용하는 방법
- from_envvar를 사용하는 방법
- from_pyfile을 사용하는 방법
- from_file을 사용하는 방법

from_mapping을 사용하는 방법

2.6절까지의 샘플 앱에서 사용하던 소스 코드에 직접 작성하는 방법입니다. 다음과 같이 config 클
래스에 대해서 매핑(사전)을 사용해서 config를 설정합니다.

▼ from_mapping으로 config 설정하기(apps/app.py)

```
...생략...

def create_app():
    app = Flask(__name__)
    app.config.from_mapping(
        SECRET_KEY = "2AZSMss3p5QPbcY2hBsJ",
        SQLALCHEMY_DATABASE_URI =
          f"sqlite:///{Path(__file__).parent.parent / 'local.sqlite'}"
        SQLALCHEMY_TRACK_MODIFICATIONS = False,
        SQLALCHEMY_ECHO = True,
        WTF_CSRF_SECRET_KEY = "AuwzyszU5sugKN7KZs6f"
    )
```

from_envvar를 사용하는 방법

from_envvar를 사용하는 방법은 환경 변수에 config 파일의 경로 정보를 기술해 두고, 앱을 실행할 때 환경 변수에 지정한 경로로부터 config 값을 읽어 들이는 방법입니다. 환경 변수를 .env 파일에서 읽어 들이므로 .env 파일에 설정값을 추가해서 확인할 수 있습니다.

이 경우는 config-local.py나 config-prod.py처럼 환경별로 config 파일을 준비해 두고, .env의 APPLICATION_SETTINGS의 경로를 변경함으로써 환경 전환을 할 수 있습니다. 경로의 변경이 아닌, .env 파일을 .env.local이나 .env.prod처럼 나눠 두고 전환해도 됩니다.

from_envvar를 사용하는 경우, .env에 config 파일로의 경로 key와 value를 추가합니다. 여기에서는 key명을 APPLICATION_SETTINGS로 하고, config 파일의 경로를 지정합니다. config.py를 apps 디렉터리 바로 아래에 작성하므로 /path/to/apps/config.py라고 지정합니다.

▼ 환경 변수에 config 파일의 경로 정보 기술하기(flaskbook/.env)

```
FLASK_APP=apps.app.py
FLASK_ENV=development
# config.py의 경로를 지정한다
APPLICATION_SETTINGS=/path/to/apps/config.py
```

apps/app.py에 from_envvar() 함수에 추가한 APPLICATION_SETTINGS를 지정합니다.

▼ from_envvar로 config 읽어 들이기 (apps/app.py)

```
...생략...

def create_app():
    # 플라스크 인스턴스 생성
    app = Flask(__name__)
    # config를 .env로부터 읽어 들인다
    app.config.from_envvar("APPLICATION_SETTINGS")
```

apps/config.py에 지금까지의 config 설정을 추가합니다.

▼ config 설정하기 (apps/config.py)

```
from pathlib import Path

SECRET_KEY = "2AZSMss3p5QPbcY2hBsJ",
SQLALCHEMY_DATABASE_URI =
  f"sqlite:///{Path(__file__).parent.parent / 'local.sqlite'}"
SQLALCHEMY_TRACK_MODIFICATIONS = False
SQLALCHEMY_ECHO = True
WTF_CSRF_SECRET_KEY="AuwzyszU5sugKN7KZs6f"
```

from_pyfile을 사용하는 방법

from_pyfile을 사용하는 방법은 직접 파이썬 config 파일을 지정해서 읽어 들이는 방법입니다. 이 경우는 config-local.py나 config-testing.py와 같이 환경별로 config를 준비해 두고, 이용하고 싶은 환경에 맞춰서 파일을 복사해서 config.py라는 파일명으로 함으로써 환경을 바꿉니다.

▼ from_pyfile에 의한 config 설정하기 (apps/app.py)

```
...생략...

def create_app():
    # 플라스크 인스턴스 생성
    app = Flask(__name__)
    # 앱의 config 설정
    app.config.from_pyfile("config.py")
```

from_file을 사용하는 방법

플라스크 버전2부터 from_file을 사용하여 config를 읽어 들이는 방법이 추가되었습니다. from_file을 사용하면 선택한 파일 형식으로 파일을 읽어 들일 수 있습니다.

JSON 파일로부터 읽어 들이려면 다음과 같이 기술합니다. 플라스크 버전1까지는 from_json을 사용해서 JSON 형식의 config를 읽어 들이는 방법이 있었지만, 플라스크 버전2에서 deprecated(비추천)되었습니다.

▼ from_file로 JSON 형식의 config 읽기(apps/app.py)

```python
...생략...
import json


def create_app():
    # 플라스크 인스턴스 생성
    app = Flask(__name__)
    # 앱의 config 설정
    app.config.from_file("config.json", load=json.load)
```

이 장의 마무리

이 장에서는 플라스크의 확장 기능인 flask-wtf를 사용하여 폼을 다루면서, SQLAlchemy를 사용하여 데이터베이스를 조작하는 방법에 대해 설명했습니다.

▼ 이 장에서 설치한 확장 기능

확장	설명
flask-sqlalchemy	플라스크에서 SQLAlchemy를 이용하는 확장
flask-migrate	데이터베이스를 마이그레이트하는 확장
flask-wtf	플라스크에서 폼을 이용하는 확장

다음 장에서는 이 장에서 작성한 CRUD 앱에 사용자 인증 기능을 추가합니다.

CHAPTER 03

사용자 인증 기능 만들기

이 장의 내용

제2장에서는 CRUD(crud) 앱을 작성했습니다. 이 장에서는 사용자 인증 기능을 만들고 crud 앱에 추가합니다.

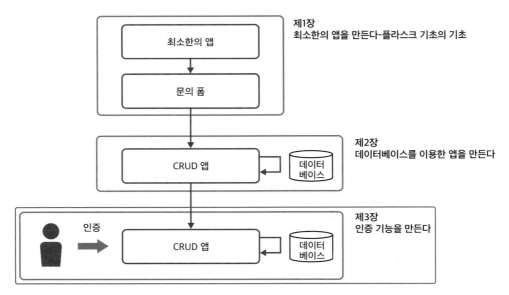

▲ 제1부에서 작성하는 앱

3.1 작성할 사용자 인증 기능과 디렉터리 구성

이 장에서는 다음의 사용자 인증 기능을 작성합니다.

- 회원가입 기능
- 로그인 기능
- 로그아웃 기능

프로젝트는 제2장에서 작성한 flaskbook을 계속해서 사용합니다.

인증 기능을 추가한 후의 디렉터리 구성은 다음과 같습니다.

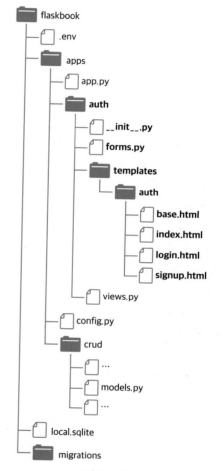

▲ crud 앱의 디렉터리 구성

앱에 인증 기능 등록하기

crud 앱에 인증 기능을 등록하고 사용자 인증 확인용 템플릿을 만들어서 인증 페이지의 표시 확인을 실시합니다.

Blueprint에서 사용자 인증 기능 등록하기

앱의 실행 스크립트인 apps/app.py에 Blueprint로 인증 기능을 등록합니다.

▼ Blueprint로 인증 기능 등록하기(apps/app.py)

```python
from flask import Flask
from flask_migrate import Migrate
from flask_sqlalchemy import SQLAlchemy
from flask_wtf.csrf import CSRFProtect

from apps.config import config

db = SQLAlchemy()
csrf = CSRFProtect()

def create_app(config_key):
    app = Flask(__name__)
    ...생략...

    # 이제부터 작성하는 auth 패키지로부터 views를 import한다
    from apps.auth import views as auth_views                         ── 추가

    # register_blueprint를 사용해 views의 auth를 앱에 등록한다
    app.register_blueprint(auth_views.auth, url_prefix="/auth")       ── 추가

    return app
```

사용자 인증 기능 엔드포인트 만들기

apps 바로 아래에 auth 패키지(디렉터리)를 만들고 views.py를 작성합니다. Blueprint를 사용해서 auth를 생성하고 새 엔드포인트 index를 추가합니다.

▼ 인증 기능 엔드포인트 추가하기(apps/auth/views.py)

```python
from flask import Blueprint, render_template

# Blueprint를 사용해서 auth를 생성한다
auth = Blueprint(
    "auth",
    __name__,
    template_folder="templates",
    static_folder="static"
)

# index 엔드포인트를 작성한다
@auth.route("/")
def index():
    return render_template("auth/index.html")
```

사용자 인증 화면을 작성하기 위해 `template_folder`에 `templates`를 지정하고, `static_folder`에 `static`을 지정합니다.

인증 기능의 확인용 템플릿 만들기

먼저 인증 기능 확인용의 베이스 템플릿을 만듭니다. apps/auth/templates/auth 디렉터리를 생성하고 base.html 템플릿을 만듭니다. 다른 Blueprint 앱의 템플릿과 경로가 중복되는 것을 막기 위해서 templates 디렉터리의 아래에 auth 디렉터리를 작성해야 하는 데 주의하세요.

▼ 인증 기능의 확인용 템플릿(apps/auth/templates/auth/base.html)

```html
<!DOCTYPE html>
<html lang="ko">
  <head>
    <meta charset="UTF-8" />
    <title>{% block title %}{% endblock %}</title>
  </head>
```

```
<body>
    {% block content %}{% endblock %}
</body>
</html>
```

인증 페이지 표시 확인 화면 만들기

다음으로 apps/auth/templates/auth/index.html을 만들고 base.html 템플릿을 상속한 인증 페이지 표시 확인 화면을 만듭니다.

▼ 인증 페이지 표시 확인 화면 만들기 (apps/auth/templates/auth/index.html)

```
{% extends "auth/base.html" %}
{% block title %}인증 페이지{% endblock %}
{% block content %}인증 페이지 표시 확인{% endblock %}
```

여기에서도 상속하는 URL은 **auth/base.html**로 해야 하는 데 주의하세요.

동작 확인하기

브라우저에서 다음의 URL에 접근하면 인증 페이지 표시 확인 화면이 나타납니다.

http://127.0.0.1:5000/auth/

▲ 인증 페이지 표시 확인

3.3 회원가입 기능 만들기

다음 절차로 회원가입 기능을 작성합니다.

- flask-login과 연계합니다.
- 회원가입 기능의 폼 클래스를 작성합니다.
- User 모델을 갱신합니다.
- 회원가입 기능의 엔드포인트를 만듭니다.
- 회원가입 기능의 템플릿을 만듭니다.
- crud 앱을 로그인 필수로 변경합니다.
- 동작을 확인합니다.

flask-login과 연계하기

플라스크에서 사용자 인증 기능을 생성하기 위해 flask-login 확장을 이용합니다. flask-login
을 설치하려면 다음 명령어를 실행합니다.

```
(venv) $ pip install flask-login
```

앱의 실행 스크립트인 apps/app.py에 flask-login과 연계하는 코드를 추가합니다.

▼ flask-login과 연계하는 코드 추가하기(apps/app.py)

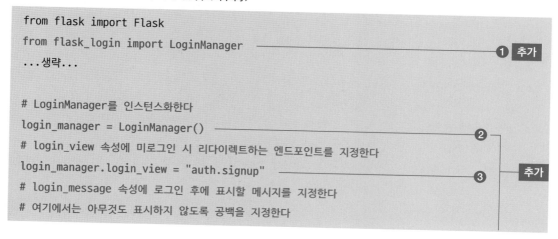

```
from flask import Flask
from flask_login import LoginManager ─────────────────────────────── ① 추가
...생략...


# LoginManager를 인스턴스화한다
login_manager = LoginManager() ───────────────────────────── ②
# login_view 속성에 미로그인 시 리다이렉트하는 엔드포인트를 지정한다
login_manager.login_view = "auth.signup" ──────────────────── ③
                                                                      추가
# login_message 속성에 로그인 후에 표시할 메시지를 지정한다
# 여기에서는 아무것도 표시하지 않도록 공백을 지정한다
```

```
login_manager.login_message = ""                                    ④  ┌─ 추가

def create_app(config_key):
    app = Flask(__name__)
    ...생략...

    # login_manager를 애플리케이션과 연계한다
    login_manager.init_app(app)                                     ⑤  추가

    from apps.crud import views as crud_views
```

❶ flask_login으로부터 LoginManager를 import합니다.

❷ LoginManager를 인스턴스화합니다.

❸ 로그인하지 않았을 때 login_view 속성에 리다이렉트하는 엔드포인트를 지정합니다. 이제부터
   작성하는 회원가입 기능인 auth.signup 엔드포인트를 지정합니다.

❹ login_message 속성에 로그인 후에 표시할 메시지를 지정합니다. 여기에서는 아무것도 표시하
   지 않도록 공백을 지정합니다. login_manager.login_message를 기술하지 않는 경우에는 기본
   적으로 영어 메시지가 출력됩니다.

❺ create_app 함수에서 login_manager를 앱과 연계합니다.

회원가입 기능의 폼 클래스 만들기

apps/auth/forms.py 파일을 만들고 회원가입 기능의 폼 클래스를 작성합니다.

▼ 회원가입 기능의 폼 클래스 만들기(apps/auth/forms.py)

```
from flask_wtf import FlaskForm                                            ❶
from wtforms import PasswordField, StringField, SubmitField                ❷
from wtforms.validators import DataRequired, Email, Length                 ❸

class SignUpForm(FlaskForm):                                               ❹
    username = StringField(
        "사용자명",
        validators=[
            DataRequired("사용자명은 필수입니다."),                           ❺
            Length(1, 30, "30문자 이내로 입력해 주세요."),                     ❻
        ],
```

```
    )
    email = StringField(
        "메일 주소",
        validators=[
            DataRequired("메일 주소는 필수입니다. "),                           ──────⑤
            Email("메일 주소의 형식으로 입력해 주세요. "),                      ──────⑦
        ],
    )
    password = PasswordField("비밀번호",
        validators=[DataRequired("비밀번호는 필수입니다. ")])      ┐
    submit = SubmitField("신규 등록")                                    ┘──────⑤
```

❶ flask-wtf로부터 FlaskForm을 import합니다.

❷ HTML 폼의 비밀번호, 텍스트, 제출 필드를 import합니다.

❸ HTML 폼이 제출되었을 때 유효성 검증을 위해서 필요한 validators를 import합니다.

❹ FlaskForm을 상속하여 SignUpForm 클래스를 작성합니다. 폼 클래스를 이용하여 HTML 폼에 필요한 요소와 유효성 검증을 정의할 수 있습니다.

❺ 사용자명, 이메일 주소, 비밀번호를 필수 항목으로 합니다.

❻ 사용자명은 30문자 이내로 문자 수를 제한합니다.

❼ 이메일 주소는 이메일 주소의 형식으로만 제한합니다.

User 모델 갱신하기

crud 앱에서 작성한 User 모델을 로그인 기능으로 이용하기 위해 갱신합니다.

flask-login 확장의 로그인 기능을 이용하려면 모델에 다음 표의 프로퍼티나 함수를 정의(구현)해야 합니다. flask_login은 이러한 프로퍼티나 함수를 가진 UserMixin 클래스가 준비되어 있습니다. 그러므로 모델에서 flask_login의 UserMixin 클래스를 상속함으로써 따로 프로퍼티/메서드를 정의하지 않고 이용할 수 있습니다.

▼ flask_login의 UserMixin 클래스의 프로퍼티/함수

프로퍼티/메서드	설명
is_authenticated	로그인 시는 true를 반환하고 미로그인 시는 false를 반환하는 함수
is_active	사용자 계정이 활성 상태일 때는 true를 반환하고 비활성 상태일 때는 false를 반환하는 함수
is_anonymous	로그인 사용자는 false를 반환하고 익명 사용자는 true를 반환하는 함수
get_id	로그인 사용자의 유니크 ID를 취득하는 프로퍼티

apps/crud/models.py를 다음과 같이 갱신합니다.

▼ User 모델의 정의 갱신하기(apps/crud/models.py)

```python
from datetime import datetime

from apps.app import db, login_manager          ──────────────────  ① 변경
from flask_login import UserMixin                ──────────────────  ② 추가
from werkzeug.security import generate_password_hash, check_password_hash ─┐
                                                                          ③ 변경

# User 클래스를 db.Model에 더해서 UserMixin을 상속한다
class User(db.Model, UserMixin):                 ──────────────────  ④ 변경
    __tablename__ = "users"
    id = db.Column(db.Integer, primary_key=True)
    username = db.Column(db.String, index=True)
    email = db.Column(db.String, unique=True, index=True)
    password_hash = db.Column(db.String)
    created_at = db.Column(db.DateTime, default=datetime.now)
    updated_at = db.Column(db.DateTime, default=datetime.now,
                           onupdate=datetime.now)

    @property
    def password(self):
        raise AttributeError("읽어 들일 수 없음")

    @password.setter
    def password(self, password):
        self.password_hash = generate_password_hash(password)

    # 비밀번호 체크를 한다
    def verify_password(self, password):                          ─┐
        return check_password_hash(self.password_hash, password)  ─┘  ⑤

    # 이메일 주소 중복 체크를 한다
    def is_duplicate_email(self):                                        ─┐
        return User.query.filter_by(email=self.email).first() is not None ─┘ ⑥

# 로그인하고 있는 사용자 정보를 취득하는 함수를 작성한다
```

```
@login_manager.user_loader
def load_user(user_id):
        return User.query.get(user_id)
```
⑦

❶ apps.app에서 login_manager를 추가로 import합니다.

❷ flask_login에서 UserMixin을 import합니다.

❸ 입력된 비밀번호가 맞는지 확인하기 위해 check_password_hash를 추가로 import합니다.

❹ db.Model에 더해서 UserMixin을 User 클래스에 상속합니다. UserMixin을 상속하면 flask_login의 기능을 이용할 수 있게 됩니다.

❺ 비밀번호를 확인하는 verify_password 함수를 추가합니다. 입력된 비밀번호가 DB의 해시화된 비밀번호와 일치하는지를 체크합니다. 일치하면 true를 반환하고 일치하지 않으면 false를 반환합니다.

❻ 이메일 주소 중복 여부를 확인하는 is_duplicate_email 함수를 추가합니다. DB에 같은 이메일 주소를 가진 레코드가 있으면 true를 반환하고 레코드가 없으면 false를 반환합니다.

❼ 로그인하고 있는 사용자 정보를 취득하는 load_user() 함수를 작성하고, @login_manager.user_loader 데코레이터를 붙입니다. load_user 함수는 flask_login이 로그인하고 있는 사용자 정보를 취득하기 위해서 사용하므로 사용자의 유니크 ID를 인수로 넘겨서 데이터베이스로부터 특정 사용자를 취득해서 반환해야 합니다.

회원가입 기능의 엔드포인트 만들기

사용자 인증 기능을 만들 준비가 되었으므로 회원가입 기능의 엔드포인트를 만듭니다.

▼ 회원가입 기능의 엔드포인트 만들기(apps/auth/views.py)

```
from apps.app import db                                                    ①
from apps.auth.forms import SignUpForm                                     ②
from apps.crud.models import User                                          ③
from flask import Blueprint, render_template, flash, url_for, redirect, request  ④
from flask_login import login_user                                         ⑤
...생략...


@auth.route("/signup", methods=["GET", "POST"])
def signup():
    # SignUpForm을 인스턴스화한다
```

```
form = SignUpForm()
if form.validate_on_submit():
    user = User(
        username=form.username.data,                                    ❻
        email=form.email.data,
        password=form.password.data,
    )

    # 이메일 주소 중복 체크를 한다
    if user.is_duplicate_email():
        flash("지정 이메일 주소는 이미 등록되어 있습니다")           ❼
        return redirect(url_for("auth.signup"))

    # 사용자 정보를 등록한다
    db.session.add(user)                                               ❽
    db.session.commit()
    # 사용자 정보를 세션에 저장한다                                      ❾
    login_user(user)
    # GET 파라미터에 next 키가 존재하고, 값이 없는 경우는 사용자의 일람 페이지로 리다이렉트한다
    next_ = request.args.get("next")
    if next_ is None or not next_.startswith("/"):                     ❿
        next_ = url_for("crud.users")
    return redirect(next_)

return render_template("auth/signup.html", form=form)
```

❶ apps.app으로부터 db를 import합니다.

❷ 작성한 SignUpForm 클래스를 import합니다.

❸ crud 앱에 있는 모델의 User 클래스를 import합니다.

❹ flash, url_for, redirect, request를 추가로 import합니다.

❺ flask_login으로부터 login_user를 import합니다. login_user를 이용하여 등록한 사용자 정보를 세션에 저장합니다.

❻ SignUpForm을 인스턴스화하고, 제출된 경우는 폼의 내용을 검증합니다. 유효성 검증이 통과되면 폼 데이터로부터 사용자 클래스를 생성합니다.

❼ 이메일 주소의 중복 여부를 확인합니다. DB에 같은 이메일 주소의 레코드가 있으면 true를 반환하고 해당 레코드가 없으면 false를 반환합니다.

❽ 사용자 정보를 DB에 등록합니다.

❾ 사용자 정보를 세션에 저장합니다.

❿ 인증되지 않았을 때 인증 필수 화면에 접속하면 회원가입(사용자 신규 등록) 화면으로 리다이렉트되지만, 그 경우 GET 파라미터의 next 키에 접근하려고 한 페이지의 엔드포인트가 붙습니다. next 키에 값이 있는 경우는 회원가입에 성공하면 next 키의 페이지로 리다이렉트하고, 값이 없는 경우는 사용자의 일람 페이지로 리다이렉트합니다. 사용자 정보를 세션에 저장하고 있으므로 리다이렉트 후는 로그인 상태가 됩니다.

회원가입 기능의 템플릿 만들기

apps/auth/templates/auth/signup.html을 작성하고 회원가입 기능의 템플릿을 만듭니다.

▼ 회원가입 기능의 템플릿 (apps/auth/templates/auth/signup.html)

```
{% extends "auth/base.html" %}
{% block title %}사용자 신규 등록{% endblock %}
{% block content %}
<h2>사용자 신규 등록</h2>

<form
  action="{{ url_for('auth.signup', next=request.args.get('next')) }}"
  method="POST"
  novalidate="novalidate"
>
  {% for message in get_flashed_messages() %}
  <p style="color: red;">{{ message }}</p>
  {% endfor %}
  {{ form.csrf_token }}
  <p>
    {{ form.username.label }}
    {{ form.username(size=30, placeholder="사용자명") }}
  </p>
  {% for error in form.username.errors %}
  <span style="color: red;">{{ error }}</span>
  {% endfor %}
  <p>{{ form.email.label }} {{ form.email(placeholder="메일 주소") }}</p>
  {% for error in form.email.errors %}
  <span style="color: red;">{{ error }}</span>
```

```
  {% endfor %}
  <p>{{ form.password.label }} {{ form.password(placeholder="비밀번호") }}</p>
  {% for error in form.password.errors %}
  <span style="color: red;">{{ error }}</span>
  {% endfor %}
  <p>{{ form.submit() }}</p>
</form>
{% endblock %}
```

crud 앱을 로그인 필수로 변경하기

회원가입 후에 로그인을 해야 페이지에 접근할 수 있게 만들어 보겠습니다. 로그인 필수로 하려면 apps/crud/views.py의 엔드포인트 모두에 @login_required 데코레이터를 추가합니다. @login_required를 붙임으로써 해당의 엔드포인트는 로그인하지 않으면 접근할 수 없게 됩니다.

▼ crud 앱을 로그인 필수로 변경하기(apps/crud/views.py)

```
from apps.app import db
from apps.crud.forms import UserForm
from apps.crud.models import User
from flask import Blueprint, redirect, render_template, url_for
from flask_login import login_required                              ─── 추가
...생략...


# index 엔드포인트를 작성하고 index.html을 반환한다
@crud.route("/")
# 데코레이터를 추가한다
@login_required                                                    ─── 추가
def index():
    return render_template("crud/index.html")


  ...생략...
# 모든 엔드포인트에 @login_required를 추가한다
@crud.route("/sql")
@login_required                                                    ─── 추가
def sql():
...생략...
```

```
@crud.route("/users/new", methods=["GET", "POST"])
@login_required                                                    추가
def create_user():
    ...생략...


@crud.route("/users")
@login_required                                                    추가
def users():
    ...생략...


@crud.route("/users/<user_id>", methods=["GET", "POST"])
@login_required                                                    추가
def edit_user(user_id):
    ...생략...


@crud.route("/users/<user_id>/delete", methods=["POST"])
@login_required                                                    추가
def delete_user(user_id):
    ...생략...
```

동작 확인하기

브라우저에서 사용자의 일람 화면인

http://127.0.0.1:5000/crud/users

에 접근하면 `login_manager.login_view`에서 지정한 사용자 신규 등록 화면인 `auth.signup` 엔드포인트로 리다이렉트됩니다. 사용자의 일람 화면이 로그인 필수로 바뀌었습니다. 사용자 정보를 입력하고 [신규 등록] 버튼을 클릭하면 입력한 정보가 등록되어 사용자의 일람 화면으로 리다이렉트합니다.

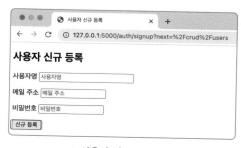

▲ 사용자 신규 등록 화면

▲ 사용자의 일람 화면

로그인 기능 만들기

다음의 절차로 로그인 기능을 작성합니다.

- 로그인 기능의 폼 클래스를 작성합니다.
- 로그인 기능의 엔드포인트를 만듭니다.
- 로그인 기능의 템플릿을 만듭니다.
- 동작을 확인합니다.

로그인 기능의 폼 클래스 작성하기

apps/auth/forms.py에 로그인 기능의 폼 클래스를 작성합니다.

▼ 로그인 기능의 폼 클래스 작성하기(apps/auth/forms.py)

```
...생략...

class LoginForm(FlaskForm):
    email = StringField(
        "메일 주소",
        validators=[
            DataRequired("이메일 주소는 필수입니다."),
            Email("이메일 주소의 형식으로 입력하세요. "),
        ],
    )
    password = PasswordField("비밀번호", validators=[DataRequired("비밀번호는 필수입니다.")])
    submit = SubmitField("로그인")
```

모델 정의에서 이메일 주소를 유니크 키로 하고 있으므로 이메일 주소와 비밀번호를 입력해서 로그인을 할 수 있게 합니다.

로그인 기능의 엔드포인트 만들기

apps/auth/views.py에 로그인 기능의 엔드포인트를 만듭니다.

▼ 로그인 기능의 엔드포인트 만들기 (apps/auth/views.py)

```python
from apps.app import db
from apps.auth.forms import SignUpForm, LoginForm          # ❶ 변경
...생략...


@auth.route("/login", methods=["GET", "POST"])
def login():
    form = LoginForm()
    if form.validate_on_submit():
        # 이메일 주소로 데이터베이스에 사용자가 있는지 검사한다
        user = User.query.filter_by(email=form.email.data).first()    # ❷

        # 사용자가 존재하고 비밀번호가 일치하면 로그인을 허가한다
        if user is not None and user.verify_password(form.password.data):    # ❸
            login_user(user)
            return redirect(url_for("crud.users"))      # ❹

        # 로그인 실패 메시지를 설정한다
        flash("메일 주소 또는 비밀번호가 일치하지 않습니다.")
    return render_template("auth/login.html", form=form)    # ❺
```

❶ LoginForm 클래스를 추가로 import합니다.

❷ 이메일 주소를 이용해 데이터베이스에 해당 사용자가 있는지 검사합니다.

❸ 사용자가 존재하고 비밀번호가 일치하면 로그인을 허가합니다.

❹ 사용자 정보를 세션에 써 넣고 사용자 일람 화면으로 리다이렉트합니다.

❺ 로그인을 확인해서 false 결과가 나오면 로그인 실패 메시지를 설정하고 로그인 화면으로 돌아
갑니다.

로그인 기능의 템플릿 만들기

apps/auth/templates/auth/login.html을 작성하고 로그인 기능의 템플릿을 만듭니다.

▼ 로그인 기능의 템플릿 만들기 (apps/auth/templates/auth/login.html)

```
{% extends "auth/base.html" %}
{% block title %}로그인{% endblock %}
{% block content %}


<h2>로그인</h2>
<form action="{{ url_for('auth.login') }}"
    method="post"
    novalidate="novalidate"
>
    {% for message in get_flashed_messages() %}
    <p style="color: red;">{{ message }}</p>
    {% endfor %} {{ form.csrf_token }}
    <p>{{ form.email.label }} {{ form.email(placeholder="메일 주소") }}</p>
    {% for error in form.email.errors %}
    <span style="color: red;">{{ error }}</span>
    {% endfor %}
    <p>{{ form.password.label }} {{ form.password(placeholder="비밀번호") }}</p>
    {% for error in form.password.errors %}
    <span style="color: red;">{{ error }}</span>
    {% endfor %}
    <p>{{ form.submit() }}</p>
</form>
{% endblock %}
```

동작 확인하기

조금 전의 회원가입 기능의 동작 확인으로 로그인 상태로 되어 있으므로 브라우저를 시크릿 창에서 열거나 쿠키(의 세션 정보)를 삭제해 주세요.

http://127.0.0.1:5000/auth/login

에 접근하면 로그인 화면이 표시됩니다.

▲ 로그인 화면

한 번 회원가입한 사용자 정보를 입력하고, [로그인] 버튼을 클릭하면 로그인이 성공해서 사용자의 일람 화면이 표시됩니다.

▲ 사용자의 일람 화면

3.5 로그아웃 기능 만들기

로그아웃 기능을 구현하려면 flask_login의 logout_user 함수를 이용합니다. logout_user 함수를 호출하면 로그인 세션을 리셋할 수 있습니다.

apps/auth/views.py에 로그아웃의 엔드포인트를 만듭니다.

▼ 로그아웃의 엔드포인트 만들기(apps/auth/views.py)

```
...생략...
from flask_login import login_user, logout_user ──────────── 변경
...생략...


@auth.route("/logout")
def logout():
    logout_user()
    return redirect(url_for("auth.login"))
```

동작 확인하기

브라우저에서 다음의 URL에 접근하면 로그아웃되어 로그인 페이지로 리다이렉트됩니다.

http://127.0.0.1:5000/auth/logout

로그인 상태 표시하기

crud 앱의 공통 헤더에 로그인 상태를 표시합니다. 로그인 시 사용자명과 로그아웃 링크를 표시합니다. crud 앱의 공통 템플릿인 apps/crud/templates/crud/base.html을 다음과 같이 갱신합니다.

▼ 공통의 템플릿 갱신하기 (apps/crud/templates/crud/base.html)

```
...생략...
  </head>


  <body>
    <div>
      {% if current_user.is_authenticated %}
      <p>
        <span>{{ current_user.username }}</span> -
        <span><a href="{{ url_for('auth.logout') }}">로그아웃</a></span>
      </p>
      {% endif %}
    </div>
    <!-- content를 상속처에서 구현한다 -->
    {% block content %}{% endblock %}
  </body>

</html>
```

`추가`

current_user는 flask-login 확장 기능이 로그인 시에 자동으로 사용자 정보를 설정하여 템플릿
으로 반환합니다. 로그인하면 is_authenticated 프로퍼티가 true가 되며, 로그인하지 않은 상태
에서는 false가 됩니다.

이 장의 마무리

이 장에서는 flask-login 확장을 사용하여 인증 기능을 작성하고 crud 앱에 적용했습니다.

▼ 이 장에서 이용한 플라스크 확장 기능

확장	설명
flask-login	플라스크의 인증 기능

제2부에서는 이 장까지 사용한 확장 기능과 앱의 기능을 이용하여 실천적인 앱을 만들어 보겠습니다.

PART 2

플라스크 실천 ①
물체 감지 앱 개발하기

제2부의 제4장~제11장에서는 제1부에서 작성한 crud 앱에 코드를 추가해 실질적인 앱을 만듭니다.

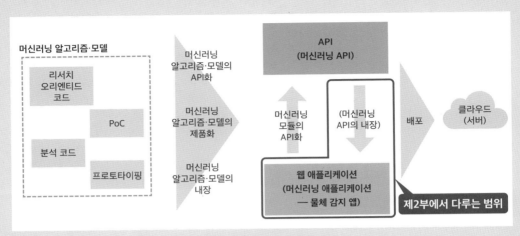

제2부 물체 감지 앱의 개발

제1부의 제2장과 제3장에서 작성한 코드를 미리 준비해 주세요. 제2부에서는 물체 감지 앱을 작성합니다. 이 앱에서는 다음 동작을 실시합니다.

❶ 사용자가 이미지를 업로드한다.

❷ PyTorch라는 머신러닝 라이브러리를 이용하여 이미지로부터 물체를 감지한다.

❸ 감지한 물체명을 태그로 출력한다

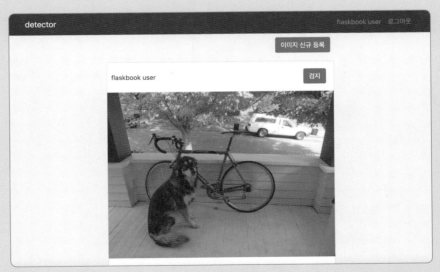

▲ 업로드한 이미지

▲ 이미지로부터 물체를 감지한 상태

제2부부터 읽기 시작하는 경우

제1부의 제2장과 제3장에서 작성한 앱을 이용하기 위해서는 제2장부터 읽기 시작하거나 GitHub에
서 소스 코드를 clone하고 checkout해 프로젝트를 설정하세요.

```
$ git clone https://github.com/ml-flaskbook/flaskbook.git
$ cd flaskbook
$ git checkout -b part1 tags/part1
```

checkout했으면 프로젝트 설정을 실시합니다.

맥/리눅스의 경우

```
$ python3 -m venv venv
$ . venv/bin/activate
(venv) $ pip install -r requirements.txt
```

윈도우의 경우

```
> py -m venv venv
> venv\Scripts\Activate.ps1
> (venv) $ pip install -r requirements.txt
```

VSCode에서 flaskbook/.env 파일을 작성하고 다음의 값을 설정합니다.

```
FLASK_APP=apps.app:create_app("local")
FLASK_ENV=development
```

데이터베이스의 마이그레이션(이행)을 실시합니다.

```
(venv) $ flask db init
(venv) $ flask db migratre
(venv) $ flask db upgrade
```

이로써 프로젝트 설정을 완료했습니다.

CHAPTER 04

앱의 사양과 준비

이 장의 내용

4.1 물체 감지 앱의 사양

4.2 디렉터리 구성

4.3 물체 감지 앱 등록하기

물체 감지 앱의 사양

제2부에서는 실무 앱으로서 물체 감지 앱을 만듭니다. 작성하는 화면은 다음의 6개입니다.

- 이미지 일람 화면(제5장)
- 인증 화면(제3장까지 작성 완료)
- 이미지 업로드 화면(제7장)
- 물체 감지 화면(제8장)
- 이미지 검색 화면(제9장)
- 커스텀 오류 화면(제10장)

이미지 일람 화면

물체 감지 앱의 톱 화면입니다. 로그인하지 않은 상태에서도 접근할 수 있어 사용자가 업로드한 이미지를 열람할 수 있습니다. 초기 상태에는 이미지가 없습니다.

▲ 이미지 일람 화면

인증 화면

회원가입과 로그인의 인증 화면입니다. 이러한 인증 화면은 제3장에서 작성한 것을 이용합니다.

▲ 회원가입(사용자 신규 등록) 화면

▲ 로그인 화면

이미지 업로드 화면

이미지 업로드 화면은 로그인 사용자만 접근할 수 있습니다. 로그인하지 않았을 때 [이미지 신규 등록] 버튼을 클릭하면 로그인 화면으로 바뀌고 로그인하면 이미지 업로드 화면으로 바뀝니다.

▲ 이미지 업로드 화면

▲ 이미지 일람 화면의 [이미지 신규 등록] 버튼을 클릭한 후 화면

물체 감지 화면

업로드한 이미지에는 활성 상태의 [감지] 버튼과 [삭제] 버튼이 표시됩니다. [감지] 버튼을 클릭하면 이미지로부터 물체를 감지합니다.

물체 감지 기능에서는 이미지로부터 태그를 취득하고 이미지를 변환합니다. 더불어 [삭제] 버튼을 클릭하면 이미지를 삭제합니다.

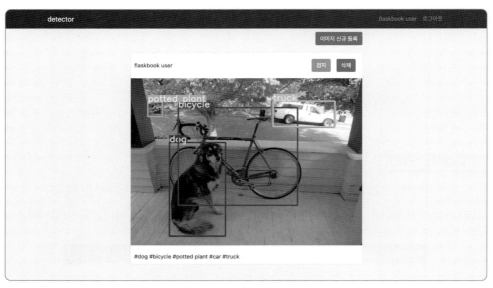

▲ 물체 감지 화면

이미지 검색 화면

태그가 붙어 있는 이미지 일람으로부터 태그에 의한 이미지의 추출 검색을 실시합니다.

▲ 이미지 감지 화면에서 태그에 의한 이미지의 추출
검색(bird로 검색)

▲ 이미지 감지 화면에서 태그가 붙어 있는 이미지 일람

커스텀 오류 화면

오류가 발생한 경우 스스로 만든 오류 화면을 표시합니다.

▲ 커스텀 오류 화면

이상이 이제부터 제2부에서 만드는 물체 감지 앱의 화면과 기능입니다. 그럼 바로 만들어 보겠습니다.

4.2 디렉터리 구성

우선 제2부에서 작성하는 앱의 디렉터리 구조를 확인합니다. 새롭게 detector라는 이름의 물체 감지 앱을 만듭니다. 사용자 인증 기능과 사용자 모델은 제1부에서 작성한 crud 앱의 기능을 조금 갱신하여 이용합니다.

제2부의 구현을 모두 마치면 다음과 같은 디렉터리 구성이 됩니다.

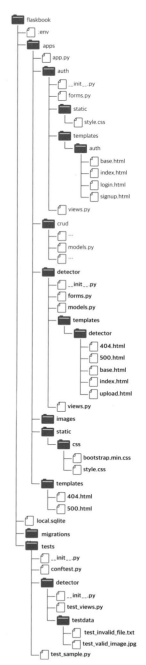

▶ detector 앱의 디렉터리 구성

물체 감지 앱 등록하기

이전 장까지 작성한 apps/app.py에 Blueprint를 사용해서 물체 감지 앱을 등록하는 부분부터 시작합니다.

▼ Blueprint로 물체 감지 앱 등록하기(apps/app.py)

```
...생략...

def create_app(config_key):
    app = Flask(__name__)
    ...생략...

    # 이제부터 작성하는 detector 패키지로부터 views를 import한다
    from apps.detector import views as dt_views ─────────────── ❶

    # register_blueprint를 사용해 views의 dt를 앱에 등록한다
    app.register_blueprint(dt_views.dt) ─────────────────────── ❷

    return app
```

❶ 이제부터 작성하는 detector 패키지로부터 views를 import합니다.

❷ 이제부터 작성하는 detector/views.py의 Blueprint 인스턴스인 dt를 register_blueprint를 사용하여 등록합니다. 물체 감지 앱은 애플리케이션 루트로 하기 때문에 url_prefix는 지정하지 않습니다.

이미지 일람 화면의 엔드포인트 만들기

apps/detector 패키지(디렉터리)를 만들고 바로 아래에 views.py를 작성합니다. 작성했으면 물체 감지 앱(detector)용 엔드포인트를 만듭니다.

▼ detector 앱용의 엔드포인트 (apps/detector/views.py)

```
from flask import Blueprint

# template_folder를 지정한다(static은 지정하지 않는다)
dt = Blueprint("detector", __name__, template_folder="templates")
```

detector 앱에 static_folder는 지정하지 않습니다. Blueprint에서 static 엔드포인트의 Rule 은 /<url prefix>/<static folder name>이 되는데, detector 앱의 경우 url_prefix를 지정하지 않았으므로 </static folder name>이 되기 때문입니다. 제1부에서 작성한 crud 앱 등의 경우는 url_prefix를 지정하고 있으므로 /crud/static이 됩니다.

다음으로 apps/detector/views.py에 이미지 일람 화면의 index 엔드포인트를 만듭니다.

▼ 이미지 일람 화면의 엔드포인트 (apps/detector/views.py)

```
from flask import Blueprint, render_template

...생략...

# dt 애플리케이션을 사용하여 엔드포인트를 작성한다
@dt.route("/")
def index():
    return render_template("detector/index.html")
```

이미지 일람 화면의 템플릿 만들기

이 장에서는 실천적인 앱을 작성하기 위해 CSS 프레임워크로서 bootstrap을 이용합니다. bootstrap은 웹 사이트나 웹 앱을 작성하기 위한 프론트엔드 웹 애플리케이션 프레임워크 중 하나입니다. 폼이나 버튼 등 화면을 구성하기 위해 필요한 요소가 준비되어 있습니다.

다음의 다운로드 사이트에서 [Compiled CSS and JS]의 [Download]를 클릭하여 bootstrap 4.0 을 다운로드하세요.

https://getbootstrap.com/docs/4.0/getting-started/download/

다운로드했으면 css 디렉터리에 있는 bootstrap.min.css를 apps/static/css 바로 아래에 배치합니다. 또한 apps/static/css 바로 아래에 화면의 조절에 사용하는 style.css 파일도 작성해 둡니다. style.css의 내용은 나중에 추가하겠습니다.

apps/detector/templates/detector/base.html을 작성하고 조금 전 배치한 CSS를 읽어 들입니다.

▼ 화면 공통 템플릿 (apps/detector/templates/detector/base.html)

```html
<!DOCTYPE html>
<html lang="ko">
  <head>
    <meta charset="UTF-8" />
    <title>detector</title>
    <link rel="stylesheet" href="{{ url_for('static', filename='css/bootstrap.min.css') }}"
/>
    <link rel="stylesheet" href="{{ url_for('static', filename='css/style.css') }}"
/>
  </head>
  <body>
    {% block content %}{% endblock %}
  </body>
</html>
```

base.html을 만들었으면 base.html을 상속하여 apps/detector/templates/detector/index.html을 작성합니다.

▼ 이미지 일람 화면 템플릿 (apps/detector/templates/detector/index.html)

```html
{% extends "detector/base.html" %}
{% block content %}
<div class="alert alert-primary">detector</div>
{% endblock %}
```

또한 디자인의 대부분은 bootstrap의 기본 설정을 사용하는데, 일부 디자인은 다음과 같이 앱 자체의 스타일 시트로 조정합니다. 샘플 소스 코드가 다음의 GitHub에 있으므로 여기에서 복사하여 apps/static/css/style.css에 추가하세요.

https://github.com/ml-flaskbook/flaskbook/blob/main/apps/static/css/style.css

▼ 화면 조정용 스타일 시트 (apps/static/css/style.css)

```css
body {
    background-color: #f5f5f5;
}
```

```css
h4 {
    margin-top: 20px;
}
input[type="search"] {
    background-color: #f5f5f5;
}
.dt-auth-main {
    width: 400px;
    margin-top: 45px;
}
.dt-auth-main .card {
    box-shadow: 0 12px 18px 2px rgba(34, 0, 51, 0.04), 0 6px 22px 4px rgba(7, 48, 114, 0.12),↵
        0 6px 10px -4px rgba(14, 13, 26, 0.12) !important;
    border-radius: 16px;
}
.dt-auth-main .dt-auth-login {
    height: 300px !important;
}
.dt-auth-main .dt-auth-signup {
    height: 340px !important;
}
.dt-auth-main header {
    text-align: center;
    margin: 30px 0 0 0;
    font-size: 24px;
}
.dt-auth-main section {
    width: 300px;
    margin: 10px auto;
}
.dt-auth-flash {
    font-size: 14px;
    color: #9c1a1c;
}
.dt-auth-input {
    margin-top: 10px;
}
.dt-auth-btn {
```

```css
        margin: 30px 0 0 0;
}
.dt-search {
    height: 28px !important;
}
.dt-image-content {
    margin: 20px auto;
    padding: 0;
}
.dt-image-username {
    padding-top: 15px;
}
.dt-image-register-btn {
    padding: 10px 47px 0 0;
}
.dt-image-content header {
    padding: 10px 10px 0 10px;
}
.dt-image-content section {
    padding: 10px 0;
    margin: auto;
}
.dt-image-content footer {
    padding: 10px;
}
.dt-image-content section img {
    width: 100%;
}
.dt-image-file {
    display: none;
}
.dt-image-submit {
    margin-left: 10px;
}
```

동작 확인하기

지금까지와 같이 `flask run` 명령어를 실행하고 브라우저에서 다음의 URL에 접근하면 'detector' 라고 표시되어 detector 앱이 등록되었음을 확인할 수 있습니다.

http://127.0.0.1:5000

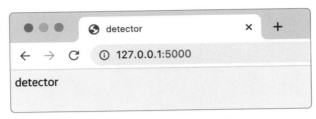

▲ detector 앱의 등록 확인하기

이 장의 마무리

이 장에서는 물체 감지 앱의 개요를 설명한 후 실제로 물체 감지 앱을 등록하고 디자인을 적용했습니다. 물체 감지 앱의 기능을 개발하기 위한 준비가 되었으므로 다음 장부터 조금씩 기능을 추가해 보겠습니다.

CHAPTER 05

이미지 일람 화면 만들기

이 장의 내용

5.1 UserImage 모델 작성하기
5.2 이미지 일람 화면의 엔드포인트 만들기
5.3 이미지 일람 화면의 템플릿 만들기
5.4 SQLAlchemy의 테이블 결합과 릴레이션십

이 장에서는 물체 감지 앱(detector)의 톱 화면인 이미지 일람 화면을 다음의 절차로 만듭니다.

- UserImage 모델을 만듭니다.
- 이미지 일람 화면의 엔드포인트를 만듭니다.
- 이미지 일람 화면의 템플릿을 만듭니다.

▲ 이미지 일람 화면

또한 다음 장 이후에서 데이터베이스를 이용하는 기능을 작성하는 준비로서 SQLAlchemy를 사용한 테이블 결합과 릴레이션십에 대해서 설명합니다.

UserImage 모델 작성하기

UserImage 모델은 로그인한 사용자가 이미지를 업로드했을 때에 이미지 URL을 저장하기 위한 모델입니다.

users 테이블의 id를 user_images 테이블의 user_id로서 릴레이션을 적용합니다. 사용자는 몇 번이고 이미지를 업로드할 수 있으므로 1대다의 관계가 됩니다.

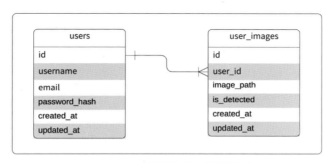

▲ User Image 모델 클래스 테이블 구성

TIP 릴레이션은 관계형 데이터베이스 정보를 저장하는 기본 단위인 테이블을 말합니다.

먼저 apps/detector/models.py를 만들고 UserImage 모델 클래스를 작성합니다.

그런 다음 user_id는 users 테이블의 id 컬럼을 외부 키로 설정합니다. 외부 키를 설정하려면 db.ForeignKey에 "테이블명.컬럼명"을 지정합니다.

▼ UserImage 모델 클래스(apps/detector/models.py)

```python
from datetime import datetime

from apps.app import db

class UserImage(db.Model):
    __tablename__ = "user_images"
    id = db.Column(db.Integer, primary_key=True)
    # user_id는 users 테이블의 id 컬럼을 외부 키로 설정한다
    user_id = db.Column(db.String, db.ForeignKey("users.id"))
```

```
image_path = db.Column(db.String)
is_detected = db.Column(db.Boolean, default=False)
created_at = db.Column(db.DateTime, default=datetime.now)
updated_at = db.Column(
    db.DateTime, default=datetime.now, onupdate=datetime.now
)
```

이어서 apps/detector/__init__.py에 모델을 import합니다.

▼ 모델을 import하기(apps/detector/__init__.py)

```
import apps.detector.models
```

다음 명령어로 데이터베이스를 갱신합니다.

```
(venv) $ flask db migrate
(venv) $ flask db upgrade
```

명령어를 실행하면 user_images 테이블이 작성됩니다.

이미지 일람 화면의
엔드포인트 만들기

apps/detector/views.py의 **index** 엔드포인트를 갱신하고 이미지 일람 화면을 구현합니다.

▼ 이미지 일람 화면의 엔드포인트 갱신하기 (apps/detector/views.py)

```python
from apps.app import db
from apps.crud.models import User
from apps.detector.models import UserImage
from flask import Blueprint, render_template

...생략...

@dt.route("/")
def index():
    # User와 UserImage를 Join해서 이미지 일람을 취득한다
    user_images = (
        db.session.query(User, UserImage)
        .join(UserImage)
        .filter(User.id == UserImage.user_id)
        .all()
    )

    return render_template("detector/index.html", user_images=user_images)
```

User와 **UserImage**를 결합(join)하여 이미지 일람을 취득합니다. SQLAlchemy를 사용한 테이블 결합(JOIN)의 방법에 대해서는 5.4절에서 설명합니다.

5.3 이미지 일람 화면의 템플릿 만들기

apps/detector/templates/detector/index.html을 갱신하고 이미지 일람을 표시하는 처리를 추가합니다. 이 시점에서는 디자인과 데이터가 아무것도 없으므로 화면에는 아무것도 표시되지 않습니다.

▼ 이미지 일람 화면의 템플릿 갱신하기(apps/detector/templates/detector/index.html)

```html
{% extends "detector/base.html" %}
{% block content %}
{% for user_image in user_images %}
<div class="card col-md-7 dt-image-content">
    <section>
        <img src="{{ user_image.UserImage.image_url }}" alt="이미지" />
    </section>
</div>
{% endfor %}
{% endblock %}
```

SQLAlchemy의 테이블 결합과 릴레이션십

지금까지는 단일 테이블만 조작했지만, `UserImage` 모델 클래스에서는 여러 개의 테이블을 다루므로 SQLAlchemy를 사용한 테이블 결합(JOIN) 방법에 대해서 설명합니다.

SQL로 테이블을 JOIN한다

`users` 테이블과 `user_images` 테이블을 예로 SQL을 JOIN하는 방법에 대해 설명합니다. `users`와 `user_images` 테이블은 1대다의 관계로 `user_images`에 `users` 테이블의 `id`를 외부 키로 지정하고 있습니다.

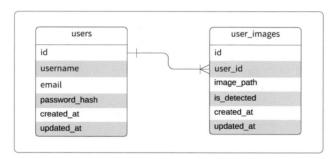

▲ UserImage 모델 클래스의 테이블 구성

`User` 모델과 `UserImage` 모델의 정의는 다음과 같습니다. JOIN의 동작을 확인하기 전에 재차 모델 정의를 확인합니다.

▼ User 모델(apps/crud/models.py)

```
...생략...

class User(UserMixin, db.Model):
    # 테이블명을 지정한다
    __tablename__ = "users"

    # 컬럼 정의
    id = db.Column(db.Integer, primary_key=True)
```

```
    ...생략...
```

▼ UserImage 모델(apps/detector/models.py)

```
 ...생략...

 class UserImage(db.Model):
     __tablename__ = "user_images"
     id = db.Column(db.Integer, primary_key=True)
     user_id = db.Column(db.String, db.ForeignKey("users.id"))
     ...생략...
```

TIP User 모델에 대해서는 3.3절(149쪽)을 참조하세요.

SQL을 확인하기 위한 사전 준비

flask shell을 이용하여 SQLAlchemy로 실행한 SQL을 확인합니다. 다음 명령어를 실행하세요. 여기에서 입력하는 명령어는 다음에 있는 코드를 실행하는 사전 준비입니다. 여기에서는 오류가 발생하지 않고 실행할 수 있는지를 확인해 주세요. 오류가 나는 경우는 모델 정의가 정확하지 않을 수 있으므로 이전 절까지의 내용을 다시 확인해 주세요.

```
 (venv) $ flask shell
 >>> from apps.app import db
 >>> from apps.crud.models import User
 >>> from apps.detector.models import UserImage
```

INNER JOIN

INNER JOIN(내부 결합)은 양쪽 테이블에 모두 존재하는 데이터(컬럼)를 추출하는 결합 방법을 말합니다. INNER JOIN을 하려면 join을 사용해 filter에 User.id == UserImage.user_id를 지정하여 결합합니다. 취득하는 데이터는 User와 UserImage의 모든 컬럼을 대상으로 하므로 query 인수에 User 클래스와 UserImage 클래스를 지정합니다.

TIP query와 filter의 사용법은 2.4절(111쪽)에서 설명합니다.

INNER JOIN으로 테이블 결합하기①

```
>>> db.session.query(User, UserImage).join(UserImage
... ).filter(User.id == UserImage.user_id).all()
INFO sqlalchemy.engine.base.Engine SELECT ...생략... FROM users
JOIN user_images ON users.id = user_images.user_id WHERE users.id =
user_images.user_id
```

User 테이블과 UserImage 테이블은 외부 키가 설정되어 있으므로 다음과 같이 기술해도 똑같은 결과를 얻을 수 있습니다.

INNER JOIN으로 테이블 결합하기②

```
>>> db.session.query(User, UserImage).join(UserImage).all()
INFO sqlalchemy.engine.base.Engine SELECT ...생략... FROM users
JOIN user_images ON users.id = user_images.user_id WHERE users.id =
user_images.user_id
```

query에 User.id나 User.name과 같이 지정하면 지정한 컬럼을 추출할 수 있습니다.

지정한 컬럼 추출하기

```
>>> db.session.query(User.id, User.username).join(UserImage).filter(
... User.id == UserImage.user_id).all()
INFO sqlalchemy.engine.base.Engine SELECT users.id AS users_id,
users.username AS users_username FROM users JOIN user_images ON
users.id = user_images.user_id
WHERE users.id = user_images.user_id
```

OUTER JOIN

OUTER JOIN(외부 결합)은 기준이 되는 테이블에 존재하면(다른 쪽의 테이블에 없어도) 데이터(컬럼)를 추출하는 결합 방법을 말합니다. OUTER JOIN을 하려면 outerjoin을 사용하여 filter에 User.id == User Image.user_id를 지정하여 결합합니다.

OUTER JOIN로 테이블 결합하기

```
>>> db.session.query(User, UserImage).outerjoin(UserImage).filter(
... User.id == UserImage.user_id).all()
INFO sqlalchemy.engine.base.Engine SELECT ...생략... FROM users
LEFT OUTER JOIN user_images ON users.id = user_images.user_id
```

릴레이션십

모델에 릴레이션십을 지정함으로써 모델 객체로부터 관련한 테이블의 객체를 추출할 수 있습니다.

users 테이블과 user_images 테이블 관계의 경우 user_images 테이블에는 외부 키를 정의하고 users 테이블에 릴레이션십을 정의합니다.

릴레이션십 정의하기

```
user_images = relationship("UserImage")
```

릴레이션십에는 많은 옵션이 있으므로 여기에서 주요 옵션을 설명합니다. 자세한 내용은 아래 제시된 SQLAlchemy 공식 문서를 참조하세요.

https://docs.sqlalchemy.org/en/13/

▼ 릴레이션십의 주요 옵션

옵션명	설명
backref	다른 모델에 대해서 양방향으로 릴레이션한다.
lazy	관련한 객체를 지연하여 취득하는 옵션. 디폴트는 select 이며 다른 옵션에는 immediate, joined, subquery, noload, dynamic 등이 있다.
order_by	정렬할 컬럼을 지정한다.

backref

backref를 이용하면 User 모델로부터 UserImage 모델로, 또는 UserImage 모델로부터 User 모델로 객체를 사용하여 접근할 수 있습니다.

이때의 테이블의 관계는 1대1, 1대다, 다대1에 대해서 유효하지만 다대다의 테이블에 대해서는 이용할 수 없습니다. 이 장에서는 다루지 않지만 다대다 테이블을 다루는 경우는 secondary나 secondaryjoin을 이용합니다.

모델 정의하기

```
class User(UserMixin, db.Model):
    __tablename__ = "users"
    id = db.Column(db.Integer, primary_key=True)
    ...생략...


    # backref를 이용하여 relation 정보를 설정한다
    user_images = db.relationship("UserImage", backref="user")
```

User 객체로부터 UserImage 객체 취득하기

User 객체로부터 UserImage 객체를 취득하려면 user.user_images와 같이 기술합니다. 이 경우, User 객체의 user_id를 가진 UserImage 정보를 취득할 수 있습니다.

backref의 디폴트의 옵션은 select로 되어 있으며, user.user_images가 호출되었을 시에 한 번만 SQL이 실행됩니다. 1대다의 관계에 있으므로 user.user_images로 취득할 수 있는 값은 UserImage 객체의 리스트입니다.

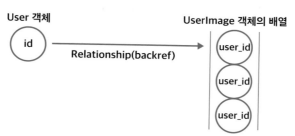

User 객체의 id를 가진 UserImage 객체의 배열을 취득할 수 있다

▲ UserImage 객체의 배열을 취득한다.

모델 정의를 변경한 후 flask shell을 다시 실행합니다.

```
(venv) $ flask shell
>>> from apps.app import db
>>> from apps.crud.models import User
>>> from apps.detector.models import UserImage
```

그 후 다음 명령어를 실행해 주세요.

User 객체로부터 UserImage 객체를 취득

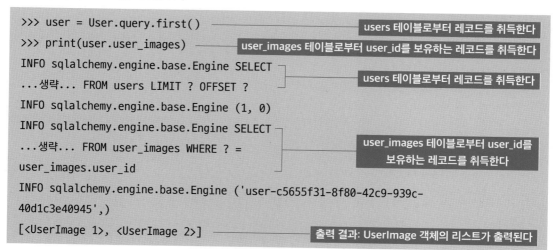

UserImage 객체로부터 User 객체 취득하기

UserImage 객체로부터 User 객체를 취득하려면 user_image.user와 같이 기술합니다. 이 경우 UserImage 객체의 user_id를 가진 User 정보를 취득할 수 있습니다.

다대1의 관계에 있으므로 User는 리스트가 아닌 객체가 됩니다. 다음의 결과를 출력하려면 user_ images 테이블에 users 테이블의 user_id를 유지하는 레코드가 존재해야 합니다.

User 객체의 user_id로부터 UserImage 객체를 취득할 수 있다.

▲ User 객체를 취득한다.

UserImage 객체로부터 User 객체를 취득

```
>>> user_image = UserImage.query.first()          ─ user_images 테이블로부터 레코드를 취득한다
>>> print(user_image.user)  ─ users 테이블로부터 user_images 이미지의 user_id를 보유하는 레코드를 취득한다
INFO sqlalchemy.engine.base.Engine SELECT
...생략... FROM user_images LIMIT ? OFFSET ?      ─ users 테이블로부터 레코드를 취득한다
INFO sqlalchemy.engine.base.Engine (1, 0)
INFO sqlalchemy.engine.base.Engine SELECT        ─ users 테이블로부터 user_images 이미지의
...생략... FROM users WHERE users.id = ?             user_id를 보유하는 레코드를 취득한다
INFO sqlalchemy.engine.base.Engine ('user-c5655f31-8f80-42c9-939c-
40d1c3e40945',)
<User 1>                                          ─ 출력 결과: User가 출력된다
```

order_by

order_by를 사용하면 릴레이션으로 관련한 테이블의 정보를 취득할 때에 정렬할 컬럼의 정보를 지정할 수 있습니다.

모델 정의(apps/crud/models.py)

```
class User(UserMixin, db.Model):
    __tablename__ = "users"
    id = db.Column(db.Integer, primary_key=True)
    ...생략...

    # backref을 이용해 relation 정보를 설정하고 order_by로 취득 시의 정렬 컬럼을 취득한다
```

```
    user_images = db.relationship(
        "UserImage", backref="user", order_by="desc(UserImage.id)"
    )
```

이로써 User 객체로부터 UserImage 객체를 취득하면 UserImage의 id가 내림차순으로 정렬됩니다.

모델 정의를 변경한 후 다음과 같이 flask shell을 다시 실행합니다.

```
(venv) $ flask shell
>>> from apps.app import db
>>> from apps.crud.models import User
>>> from apps.detector.models import UserImage
```

그 후 다음 명령어를 실행해 주세요.

id를 내림차순으로 정렬

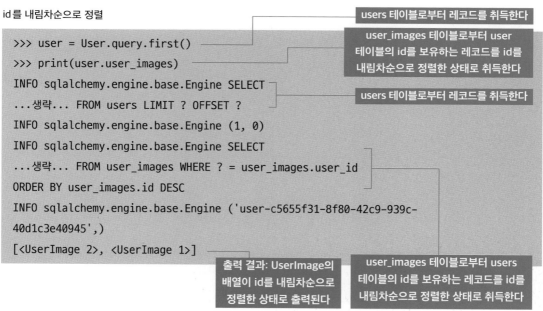

users 테이블로부터 레코드를 취득한다

user_images 테이블로부터 user 테이블의 id를 보유하는 레코드를 id를 내림차순으로 정렬한 상태로 취득한다

users 테이블로부터 레코드를 취득한다

```
>>> user = User.query.first()
>>> print(user.user_images)
INFO sqlalchemy.engine.base.Engine SELECT
...생략... FROM users LIMIT ? OFFSET ?
INFO sqlalchemy.engine.base.Engine (1, 0)
INFO sqlalchemy.engine.base.Engine SELECT
...생략... FROM user_images WHERE ? = user_images.user_id
ORDER BY user_images.id DESC
INFO sqlalchemy.engine.base.Engine ('user-c5655f31-8f80-42c9-939c-
40d1c3e40945',)
[<UserImage 2>, <UserImage 1>]
```

출력 결과: UserImage의 배열이 id를 내림차순으로 정렬한 상태로 출력된다

user_images 테이블로부터 users 테이블의 id를 보유하는 레코드를 id를 내림차순으로 정렬한 상태로 취득한다

이 장의 마무리

이미지 일람 화면을 구현했는데, 아직 이미지가 없으므로 아무것도 표시되지 않습니다. 또한 이후 데이터베이스를 이용하는 인증 기능, 이미지 업로드 기능, 물체 감지 기능을 개발하기 위해 SQLAlchemy를 이용한 테이블 결합과 릴레이션십에 대해 설명했습니다. 테이블 결합과 릴레이션십은 매우 자주 사용하는 기능이므로 꼭 익혀 두세요.

CHAPTER 06

회원가입과 로그인 화면 만들기

이 장의 내용

이 장에서는 회원가입 화면과 로그인 화면을 작성합니다. 인증 기능은 제1부의 3장에서 구현했으므로 제2부에서 작성하는 detector 앱에서는 제3부에서 작성한 코드를 수정해서 이용합니다.

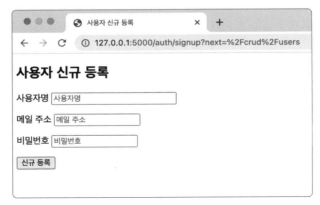

▲ 회원가입 화면

▲ 로그인 화면

6.1 회원가입 화면의 엔드포인트 갱신하기

회원가입 화면의 엔드포인트는 이미 3.3절의 apps/auth/views.py의 **signup**에 구현했으므로 기존
코드에서 리다이렉트되는 부분은 제2부에서 작성하는 detector 앱용으로 변경합니다.

▼ 회원가입 화면의 엔드포인트 (apps/auth/views.py)

```
@auth.route("/signup", methods=["GET", "POST"])
def signup()
    form = SignUpForm()
    if form.validate_on_submit():
        ...생략...
        # 회원가입 완료 시의 리다이렉트될 곳을 detector.index로 변경한다
        next_ = request.args.get("next")
        if next_ is None or not next_.startswith("/"):
            next_ = url_for("detector.index")
        return redirect(next_)

    return render_template("auth/signup.html", form=form)
```

6.2 공통 헤더 작성하기

제4장에서 작성한 apps/detector/templates/detector/base.html에 내비게이션 바를 작성해 공통 헤더를 작성합니다. 로그인이 되지 않았을 때는 로그인 또는 회원가입 링크를 표시하고, 로그인을 하면 로그인 사용자명과 로그아웃 링크를 표시합니다.

▼ 공통 헤더 작성하기 (apps/detector/templates/detector/base.html)

```html
<!DOCTYPE html>
<html lang="ko">
  <head>
    <meta charset="UTF-8" />
    <title>detector</title>
    <link
    rel="stylesheet"
    href="{{ url_for('static', filename='css/bootstrap.min.css') }}"
    />
    <link
    rel="stylesheet"
    href="{{ url_for('static', filename='css/style.css') }}"
    />
  </head>

  <body>
    <!-- 내비게이션 바를 작성한다 -->
    <nav class="navbar navbar-expand-lg navbar-dark bg-dark">
        <div class="container">
            <a class="navbar-brand " href="{{ url_for('detector.index') }}"
                >detector</a>
            <ul class="navbar-nav">
                {% if current_user.is_authenticated %}
                <li class="nav-item">
                    <span class="nav-link">{{ current_user.username }}</span>
                </li>
```

```
                    <li class="nav-item">
                        <a href="{{ url_for('auth.logout') }}" class="nav-link">로그아웃
                        </a>
                    </li>
                    {% else %}
                    <li class="nav-item">
                        <a class="nav-link" href="{{ url_for('auth.signup') }}">신규 등록
                        </a>
                    </li>
                    <li class="nav-item">
                        <a class="nav-link" href="{{ url_for('auth.login') }}">로그인</a>
                    </li>
                    {% endif %}
                </ul>
            </div>
        </nav>

    <!-- block content를 section class="container"로 둘러싼다 -->
    <section class="container">
    {% block content %}{% endblock %}                                         ❷
    </section>
    </body>
</html>
```

❶ 내비게이션 바를 작성합니다. 로그인 중에는 current_user.is_authenticated가 true가 되므로 사용자명과 로그아웃 링크를 표시하고, 미로그인 상태일 때는 신규 등록 링크와 로그인 링크를 표시합니다.

❷ bootstrap으로 스타일을 설정하기 위해 block content를 section class = "container"로 둘러쌉니다.

 **6.3** 회원가입 화면의 템플릿 갱신하기

회원가입 기능의 템플릿은 3.3절의 apps/auth/templates/auth/signup.html에 이미 구현했습니다. 이 템플릿을 사용자 신규 등록용의 페이지로 사용하기 위해 bootstrap에 맞춘 HTML/CSS로 변경하여 디자인을 조정합니다. extends하는 base.html도 auth/base.html에서 detector/base.html로 변경합니다.

▼ 회원가입 화면의 템플릿 갱신하기 (apps/auth/templates/auth/signup.html)

```html
<!-- auth/base.html에서 detector/base.html로 변경 -->
{% extends "detector/base.html" %}
{% block title %}사용자 신규 등록{% endblock %}
{% block content %}
<div class="mx-auto dt-auth-main">
    <div class="card dt-auth-signup">
        <header>사용자 신규 등록</header>
        <section>
            <form method="post" action="{{ url_for('auth.signup',↵
next=request.args.get('next')) }}" class="form-signin">
                {{ form.csrf_token }}
                {% for message in get_flashed_messages() %}
                <div class="dt-auth-flash">{{ message }}</div>
                {% endfor %}
                {{ form.username(size=30, class="form-control dt-auth-input",↵
placeholder="사용자명") }}
                {{ form.email(class="form-control dt-auth-input", placeholder="메일 주소") }}
                {{ form.password(class="form-control dt-auth-input",↵
placeholder="비밀번호") }}
                {{ form.submit(class="btn btn-md btn-primary btn-block dt-auth-btn") }}
            </form>
        </section>
    </div>
</div>
{% endblock %}
```

6.4 로그인 화면의 엔드포인트 갱신하기

로그인 화면의 엔드포인트는 이미 3.4절의 apps/auth/views.py의 login에 구현했으므로 이쪽도 회원가입과 마찬가지로 리다이렉트되는 부분을 변경합니다.

▼ 로그인 화면의 엔드포인트 갱신하기(apps/auth/views.py)

```python
@auth.route("/login", methods=["GET", "POST"])
def login():
    form = LoginForm()
    if form.validate_on_submit():
        # 이메일 주소로부터 사용자를 취득한다
        user = User.query.filter_by(email=form.email.data).first()

        # 사용자가 존재하고 비밀번호가 일치하는 경우는 로그인을 허가한다
        if user is not None and user.verify_password(form.password.data):
            # 사용자 정보를 세션에 써 넣는다
            login_user(user)
            return redirect(url_for("detector.index"))

        # 로그인 실패 메시지를 설정한다
        flash("메일 주소 또는 비밀번호가 일치하지 않습니다")
    return render_template("auth/login.html", form=form)
```

6.5 로그인 화면의 템플릿 갱신하기

로그인 기능의 템플릿은 이미 3.4절의 apps/auth/templates/auth/login.html에 구현 완료했습니다. 이 템플릿을 사용자 로그인용의 페이지로 사용하기 위해 bootstrap에 맞춘 HTML/CSS로 변경하여 디자인을 조정합니다.

▼ 로그인 화면의 템플릿 갱신하기(apps/auth/templates/auth/login.html)

```html
{% extends "detector/base.html" %}
{% block title %}로그인{% endblock %}
{% block content %}
<div class="mx-auto dt-auth-main">
    <div class="card dt-auth-login">
        <header>로그인</header>
        <section>
            <form method="post" action="{{ url_for('auth.login') }}">
                {% for message in get_flashed_messages() %}
                <span class="dt-auth-flash">{{ message }}</span>
                {% endfor %}
                {{ form.csrf_token }}
                {{ form.email(class="form-control dt-auth-input",↵
placeholder="메일 주소") }}
                {{ form.password(class="form-control dt-auth-input",↵
placeholder="비밀번호") }}
                {{ form.submit(class="btn btn-md btn-primary btn-block dt-auth-btn") }}
            </form>
        </section>
    </div>
</div>
{% endblock %}
```

6.6 회원가입/로그인 화면의 동작 확인하기

브라우저에서 다음의 URL에 접근하면 헤더가 추가되어 있는 것을 확인할 수 있습니다.

http://127.0.0.1:5000

▲ 회원가입 전(미로그인 상태)의 이미지 일람 화면

헤더의 [신규 등록] 링크를 클릭하면 신규 등록 폼이 표시되고, 폼에 필요 사항을 입력한 뒤 [신규 등록] 버튼을 클릭하면 이미지 일람 화면이 표시됩니다.

▲ 신규 등록 폼(회원가입 화면)

로그인 화면도 폼에 필요 사항을 입력하고 [로그인] 버튼을 클릭하면 회원가입 후와 같은 이미지 일람 화면이 표시됩니다.

▲ 로그인 화면

회원가입/로그인 후의 헤더에는 로그인 사용자명과 로그아웃 링크가 표시됩니다.

▲ 회원가입 후(로그인 후)의 이미지 일람 화면

이 장의 마무리

Blueprint를 사용하면 이 장에서 작성한 인증 기능과 같이 기능을 분할할 수 있으므로 앱이 복잡해지지 않고 기능을 여러 곳에 사용할 수 있어 매우 편리합니다.

다음의 제7장에서는 이미지 업로드 기능을 구현합니다.

CHAPTER 07

이미지 업로드 화면 만들기

이 장의 내용

이 장에서는 이미지 업로드 화면을 작성합니다. 로그인을 한 사용자만 detector 앱에서 이미지를 업로드할 수 있습니다. 이 책에서는 이미지 업로드는 같은 웹 애플리케이션이 있는 서버상에서 실시하고, 이미지 경로를 데이터베이스(이하, DB)에 보존합니다. 이미지는 DB에 보존한 이미지 경로를 바탕으로 표시합니다.

▲ 회원가입 후(로그인 후)의 이미지 일람 화면

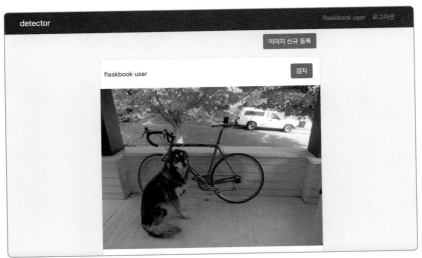

▲ 이미지 업로드 화면

▲ 이미지 업로드 후의 이미지 일람 화면

7.1 이미지 업로드 경로 지정하기

플라스크에는 이미지 업로드 경로인 config인 **UPLOAD_FOLDER**가 준비되어 있습니다. config의 **UPLOAD_FOLDER**에 경로를 지정해서 이 디렉터리에 이미지를 업로드할 수 있습니다.

apps/config.py의 **BaseConfig**에 **UPLOAD_FOLDER**를 추가하여 이미지 업로드 경로를 지정합니다.

▼ BaseConfig에 UPLOAD_FOLDER 추가하기 (apps/config.py)

```python
from pathlib import Path

basedir = Path(__file__).parent.parent

class BaseConfig:
    ...생략...
    # 이미지 업로드 경로에 apps/images를 지정한다
    UPLOAD_FOLDER = str(Path(basedir, "apps", "images"))

class LocalConfig(BaseConfig):
    ...생략...
```

여기에서는 이미지 업로드 경로를 apps/images로 했으므로 images 디렉터리를 작성해 둡니다.

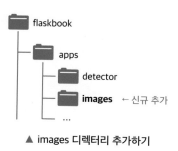

▲ images 디렉터리 추가하기

7.2 이미지를 표시하는 엔드포인트 만들기

UPLOAD_FOLDER에 업로드한 이미지를 표시하기 위한 엔드포인트를 만듭니다. apps/detector/views.py에 **image_file** 엔드포인트를 만듭니다.

▼ apps/detector/views.py

```
...생략...
from flask import Blueprint, render_template, current_app, send_from_directory
...생략...

@dt.route("/images/<path:filename>")
def image_file(filename):
    return send_from_directory(current_app.config["UPLOAD_FOLDER"], filename)
```

send_from_directory 함수에 current_app.config["UPLOAD_FOLDER"]를 건네서 업로드한 파일명을 지정하면 이미지를 표시할 수 있습니다. 실제로 UPLOAD_FOLDER에 이미지를 배치하고 다음 URL에 접근하면 이미지가 표시됩니다.

http://127.0.0.1:5000/images/이미지 파일명

▲ 이미지가 표시되었다.

템플릿으로 표시하려면 다음과 같이 기술합니다.

```
url_for('detector.image_file', filename='이미지 파일명')
```

7.3 이미지 일람 화면에 이미지 업로드 화면 링크와 이미지 일람 추가하기

apps/detector/templates/detector/index.html에 이미지 업로드 화면으로의 링크와 이미지 일람을 추가합니다.

▼ 이미지 업로드 화면 링크와 이미지 일람 추가하기 (apps/detector/templates/detector/index.html)

```
{% extends "detector/base.html" %}
{% block content %}
<!-- 이미지 업로드 화면으로의 링크를 추가한다 -->
<div class="col-md-10 text-right dt-image-register-btn">
    <a href="{{ url_for('detector.upload_image') }}" class="btn btn-primary"
    >이미지 신규 등록</a>
</div>
<!-- 이미지 일람을 표시한다 -->
{% for user_image in user_images %}
<div class="card col-md-7 dt-image-content">
    <header class="d-flex justify-content-between">
        <div class="dt-image-username">{{ user_image.User.username }}</div>
    </header>
    <section>
        <img
            src="{{ url_for('detector.image_file',
                filename=user_image.UserImage.image_path) }}"
            alt="업로드 이미지"
        />
    </section>
</div>
{% endfor %}
{% endblock %}
```

7.4 이미지 업로드 화면의 폼 클래스 만들기

2.5절(117쪽)에서 작성했을 때와 마찬가지로 apps/detector/forms.py를 만들고, 이미지 업로드 화면의 폼 클래스를 작성합니다.

▼ 이미지 업로드 화면의 폼 클래스 (apps/detector/forms.py)

```
from flask_wtf.file import FileAllowed, FileField, FileRequired  ─────── ①
from flask_wtf.form import FlaskForm  ─────────────────────── ②
from wtforms.fields.simple import SubmitField  ──────────────── ③


class UploadImageForm(FlaskForm):  ───────────────────────── ④
    # 파일 업로드에 필요한 유효성 검증을 설정한다
    image = FileField(
        validators=[
            FileRequired("이미지 파일을 지정해 주세요."),
            FileAllowed(["png", "jpg", "jpeg"], "지원되지 않는 이미지 형식입니다."),  ⑤

        ]
    )
    submit = SubmitField("업로드")
```

① 파일 필드에 필요한 FileAllowed, FileField, FileRequired 클래스를 import합니다.

② 폼의 확장 기능을 이용하기 위해 FlaskForm 클래스를 import합니다.

③ SubmitField를 import합니다. SubmitField는 <input type=submit> 필드를 생성합니다.

④ FlaskForm을 상속하여 UploadImageForm을 작성합니다.

⑤ 파일 필드에 필요한 유효성 검증을 설정합니다. FileField 클래스는 <input type=file> 필드를 생성합니다. validators에 FileRequired 클래스를 지정하면 파일 지정이 필수입니다. FileAllowed 클래스를 지정하면 허가할 확장자를 지정할 수 있습니다.

이미지 업로드 화면의 엔드포인트 만들기

apps/detector/views.py에 이미지 업로드 화면의 엔드포인트인 upload_image를 작성합니다.

▼ 이미지 업로드 화면의 엔드포인트 (apps/detector/views.py)

```python
# uuid를 import한다
import uuid
# Path를 import한다
from pathlib import Path

...생략...
# UploadImageForm을 import한다
from apps.detector.forms import UploadImageForm
# redirect, url_for를 추가로 import한다
from flask import (
    Blueprint,
    current_app,
    render_template,
    send_from_directory,
    redirect,
    url_for,
)
# login_required, current_user를 import한다
from flask_login import current_user, login_required
...생략...

@dt.route("/upload", methods=["GET", "POST"])
# 로그인 필수로 한다
@login_required
def upload_image():
    # UploadImageForm을 이용해서 검증한다
    form = UploadImageForm()                                    ❶
```

```
    if form.validate_on_submit():
        # 업로드된 이미지 파일을 취득한다
        file = form.image.data ─────────────────────────────────── ❷
        # 파일의 파일명과 확장자를 취득하고, 파일명을 uuid로 변환한다
        ext = Path(file.filename).suffix
        image_uuid_file_name = str(uuid.uuid4()) + ext ──────────── ❸
        # 이미지를 저장한다
        image_path = Path(
            current_app.config["UPLOAD_FOLDER"], image_uuid_file_name
        )                                                            ❹
        file.save(image_path)


        # DB에 저장한다
        user_image = UserImage(
            user_id=current_user.id, image_path=image_uuid_file_name
        )                                                            ❺
        db.session.add(user_image)
        db.session.commit()


        return redirect(url_for("detector.index"))
    return render_template("detector/upload.html", form=form)
```

❶ UploadImageForm 클래스를 이용하여 폼의 유효성 검증을 합니다. 검증은 UploadImageForm에서 지정한 규칙에 따라 이루어집니다.

❷ 이미지 파일은 form.[name].data로 취득합니다. [name]은 UploadImageForm 클래스의 FileField의 변수명입니다. HTML에서는 <input type=filename=image>로 표시됩니다.

❸ 업로드된 파일명을 그대로 이용하면 보안상의 문제가 있을 가능성이 있으므로 여기에서는 업로드 파일명을 uuid 형식으로 변환합니다.

❹ 이미지를 UPLOAD_FOLDER에 저장합니다. current_app.config["UPLOAD_FOLDER"]로 UPLOAD_FOLDER의 경로를 취득할 수 있습니다.

❺ 업로드한 사용자 ID와 이미지 파일명을 지정하여 DB에 저장합니다.

TIP 안전한 파일명으로 변환하는 werkzeug.utils에 secure_filename() 함수가 있는데 파일명이 한글인 경우에 동작하지 않을 수 있으므로 여기에서는 이용하지 않습니다.

7.6 이미지 업로드 화면의 템플릿 만들기

apps/detector/templates/detector/upload.html을 작성하고, 이미지 업로드 화면의 템플릿을 만듭니다. 이미지를 업로드하기 위해 form 속성에 enctype="multipart/form-data"를 설정합니다.

▼ 이미지 업로드 화면의 템플릿 (apps/detector/templates/detector/upload.html)

```
{% extends "detector/base.html" %}
{% block content %}
<div>
  <h4>이미지 신규 등록</h4>
  <p>업로드하는 이미지를 선택해 주세요</p>
  <form
      action="{{ url_for('detector.upload_image') }}"
      method="post"
      enctype="multipart/form-data"
      novalidate="novalidate"
  >
      {{ form.csrf_token }}
      <div>
        <label>
          <span> {{ form.image(class="form-control-file") }} </span>
        </label>
      </div>
      {% for error in form.image.errors %}
      <span style="color: red;">{{ error }}</span>
      {% endfor %}
      <hr />
      <div>
        <label> {{ form.submit(class="btn btn-primary") }} </label>
      </div>
  </form>
</div>
{% endblock %}
```

7.7 이미지 업로드 화면의 동작 확인하기

로그인하지 않은 상태로

http://127.0.0.1:5000/

에 접속하고, [이미지 신규 등록] 버튼을 클릭하면 회원가입 화면으로 바뀝니다.

▲ 이미지 일람 화면(이미지 업로드 전)

사용자 정보를 입력하고 회원가입합니다.

▲ 회원가입 화면

회원가입하면 이미지 업로드 화면(http://127.0.0.1:5000/upload)으로 바뀝니다. 파일을 선택하고 [업로드] 버튼을 누릅니다.

▲ 이미지 업로드 화면

이미지가 업로드되고 이미지 일람 화면이 표시됩니다.

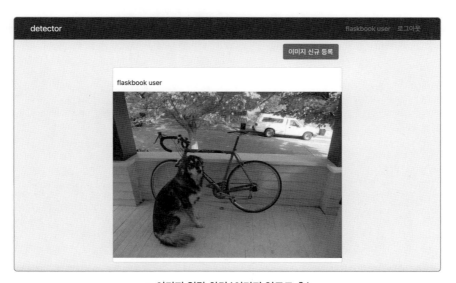

▲ 이미지 일람 화면(이미지 업로드 후)

이 장의 마무리

드디어 이미지를 업로드하여 이미지 일람 화면에 이미지를 표시할 수 있게 되었습니다.

이 책에서는 플라스크의 기능을 사용해 앱과 같은 웹 서버에 이미지를 업로드했는데, 이 밖에도 아마존 S3(aws.amazon.com/ko/s3) 등의 클라우드 스토리지 서비스를 이용하는 방법도 있습니다. 여유가 있으면 이미지 업로드 처리를 바꿔 쓰는 등의 방식을 시험해 보세요.

CHAPTER 08

물체 감지 기능 구현하기

이 장의 내용

이 장에서는 업로드한 이미지를 머신러닝의 모델을 통해 물체를 감지한 이미지로 변환하고, 감지한 물체의 태그를 저장하는 기능을 구현합니다.

▲ 이미지 일람 화면에서 이미지의 [감지] 버튼 클릭하기

▲ 감지한 물체의 태그

UserImageTags 모델 작성하기

8.1

UserImageTags 모델은 [감지] 버튼을 클릭하고, 로그인 사용자가 업로드한 이미지로부터 물체 감지를 했을 때에 출력된 태그를 보존하는 모델입니다. 1개의 이미지로부터 여러 개의 태그 정보가 출력되므로 1대다의 관계가 됩니다.

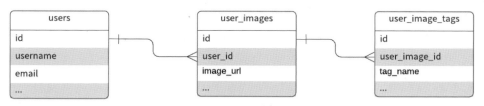

▲ UserImageTags 모델의 구성

apps/detector/models.py에 **UserImageTag** 클래스를 작성합니다.

▼ UserImageTag 모델 클래스 작성하기 (apps/detector/models.py)

```
...생략...

class UserImageTag(db.Model):
    # 테이블명을 지정한다
    __tablename__ = "user_image_tags"
    id = db.Column(db.Integer, primary_key=True)
    # user_image_id는 user_images 테이블의 id 컬럼의 외부 키로 설정한다
    user_image_id = db.Column(db.String, db.ForeignKey("user_images.id"))
    tag_name = db.Column(db.String)
    created_at = db.Column(db.DateTime, default=datetime.now)
    updated_at = db.Column(
        db.DateTime, default=datetime.now, onupdate=datetime.now
    )
```

다음 명령어로 데이터베이스를 갱신하고 실행하면 user_image_tags 테이블이 작성됩니다.

```
(venv) $ flask db migrate
(venv) $ flask db upgrade
```

물체 감지 기능의 폼 클래스 만들기

이미지 일람 화면에 [감지] 버튼을 추가하기 위해서 apps/detector/forms.py에 물체 감지 기능의 폼 클래스를 만듭니다. DetectorForm의 submit을 이미지 일람 화면의 템플릿으로 지정하면 [감지] 버튼이 추가됩니다.

▼ 물체 감지 기능의 폼 클래스 만들기(apps/detector/forms.py)

```
...생략...

class DetectorForm(FlaskForm):
    submit = SubmitField("감지")
```

8.3 물체 감지 기능의 라이브러리 설정하기

물체 감지 기능을 구현하기 위해 PyTorch라는 머신러닝 라이브러리를 이용합니다. PyTorch란 페이스북이 개발을 주도한 파이썬 전용 머신러닝 라이브러리입니다. 자세한 것은 제3부에서 설명합니다.

```
(venv) $ pip install torch torchvision opencv-python
```

설치에 실패하는 경우에는 `pip install --upgrade pip`를 실행하고 나서 다시 위의 명령어를 실행해 주세요.

이어서 학습 완료 모델을 취득합니다. 파이썬 인터프리터에서 다음의 코드를 실행하여 학습 완료 모델인 model.pt 파일을 취득합니다. 명령어를 실행하면 flaskbook 아래에 model.pt 파일이 저장되므로 apps/detector 아래로 이동합니다.

```
(venv) $ python
>>> import torch
>>> import torchvision
>>> model = torchvision.models.detection.maskrcnn_resnet50_fpn(pretrained=True)
>>> torch.save(model, "model.pt")
```

TIP 맥의 경우 >>> model = torchvision.models.detection.maskrcnn_resnet50_fpn(pretrained=True 이후에 인증서 오류가 발생하면 응용 프로그램의 Python 3.10 폴더에서 Install Certificates.command를 실행해 주세요.

이번 사용하는 학습 완료 모델로 판정 가능한 물체에는 사람, 자동차, 강아지 등이 있습니다. apps/config.py의 **BaseConfig**에 물체 감지에 이용하는 라벨을 설정합니다. 라벨 일람은

https://github.com/ml-flaskbook/flaskbook/blob/main/apps/config.py

에서 확인할 수 있으므로 복사해 주세요.

▼ 물체 감지에 이용하는 라벨 추가하기 (apps/config.py)

```
class BaseConfig:
    ...생략...
    # 물체 감지에 이용하는 라벨
```

```python
LABELS = [
    "unlabeled",
    "person",
    "bicycle",
    "car",
    "motorcycle",
    "airplane",
    "bus",
    "train",
    "truck",
    "boat",
    "traffic light",
    "fire hydrant",
    "street sign",
    "stop sign",
    "parking meter",
    "bench",
    "bird",
    "cat",
    "dog",
    "horse",
    "sheep",
    "cow",
    "elephant",
    "bear",
    "zebra",
    "giraffe",
    "hat",
    "backpack",
    "umbrella",
    "shoe",
    "eye glasses",
    "handbag",
    "tie",
    "suitcase",
    "frisbee",
    "skis",
    ...생략...
]
```

8.4 물체 감지 기능의 엔드포인트 만들기

apps/detector/views.py에 물체 감지 기능의 detect 엔드포인트를 만듭니다. 물체 감지 기능에는 조금 전 설정한 PyTorch를 이용합니다. 물체 감지 처리는 처리가 길기 때문에 처리의 내용에 따른 함수로 분할하고 있습니다.

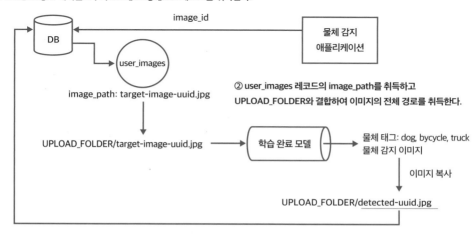

① user_images 테이블로부터 user_image_id로 레코드를 취득한다.

image_id

물체 감지 애플리케이션

DB

user_images

image_path: target-image-uuid.jpg

② user_images 레코드의 image_path를 취득하고 UPLOAD_FOLDER와 결합하여 이미지의 전체 경로를 취득한다.

UPLOAD_FOLDER/target-image-uuid.jpg → 학습 완료 모델 → 물체 태그: dog, bycycle, truck
물체 감지 이미지

이미지 복사

UPLOAD_FOLDER/detected-uuid.jpg

④ 복사한 물체 감지 이미지 파일명과 물체 태그명을 DB에 저장한다.

③ 이미지를 학습 완료 모델을 통해 물체 감지 이미지와 물체 태그를 취득하고, 이미지를 UPLOAD_FOLDER의 경로에 복사한다.

▲ 물체 감지 처리

이미지 물체에 테두리를 그리는 등의 함수를 먼저 구현합니다.

▼ 이미지 처리 함수(apps/detector/views.py)

```python
def make_color(labels):
    # 테두리 선의 색을 랜덤으로 결정
    colors = [[random.randint(0, 255) for _ in range(3)] for _ in labels]    ①
    color = random.choice(colors)
    return color


def make_line(result_image):
    # 테두리 선을 작성
    line = round(0.002 * max(result_image.shape[0:2])) + 1    ②
    return line
```

```python
def draw_lines(c1, c2, result_image, line, color):
    # 사각형의 테두리 선을 이미지에 덧붙여 씀
    cv2.rectangle(result_image, c1, c2, color, thickness=line)  ────────────  ❸
    return cv2


def draw_texts(result_image, line, c1, c2, color, labels, label):
    # 감지한 텍스트 라벨을 이미지에 덧붙여 씀
    display_txt = f"{labels[label]}"
    font = max(line - 1, 1)
    t_size = cv2.getTextSize(display_txt, 0, fontScale=line / 3, thickness=font)[0]
    c2 = c1[0] + t_size[0], c1[1] - t_size[1] - 3
    cv2.rectangle(result_image, c1, c2, color, -1)
    cv2.putText(
        result_image,
        display_txt,
        (c1[0], c1[1] - 2),
        0,
        line / 3,
        [225, 255, 255],
        thickness=font,
        lineType=cv2.LINE_AA,
    )                                                                          ❹
    return cv2
```

❶ 테두리 선의 색을 랜덤으로 결정합니다.

❷ 테두리 선을 작성합니다.

❸ 사각형의 테두리 선을 이미지에 덧붙여 씁니다.

❹ 감지한 텍스트 라벨을 이미지에 덧붙여 씁니다.

▼ exec_detect 함수 (apps/detector/views.py)

```python
def exec_detect(target_image_path):
    # 라벨 읽어 들이기
    labels = current_app.config["LABELS"]
    # 이미지 읽어 들이기
    image = Image.open(target_image_path)                                      ❶
    # 이미지 데이터를 텐서 타입의 수치 데이터로 변환
    image_tensor = torchvision.transforms.functional.to_tensor(image)
```

```python
# 학습 완료 모델의 읽어 들이기
model = torch.load(Path(current_app.root_path, "detector", "model.pt"))
# 모델의 추론 모드로 전환
model = model.eval()
# 추론의 실행
output = model([image_tensor])[0]


tags = []
result_image = np.array(image.copy())
# 학습 완료 모델이 감지한 각 물체만큼 이미지에 덧붙여 씀
for box, label, score in zip(
    output["boxes"], output["labels"], output["scores"]
):
    if score > 0.5 and labels[label] not in tags:
        # 테두리 선의 색 결정
        color = make_color(labels)
        # 테두리 선의 작성
        line = make_line(result_image)
        # 감지 이미지의 테두리 선과 텍스트 라벨의 테두리 선의 위치 정보
        c1 = (int(box[0]), int(box[1]))
        c2 = (int(box[2]), int(box[3]))
        # 이미지에 테두리 선을 덧붙여 씀
        cv2 = draw_lines(c1, c2, result_image, line, color)
        # 이미지에 텍스트 라벨을 덧붙여 씀
        cv2 = draw_texts(result_image, line, c1, cv2, color,
                        labels, label)
        tags.append(labels[label])


# 감지 후의 이미지 파일명을 생성한다
detected_image_file_name = str(uuid.uuid4()) + ".jpg"


# 이미지 복사처 경로를 취득한다
detected_image_file_path = str(
    Path(current_app.config["UPLOAD_FOLDER"],
        detected_image_file_name)
)
```

❷

❹

❸

❺

❻

```
        # 변환 후의 이미지 파일을 보존처로 복사한다
    cv2.imwrite(detected_image_file_path, cv2.cvtColor(
        result_image, cv2.COLOR_RGB2BGR)
    )                                                              ⑦


    return tags, detected_image_file_name                         ⑧
```

❶ config로부터 라벨을 읽어 들이고, 이미지 경로로부터 이미지도 읽어 들여 이미지 데이터를 텐서 타입의 수치 데이터로 변환합니다.

❷ 학습 완료 모델인 model.pt를 읽어 들이고, 모델의 추론 모드로 전환하여 추론을 실행합니다.

❸ 이미지로부터 학습 완료 모델이 감지한 물체의 정보로서 물체의 위치, 물체의 라벨명, 점수를 취득할 수 있으므로 취득한 정보를 바탕으로 이미지에 테두리 선과 라벨을 써넣습니다.

❹ 데이터베이스에 저장하기 위해 취득한 tag명을 중복되지 않도록 배열에 추가합니다.

❺ 감지 후의 이미지 파일명을 uuid로 생성합니다.

❻ 감지 후의 이미지 파일을 저장하는 경로를 취득합니다.

❼ 변환 후의 이미지 파일을 감지 후의 이미지 파일 보존처 경로로 복사합니다.

❽ 감지 후의 이미지 파일명을 데이터베이스에 저장하기 위해서 태그 일람의 값을 반환합니다.

▼ save_detected_image_tags 함수(apps/detector/views.py)

```
def save_detected_image_tags(user_image, tags, detected_image_file_name):
    # 감지 후 이미지의 저장처 경로를 DB에 저장한다
    user_image.image_path = detected_image_file_name
    # 감지 플래그를 True로 한다                                          ❶
    user_image.is_detected = True
    db.session.add(user_image)


    # user_images_tags 레코드를 작성한다
    for tag in tags:
        user_image_tag = UserImageTag(
            user_image_id=user_image.id, tag_name=tag)            ❷
        db.session.add(user_image_tag)


    db.session.commit()
```

❶ user_image에 물체 감지 후에 변환된 이미지 저장 경로와 감지 플래그를 True를 설정하고, 데이터베이스에 저장합니다.

❷ 태그 일람을 반복하여 **user_image_tag**에 태그 정보를 설정하고 데이터베이스에 저장합니다.

▼ detect 엔드포인트 (apps/detector/views.py)

```python
import random
import cv2
import numpy as np
import torch
import torchvision

# UserImageTag를 추가로 import한다
from apps.detector.models import UserImage, UserImageTag
# flash를 추가로 import한다
from flask import (
    Blueprint,
    current_app,
    redirect,
    render_template,
    send_from_directory,
    url_for,
    flash,
)
from PIL import Image
from sqlalchemy.exc import SQLAlchemyError
...생략...


@dt.route("/detect/<string:image_id>", methods=["POST"])
# login_required 데코레이터를 붙여서 로그인 필수로 한다
@login_required
def detect(image_id):
    # user_images 테이블로부터 레코드를 가져온다
    user_image =
        db.session.query(UserImage).filter(
            UserImage.id == image_id).first(
    )
    if user_image is None:
        flash("물체 감지 대상의 이미지가 존재하지 않습니다. ")
        return redirect(url_for("detector.index"))
```

❶

```python
    # 물체 감지 대상의 이미지 경로를 가져온다
    target_image_path = Path(
        current_app.config["UPLOAD_FOLDER"], user_image.image_path
    )                                                                       ❷

    # 물체 감지를 실행하여 태그와 변환 후의 이미지 경로를 가져온다
    tags, detected_image_file_name = exec_detect(target_image_path)         ❸

    try:
        # 데이터베이스에 태그와 변환 후의 이미지 경로 정보를 저장한다
        save_detected_image_tags(user_image, tags,
            detected_image_file_name)                                       ❹
    except SQLAlchemyError as e:
        flash("물체 감지 처리에서 오류가 발생했습니다. ")
        # 롤백한다
        db.session.rollback()
        # 오류 로그 출력
        current_app.logger.error(e)
        return redirect(url_for("detector.index"))

return redirect(url_for("detector.index"))
```

❶ image_id를 바탕으로 user_images 테이블로부터 해당 레코드를 가져옵니다.

❷ current_app.config["UPLOAD_FOLDER"]로 업로드할 감지 대상 이미지 경로를 취득합니다.

❸ 이미지 경로를 전달해 물체 감지 처리를 실행하고, 출력된 태그와 변환 후의 이미지 파일 정보를 가져옵니다.

❹ 데이터베이스에 태그와 변환 후의 이미지 정보를 저장합니다.

8.5 이미지 일람 화면에 태그 정보 표시하기

감지한 태그 정보를 이미지 일람 화면에 표시하기 위해서 apps/detector/views.py의 이미지 일람의 엔드포인트의 처리를 갱신하고 태그 일람을 가져옵니다.

▼ 이미지 일람의 엔드포인트 처리로 태그 일람 가져오기(apps/detector/views.py)

```python
...생략...
# DetectorForm을 추가로 import한다
from apps.detector.forms import UploadImageForm, DetectorForm
...생략...


@dt.route("/")
def index():
    # 이미지 일람을 가져온다
    user_images = (
        db.session.query(User, UserImage)
        .join(UserImage)
        .filter(User.id == UserImage.user_id)
        .all()
        )

    # 태그 일람을 가져온다
    user_image_tag_dict = {}                                            ❶
    for user_image in user_images:
        # 이미지에 연결할 태그 일람을 가져온다
        user_image_tags = (
            db.session.query(UserImageTag)
            .filter(UserImageTag.user_image_id ==
                user_image.UserImage.id)                                ❷
            .all()
        )
        user_image_tag_dict[user_image.UserImage.id] =
            user_image_tags
```

```
# 물체 감지 폼을 인스턴스화한다
detector_form = DetectorForm()────────────────────────────────③

return render_template(
    "detector/index.html",
    user_images=user_images,
    # 태그 일람을 템플릿에 전달한다
    user_image_tag_dict=user_image_tag_dict,
    # 물체 감지 폼을 템플릿에 전달한다
    detector_form=detector_form,────────────────────────────③
)
```

❶ 태그 일람을 가져옵니다.

❷ 태그 일람을 반복하여 이미지에 연결되는 태그 일람을 가져오고, 이미지 ID를 키로 한 사전에 설정합니다.

❸ 템플릿의 감지 폼을 이용하기 위해 물체 감지 폼 클래스를 인스턴스화하여 템플릿에 전달합니다.

apps/detector/templates/detector/index.html을 수정하고 이미지 일람 화면의 각 이미지에
물체 감지 폼([감지] 버튼)과 태그 정보를 표시합니다. 오류가 발생했을 때 오류 정보를 표시하기 위해
서 flash 오류를 표시합니다.

▼ 이미지 일람 화면 [감지] 버튼과 태그 정보 표시하기 (apps/detector/templates/detector/index.html)

```
{% extends "detector/base.html" %}
{% block content %}
<!-- flash 오류를 표시한다 -->
{% with messages = get_flashed_messages() %}
{% if messages %}
<ul>
    {% for message in messages %}
    <li class="flash">{{ message }}</li>
    {% endfor %}
</ul>
{% endif %}
{% endwith %}


<div class="col-md-10 text-right dt-image-register-btn">
    <a href="{{ url_for('detector.upload_image') }}" class="btn btn-primary">
        이미지 신규 등록
    </a>
</div>
{% for user_image in user_images %}
<div class="card col-md-7 dt-image-content">
    <header class="d-flex justify-content-between">
    <div class="dt-image-username">{{ user_image.User.username }}</div>
        <!-- 물체 감지 폼을 추가한다 -->
        <div class="d-flex flex-row-reverse">
            <div class="p-2">
                <form action="{{ url_for('detector.detect',
```

```
                    image_id=user_image.UserImage.id) }}"
                    method="POST"
           >
                    {{ detector_form.csrf_token }}
                    {% if current_user.id == user_image.User.id and
                    user_image.UserImage.is_detected == False %}
                    {{detector_form.submit(class="btn btn-primary")}}
                    {% else %}
                    {{ detector_form.submit(class="btn btn-primary",disabled="disabled")}}
                    {% endif %}
              </form>
         </div>
      </div>
   </header>
   <section>
      <img
         src="{{ url_for('detector.image_file',
         filename=user_image.UserImage.image_path) }}"
         alt="이미지"
      />
   </section>
   <!-- 태그 정보를 표시한다 -->
   <footer>
      {% for tag in user_image_tag_dict[user_image.UserImage.id] %}
         #{{tag.tag_name }}
      {% endfor %}
   </footer>
</div>
{% endfor %}
{% endblock %}
```

물체 감지 기능의 동작 확인하기

이미지가 업로드되어 있는 상태에서 [감지] 버튼을 클릭합니다. 물체 감지용의 샘플 이미지는 darknet/data 아래에 있습니다.

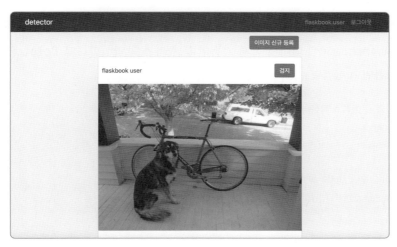

▲ 이미지가 업로드되어 있는 상태

그러면 이미지로부터 물체를 감지하여 변환한 이미지로 바뀌고, 이미지로부터 취득한 물체 정보가 태그로 출력됩니다.

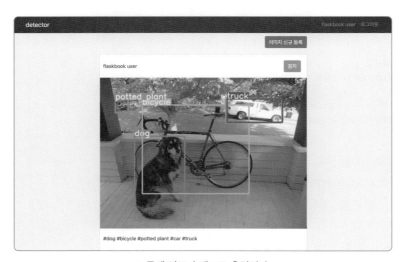

▲ 물체 정보가 태그로 출력된다.

8.8 이미지 삭제 기능 만들기

업로드한 이미지 및 물체 감지한 이미지를 삭제하는 기능을 작성합니다.

이미지 삭제 기능의 폼 클래스 작성하기

apps/detector/forms.py에 이미지 삭제 기능의 폼 클래스를 작성합니다. DeleteForm의 submit
을 이미지 일람 화면의 템플릿으로 지정하면 [삭제] 버튼이 추가됩니다.

▼ 이미지 삭제 기능의 폼 클래스 작성하기 (apps/detector/forms.py)

```
...생략...

class DeleteForm(FlaskForm):
    submit = SubmitField("삭제")
```

이미지 삭제 기능의 엔드포인트 만들기

apps/detector/views.py에 이미지를 삭제하는 delete_image 엔드포인트를 만듭니다.

▼ 이미지 삭제 기능의 delete_image 엔드포인트 만들기 (apps/detector/views.py)

```
...생략...

@dt.route("/images/delete/<string:image_id>", methods=["POST"])
@login_required                                                          ❶
def delete_image(image_id):
    try:
        # user_image_tags 테이블로부터 레코드를 삭제한다
        db.session.query(UserImageTag).filter(
            UserImageTag.user_image_id == image_id              ❷
        ).delete()
        # user_images 테이블로부터 레코드를 삭제한다
```

```
              db.session.query(UserImage).filter(UserImage.id == image_id).delete()    ❷


          db.session.commit()
      except SQLAlchemyError as e:
          flash("이미지 삭제 처리에서 오류가 발생했습니다. ")
          # 오류 로그 출력
          current_app.logger.error(e)
          db.session.rollback()                                                          ❸


      return redirect(url_for("detector.index"))
```

❶ 삭제 처리는 로그인 필수이므로 @login_required를 붙입니다.

❷ user_images 테이블과 user_image_tags 테이블의 2개 테이블에 걸쳐 레코드를 삭제하므로 데이터의 정합성을 보장하기 위해서 try-except로 둘러싸서 레코드를 삭제하고 실패하면 롤백합니다.

❸ 오류가 발생하면 오류 메시지를 설정하여 롤백합니다. 또한 로거를 사용하여 로그 내용을 출력합니다.

이미지 일람 화면의 엔드포인트에 삭제 폼 추가하기

apps/detector/views.py의 index 엔드포인트에 [삭제] 버튼을 추가하기 위해 삭제 폼을 추가합니다.

▼ 이미지 일람 화면의 엔드포인트에 삭제 폼 추가하기(apps/detector/views.py)

```
...생략...
# DeleteForm을 추가로 import한다
from apps.detector.forms import UploadImageForm, DetectorForm, DeleteForm


...생략...

@dt.route("/")
def index():
    user_images = (
        db.session.query(User, UserImage)
        .join(UserImage)
        .filter(User.id == UserImage.user_id)
        .all()
    )
```

```
    user_image_tag_dict = {}
    for user_image in user_images:
        user_image_tags = (
            db.session.query(UserImageTag)
            .filter(UserImageTag.user_image_id == user_image.UserImage.id)
            .all()
        )
        user_image_tag_dict[user_image.UserImage.id] = user_image_tags

    detector_form = DetectorForm()
    # DeleteForm을 인스턴스화한다
    delete_form = DeleteForm()

    return render_template(
        "detector/index.html",
        user_images=user_images,
        user_image_tag_dict=user_image_tag_dict,
        detector_form=detector_form,
        # 이미지 삭제 폼을 템플릿에 건넨다
        delete_form=delete_form
    )
```

이미지 일람 화면에 [삭제] 버튼 표시하기

apps/detector/templates/detector/index.html을 갱신하고, 이미지 일람 화면의 각 이미지에 [삭제] 버튼의 폼을 추가합니다.

▼ 이미지 일람 화면의 각 이미지에 [삭제] 버튼의 폼을 추가(apps/detector/templates/detector/index.html)

```
{% extends "detector/base.html" %} {% block content %}
<div class="col-md-10 text-right dt-image-register-btn">
  <a href="{{ url_for('detector.upload_image') }}" class="btn btn-primary"
    >이미지 신규 등록</a
  >
</div>
{% for user_image in user_images %}
<div class="card col-md-7 dt-image-content">
  <header class="d-flex justify-content-between">
```

```
    <div class="dt-image-username">{{ user_image.User.username }}</div>
    <div class="d-flex flex-row-reverse">
      <!-- 삭제 버튼의 폼을 추가한다 -->
      <div class="p-2">
        <form
          action="{{ url_for('detector.delete_image',
            image_id= user_image.UserImage.id) }}"
          method="POST"
        >
          {{ delete_form.csrf_token }}
          {% if current_user.id == user_image.User.id %}
          {{ delete_form.submit(class="btn btn-danger") }}
          {% else %}
          {{ delete_form.submit(class="btn btn-danger", disabled="disabled") }}
          {% endif %}
        </form>
      </div>
      <div class="p-2">
        <form
          action="{{ url_for('detector.detect', image_id=user_image.UserImage.id) }}"
          method="POST"
        >
          {{ detector_form.csrf_token }}
          {% if current_user.id ==
          user_image.User.id and user_image.UserImage.is_detected == False %}
          {{detector_form.submit(class="btn btn-primary")}}
          {% else %}
          {{detector_form.submit(class="btn btn-primary", disabled="disabled")}}
          {% endif %}
        </form>
      </div>
    </div>
</header>
<section>
  <img
    src="{{ url_for('detector.image_file',
      filename=user_image.UserImage.image_path) }}"
    alt="이미지"
```

```
      />
    </section>
    <footer>
      {% for tag in user_image_tag_dict[user_image.UserImage.id] %}
      #{{tag.tag_name }} {% endfor %}
    </footer>
  </div>
  {% endfor %} {% endblock %}
```

이미지 삭제 기능의 동작 확인하기

이미지 일람 화면(http://127.0.0.1:5000/)에서 [삭제] 버튼을 클릭하면 이미지가 삭제됩니다.

▲ 이미지 일람 화면의 [삭제] 버튼

▲ 업로드 이미지가 삭제되었다.

이 장의 마무리

업로드한 이미지를 물체 감지 모델에 걸쳐서 물체 감지 후의 이미지로 변환하는 기능과 물체의 태그를 취득하는 기능을 구현했습니다.

이 장에서는 학습 완료 모델을 이용했으나, 학습 완료 모델을 작성하려면 전용의 개발 과정이 필요합니다. 머신러닝 API를 개발하는 과정은 제4부에서 설명합니다.

CHAPTER 09

검색 기능 구현하기

이 장의 내용

9.1 이미지 검색 기능의 엔드포인트 만들기
9.2 이미지 검색 기능의 템플릿 만들기
9.3 이미지 검색 기능의 동작 확인하기

사용자가 업로드한 이미지에 대해서 [감지] 버튼을 클릭하면 이미지로부터 물체 감지를 하여 물체의 태그를 출력합니다. 검색 기능은 태그명을 입력하면, 해당하는 태그를 부분 일치로 검색하여 이미지를 추출합니다.

▲ 태그명을 입력하여 검색하기

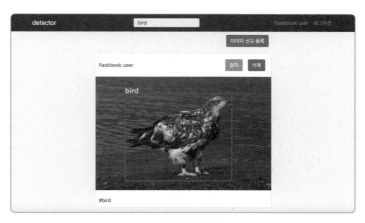

▲ 추출한 이미지

이미지 검색 기능의 엔드포인트 만들기

apps/detector/views.py에 이미지 검색 기능의 **search** 엔드포인트를 만듭니다.

▼ 이미지 검색 기능의 search 엔드포인트 만들기 (apps/detector/views.py)

```
...생략...
# request를 추가로 import한다
from flask import (
    Blueprint,
    current_app,
    flash,
    redirect,
    render_template,
    send_from_directory,
    url_for,
    request,
)
...생략...


@dt.route("/images/search", methods=["GET"])
def search():
    # 이미지 일람을 가져온다
    user_images = db.session.query(User, UserImage).join(
        UserImage, User.id == UserImage.user_id
    )                                                              ①

    # GET 파라미터로부터 검색 단어를 가져온다
    search_text = request.args.get("search")                       ②
    user_image_tag_dict = {}
    filtered_user_images = []

    # user_images를 반복하여 user_images에 연결된 정보를 검색한다
    for user_image in user_images:                                 ③
```

```python
# 검색 단어가 빈 경우는 모든 태그를 가져온다
if not search_text:
    # 태그 일람을 가져온다
    user_image_tags = (
        db.session.query(UserImageTag)
        .filter(UserImageTag.user_image_id ==
            user_image.UserImage.id)
        .all()
    )                                                          ❹
else:
    # 검색 단어로 추출한 태그를 가져온다
    user_image_tags = (
        db.session.query(UserImageTag)
        .filter(UserImageTag.user_image_id ==
            user_image.UserImage.id)
        .filter(UserImageTag.tag_name.like(
            "%" + search_text + "%"))                          ❺
        .all()
    )

    # 태그를 찾을 수 없었다면 이미지를 반환하지 않는다
    if not user_image_tags:
        continue                                               ❻

    # 태그가 있는 경우는 태그 정보를 다시 가져온다
    user_image_tags = (
        db.session.query(UserImageTag)
        .filter(UserImageTag.user_image_id ==
            user_image.UserImage.id)
        .all()                                                 ❼
    )

# user_image_id를 키로 하는 사전에 태그 정보를 설정한다
user_image_tag_dict[user_image.UserImage.id] =
    user_image_tags

# 추출 결과의 user_image 정보를 배열 설정한다
filtered_user_images.append(user_image)                         ❽
```

```
delete_form = DeleteForm()
detector_form = DetectorForm()

return render_template(
    "detector/index.html",
    # 추출한 user_images 배열을 전달한다
    user_images=filtered_user_images,
    # 이미지에 연결된 태그 일람의 사전을 전달한다
    user_image_tag_dict=user_image_tag_dict,
    delete_form=delete_form,
    detector_form=detector_form,
)
```

❶ 이미지 일람을 취득합니다.

❷ GET 파라미터 search로부터 검색 단어를 가져옵니다.

❸ user_images를 반복하여 user_images에 연결된 태그 정보를 검색합니다.

❹ 검색 단어가 빈 경우는 모든 태그를 가져옵니다.

❺ 검색 단어가 있는 경우는 검색 단어에서 user_image에 연결되는 태그 정보를 추출하여 가져옵니다. 추출에는 like를 이용합니다.

❻ 검색한 태그 정보가 0건인 경우는 이미지에 해당 태그 정보가 연결되어 있지 않으므로 아무것도 하지 않고 처리를 계속합니다.

❼ 이미지에 연결되는 태그 정보가 검색하여 맞는 태그만을 표시하게 되므로, 태그 정보를 찾았으면 이미지에 연결된 태그 정보를 전부 다시 가져오고, user_image_id를 키로 하는 사전에 태그 정보를 설정합니다.

❽ 검색 단어의 태그가 존재하는 user_image 정보를 배열에 설정합니다.

9.2 이미지 검색 기능의 템플릿 만들기

apps/detector/templates/detector/base.html의 내비게이션 바에 이미지 검색 폼을 추가합니다. 이미지 검색 폼을 이용하는 것은 이미지 일람 화면뿐이므로 엔드포인트가 `detector.index`나 `detector.search`인 경우에만 검색 폼을 표시합니다.

▼ 내비게이션 바에 이미지 검색 폼 추가하기(apps/detector/templates/detector/base.html)

```
<nav class="navbar navbar-expand-lg navbar-dark bg-dark">
    <div class="container">
        <a class="navbar-brand" href="{{ url_for('detector.index')}}">detector</a>
        <!-- 이미지 검색 폼을 추가한다 -->
        {% if url_for(request.endpoint) == url_for('detector.index') or
        url_for(request.endpoint) == url_for('detector.search') %}
        <div class="btn-group">
            <form
                method="GET"
                action="{{ url_for('detector.search') }}"
                name="dtSearchForm"
            >
                {% if request.args.get("search") %}
                <input
                    type="search"
                    id="dt-search"
                    class="form-control col-md-12 dt-search"
                    placeholder="검색"
                    name="search"
                    value="{{ request.args.get('search') }}"
                />
                {% else %}
                <input
                    type="search"
                    id="dt-search" class="form-control col-md-12 dt-search"
                    placeholder="검색"
```

```
                    name="search"
              />
            {% endif %}
        </form>
    </div>
    {% endif %}
    <ul class="navbar-nav">
        ...생략...
    </ul>
    </div>
</nav>
```

9.3 이미지 검색 기능의 동작 확인하기

물체 감지된 태그가 있는 이미지로부터 태그명에 의한 이미지를 추출합니다. 검색 상자에 bird라고 입력하고, [Enter]키를 누르면 'bird'라는 태그가 있는 이미지로 추출됩니다.

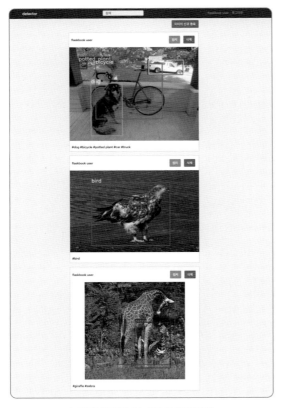

▲ 추출의 결과

▲ 검색 상자에 'bird' 라고 입력한다.

이 장의 마무리

물체 감지 기능으로 가져온 태그 정보를 바탕으로 이미지를 검색하는 기능을 구현했습니다. 다음 장에서는 앱 자체의 오류 화면을 표시하는 방법을 설명합니다.

CHAPTER 10

커스텀 오류 화면 만들기

이 장의 내용

10.1 커스텀 오류 화면의 엔드포인트 만들기
10.2 커스텀 오류 화면의 템플릿 만들기
10.3 커스텀 오류 화면의 표시 확인하기

존재하지 않는 페이지에 접근했을 때의 오류가 발생하면 플라스크 표준 오류 화면이 표시되는데 앱에서 지정한 커스텀 오류 화면을 표시할 수도 있습니다.

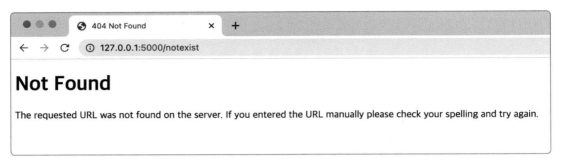

▲ 플라스크 표준의 오류 화면 예

 **커스텀 오류 화면의 엔드포인트 만들기**

apps/app.py에 등록되어 있는 앱 전체에 공통의 커스텀 오류 화면을 표시하는 경우는 `create_app` 함수 내에 `app.register_error_handler` 함수를 지정하여 커스텀 오류 화면을 등록합니다.

▼ 커스텀 오류 화면의 엔드포인트 만들기(apps/app.py)

```python
# render_template을 추가로 import한다
from flask import Flask, render_template
...생략...


def create_app(config_key):
    app = Flask(__name__)
    app.config.from_object(config[config_key])

    ...생략...


    # 커스텀 오류 화면을 등록한다
    app.register_error_handler(404, page_not_found)         ─┐
    app.register_error_handler(500, internal_server_error)   │  ──①

    ...생략...


    return app

# 등록한 엔드포인트명의 함수를 작성하고, 404 오류나 500 오류가 발생했을 때에 지정한 HTML을 반환한다
def page_not_found(e):
    """404 Not Found"""
    return render_template("404.html"), 404        ─┐
                                                    │
                                                    │  ──②
def internal_server_error(e):                       │
    """500 Internal Server Error"""                 │
    return render_template("500.html"), 500        ─┘
```

❶ app.register_error_handler 함수는 앱에 자체적인 오류 핸들러를 추가하는 기능입니다. 1번째 인수에 오류 코드 또는 오류 클래스를 지정하고 2번째 인수에 실행하는 함수를 등록합니다.

❷ 등록한 엔드포인트명의 함수를 작성하고, 404 오류나 500 오류가 발생했을 때 지정한 HTML을 반환합니다.

Blueprint에서 등록한 앱 고유의 커스텀 오류 화면을 표시하는 경우에는 apps/detector/views. py에 errorhandler 데코레이터를 사용하여 다음과 같이 기술합니다.

▼ 앱 고유의 커스텀 오류 화면 표시하기 (apps/detector/views.py)

```
...생략...

@dt.errorhandler(404)
def page_not_found(e):
    return render_template("detector/404.html"), 404
```

Blueprint로 등록된 커스텀 오류는 앱에서 전역에 등록한 것보다도 우선으로 표시됩니다. 그러나 404 오류는 Blueprint가 결정되기 전의 경로 결정의 레벨에서 발생하므로 404 오류는 처리할 수 없습니다.

 **커스텀 오류 화면의 템플릿 만들기**

앱 전체의 커스텀 오류 화면의 템플릿은 apps/templates에 작성합니다.

▼ 404 Not Found(apps/templates/404.html)

```html
<!DOCTYPE html>
<html lang="ko">
  <head>
    <meta charset="UTF-8" />
    <title>404 Not Found</title>
  </head>

  <body>
    <h1>404 Not Found</h1>
    <p><a href="/">애플리케이션 톱으로</a></p>
  </body>
</html>
```

▼ 500 Internal Server Error(apps/templates/500.html)

```html
<!DOCTYPE html>
<html lang="ko">
  <head>
    <meta charset="UTF-8" />
    <title>500 Internal Server Error</title>
  </head>

  <body>
    <h1>500 Internal Server Error</h1>
    <p><a href="/">애플리케이션 톱으로</a></p>
  </body>
</html>
```

detector 앱 고유의 커스텀 오류 화면 템플릿은 apps/detector/templates/detector에 작성합니다.

▼ detector 앱 고유의 404 Not Found(apps/detector/templates/detector/404.html)

```html
<!DOCTYPE html>
<html lang="ko">
  <head>
    <meta charset="UTF-8" />
    <title>404 Not Found(detector)</title>
  </head>

  <body>
    <h1>404 Not Found(detector)</h1>
    <p><a href="/">애플리케이션 톱으로</a></p>
  </body>
</html>
```

▼ detector 앱 고유의 500 Internal Server Error(apps/detector/templates/detector/500.html)

```html
<!DOCTYPE html>
<html lang="ko">
  <head>
    <meta charset="UTF-8" />
    <title>500 Internal Server Error(detector)</title>
  </head>

  <body>
    <h1>500 Internal Server Error(detector)</h1>
    <p><a href="/">애플리케이션 톱으로</a></p>
  </body>
</html>
```

10.3 커스텀 오류 화면의 표시 확인하기

http://127.0.0.1:5000/404와 같이 존재하지 않는 페이지에 접근하면 작성한 404 페이지가 표시됩니다. 500 오류를 표시하려면 .env의 FLASK_ENV를 production으로 변경합니다.

404 Not Found

애플리케이션 톱으로

▲ 404 오류

▼ 500 오류를 표시하는 설정(.env)

```
FLASK_ENV=production
```

다음과 같이 명시적으로 오류(Exception)를 발생시켜

http://127.0.0.1:5000/

에 접근하면 500 오류 화면이 표시됩니다.

▼ 명시적으로 오류 발생시키기(apps/detector/views.py)

```python
...생략...

@dt.route("/")
def index():
    raise Exception()
    ...생략...
```

▲ 500 오류

이 장의 마무리

사소한 것이지만 오류가 발생했을 때에 앱 자체적인 오류 화면이 표시되면 사용자에게 주는 인상도 좋으므로 의식해서 만들어 보세요.

이로써 물체 감지 앱의 기능 개발이 끝났습니다. 다음 장에서는 작성한 물체 감지 앱의 유닛 테스트 (기능 테스트)를 작성합니다.

CHAPTER 11

유닛 테스트 진행하기

이 장의 내용

11.1 pytest 사용하기
11.2 pytest의 픽스처
11.3 물체 감지 앱의 테스트 진행하기

이 장에서는 테스트 프레임워크인 pytest의 기본 사용법을 설명하고, 실천으로 작성한 물체 감지 앱의 유닛 테스트를 작성합니다. 유닛 테스트(단위 테스트)란 소스 코드의 클래스나 메서드 등 개개의 단위(유닛)로 의도대로 기능하고 있는지를 테스트하는 기법입니다. 유닛 테스트는 앱을 계속적으로 기능 추가해 나갈 때에 매우 유용합니다.

유닛 테스트를 작성하지 않는 경우는 모두 수작업으로 테스트를 해야 하지만, 유닛 테스트를 작성해 두면 여러 번 테스트를 실행할 수 있습니다. 또한 기능 추가한 처리가 다른 처리에 영향을 미친 경우에는 기존의 유닛 테스트가 오류가 나며 버그를 발견할 수 있습니다.

11.1 pytest 사용하기

pytest는 파이썬 서드파티 테스트 프레임워크 중의 하나입니다. 파이썬에는 표준 라이브러리의 unittest나 서드파티 제품인 nose 등의 테스트 프레임워크가 있는데, 이 책에서는 pytest를 사용해 테스트를 작성합니다. 최근에는 코드를 읽거나 작성하기 쉬우며 적극적으로 개발되고 있다는 등의 이유로 pytest를 많이 쓰고 있습니다.

pytest 설치하기

pytest를 설치하려면 다음 명령어를 실행합니다.

```
(venv) $ pip install pytest
```

디렉터리 구성과 명명 규칙

먼저 pytest를 사용함에 있어 apps 디렉터리와 같은 열에 tests 패키지를 작성합니다. 여기에 샘플용의 테스트를 작성하고 사용법을 배운 후 물체 감지 앱의 테스트를 작성합니다.

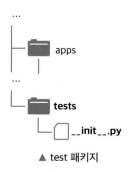

▲ test 패키지

tests 패키지에 모듈 파일(.py)을 배치하는데, pytest가 테스트 코드를 검출할 수 있도록 다음과 같은 명명 규칙이 있습니다.

- 테스트 모듈의 이름은 test_<something>.py 또는 <something>_test.py와 같은 형식이어야 한다.
- 테스트 함수의 이름은 test_<something>과 같은 형식이어야 한다.

- 테스트 클래스의 이름은 Test<Something>과 같은 형식이어야 한다.

테스트를 실행하기

tests 패키지에 test_sample.py를 작성합니다.

▼ tests/test_sample.py

```
def test_func1():
    assert 1 == 1
```

처리가 올바른지 확인하려면 assert 문을 사용합니다. 여기에서는 1==1이 True가 되므로 테스트가 성공합니다.

테스트를 실행하려면 다음 중 하나의 명령어를 실행합니다.

디렉터리를 지정하여 실행한다

```
$ pytest tests
```

또는

파일을 지정하여 실행한다

```
$ cd tests
$ pytest test_sample.py
```

또는

아무것도 지정하지 않고 실행한다

```
$ pytest
```

실행 결과

```
======================= test session starts ========================
collected 1 items


test_sample.py .


======================== 1 passed in 0.03s =========================
```

test_sample.py의 뒤에 있는 도트(.)는 테스트가 1개 실행되어 성공한 것을 의미합니다. 또한 -v 옵션을 붙이면 더욱 자세한 정보가 출력됩니다.

```
$ pytest -v test_sample.py
========================== test session starts ==========================
collected 1 items


test_sample.py::test_func1 PASSED


=========================== 1 passed in 0.03s ===========================
```

실패하는 테스트의 동작 확인하기

tests/test_sample.py에 실패하는 테스트 test_func2를 추가합니다.

▼ 실패하는 테스트 추가하기(tests/test_sample.py)

```
...생략...


def test_func2():
    assert 1 == 2
```

다시 테스트를 실행합니다.

```
pytest test_sample.py
========================== test session starts ==========================
collected 2 items


test_sample.py .F


=============================FAILURES============================
_____ test_func2 _____


    def test_func2():
>       assert 1 == 2
E       assert 1 == 2


test_sample.py:7: AssertionError
```

```
===================== short test summary info =====================
FAILED test_sample.py::test_func2 - assert 1 == 2
===================== 1 failed, 1 passed in 0.05s =====================
```

테스트에 실패하면 실패한 이유가 명확하게 출력됩니다.

테스트를 1개만 실행하기

테스트 모듈에 여러 개의 테스트가 있는 상태에서 테스트를 1개만 실행하는 경우는 모듈을 직접 지정하고 뒤에 ::<테스트 함수명>을 지정합니다.

tests/test_sample.py의 test_func2의 테스트가 성공하도록 다음과 같이 수정합니다.

▼ 테스트가 성공하도록 수정하기(tests/test_sample.py)

```
...생략...

def test_func2():
    assert 2 == 2
```

추가한 test_func2만을 테스트하려면 다음 명령어를 실행합니다.

```
$ pytest test_sample.py::test_func2
===================== test session starts =====================
collected 1 items

test_sample.py .

===================== 1 passed in 0.03s =====================
```

pytest의 기초 설명은 여기까지인데, 이 밖에도 다양한 실행 옵션이 있으므로 자세한 것은 다음의 공식 사이트에서 확인해 보세요.

https://docs.pytest.org/en/stable

11.2 pytest의 픽스처

pytest에는 테스트 함수의 앞뒤에 처리를 실행하는 픽스처라는 기능이 있습니다. 예를 들어 데이터베이스를 사용한 테스트를 하는 경우, 테스트 함수 실행 전에 데이터베이스의 설정 처리를 실시하고 테스트 함수 실행 후에 클린업 처리(데이터베이스의 정제)를 실시할 수 있습니다.

tests/test_sample.py에 픽스처를 추가하고 동작을 확인합니다.

▼ 픽스처 추가하기 (tests/test_sample.py)

```python
# pytest를 import한다
import pytest

...생략...

# @pytest.fixture를 추가한다
@pytest.fixture
def app_data():
    return 3

# 픽스처의 함수를 인수로 지정하면 함수의 실행 결과가 전달된다
def test_func3(app_data):
    assert app_data == 3
```

이 테스트에서는 test_func3 테스트 함수가 실행되기 전에 반드시 app_data 함수가 실행되고, 결과가 인수에 전달됩니다. app_data 함수는 3을 반환하므로 test_func3 테스트 함수는 True가 됩니다.

```
$ pytest test_sample.py::test_func3
========================= test session starts =========================
collected items

test_sample.py .

========================= 1 passed in 0.03s =========================
```

conftest.py를 사용하여 픽스처 공유하기

픽스처는 개개의 테스트 파일에서 사용할 수 있는데, 여러 개의 테스트 파일에서 픽스처를 공유하려면 conftest.py를 테스트 파일과 함께 배치해야 합니다. tests 패키지 아래에 conftest.py를 작성하고 픽스처를 작성하면 tests 패키지 아래의 모든 테스트에서 픽스처를 사용할 수 있습니다. tests/conftest. py를 작성하고 앞서 tests/test_sample.py에 추가한 픽스처를 tests/conftest.py로 이동합니다.

▼ tests/test_sample.py 로부터 픽스처 이동하기 (tests/conftest.py)

```python
import pytest


@pytest.fixture
def app_data():
    return 3
```

tests/test_sample.py로부터 픽스처를 삭제합니다.

▼ 픽스처 삭제하기 (tests/test_sample.py)

```python
def test_func1():
    assert 1 == 1


def test_func2():
    assert 2 == 2


# @pytest.fixture
# def app_data():
    # return 3                                           픽스처를 삭제


def test_func3(app_data):
    assert app_data == 3
```

tests/test_sample.py로부터 픽스처가 없어졌으나, conftest.py가 있으므로 조금 전과 마찬가지로 픽스처를 사용할 수 있습니다. conftest.py에 픽스처를 작성함으로써 픽스처를 공통화할 수 있으며, 매번 테스트 파일에 픽스처를 작성할 필요가 없어집니다.

```
$ pytest test_sample.py
======================== test session starts ========================
collected 3 items

test_sample.py ...
======================== 3 passed in 0.03s ========================
```

 **물체 감지 앱의 테스트 진행하기**

최소한 알아 두어야 할 pytest의 기초를 확인했습니다. 여기부터는 실제로 작성한 물체 감지 앱의 테스트를 작성합니다. `flask routes` 명령어로 라우팅 정보를 확인합니다. `detector`로 시작하는 엔드포인트가 이번의 테스트 대상입니다. 복잡한 앱이면 클래스나 함수 단위로 테스트를 하지만 물체 감지 앱은 간단한 구성이므로 각 엔드포인트에 대해서만 테스트를 합니다.

```
$ flask routes
Endpoint                 Methods      Rule
----------------         ---------    ---------------------------
detector.delete_image    POST         /images/delete/<string:image_id>
detector.detect          POST         /detect/<string:image_id>
detector.image_file      GET          /images/<path:filename>
detector.index           GET          /
detector.search          GET          /search
detector.upload_image    GET, POST    /upload
```

테스트하는 대상 화면과 기능은 다음의 6개입니다.

- 이미지 일람 화면
- 이미지 업로드 화면
- 물체 감지 기능
- 태그에 의한 검색 기능
- 이미지 삭제 기능
- 커스텀 오류 화면

물체 감지 앱의 테스트용 패키지 detector를 tests 패키지 아래에 작성합니다. 테스트는 tests/detector 패키지 아래에 작성합니다.

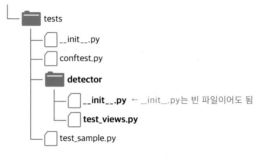

```
        tests
          ├── __init__.py
          ├── conftest.py
          ├── detector
          │     ├── __init__.py  ← __init__.py는 빈 파일이어도 됨
          │     └── test_views.py
          └── test_sample.py
```

▲ tests/detector 패키지

테스트용 이미지 업로드 디렉터리 설정하기

테스트할 때 앱에서 이용하는 이미지 업로드 디렉터리를 이용하지 않도록 apps/config.py의
TestingConfig에 UPLOAD_FOLDER를 추가하고 테스트용 이미지 업로드 디렉터리를 설정합니다.

▼ 테스트용 이미지 업로드 디렉터리 설정하기(apps/config.py)

```
...생략...
class TestingConfig(BaseConfig):
    ...생략...
    # 이미지 업로드처에 tests/detector/images를 지정한다
    UPLOAD_FOLDER = str(Path(basedir, "tests", "detector", "images"))
```

테스트 픽스처 갱신하기

이미 작성한 tests/conftest.py는 tests/detector 패키지로부터도 이용할 수 있으므로 conftest.
py의 픽스처를 갱신하고, 물체 감지 앱의 테스트를 할 수 있도록 설정 처리와 클린업 처리를 추가합
니다.

설정 처리에서는 앱을 작성하고 데이터베이스를 초기화합니다. 이제부터 작성하는 앱의 테스트 함수
는 yield를 사용하여 실행합니다. 픽스처 함수에 yield가 포함되어 있는 경우는 여기에서 테스트가
실행됩니다.

테스트가 종료하면 yield 다음 행의 픽스처 함수의 처리가 실행됩니다. 클린업 처리에서는 테스트
실행 후에 작성된 데이터베이스를 클리어합니다. 이러한 처리는 테스트 함수별로 실행됩니다.

▼ 셋업 처리와 클린업 처리 추가하기(tests/conftest.py)

```
import os
```

```python
import shutil

import pytest

from apps.app import create_app, db

from apps.crud.models import User
from apps.detector.models import UserImage, UserImageTag


# 픽스처 함수를 작성한다
@pytest.fixture
def fixture_app():                                                          ❶
    # 설정 처리
    # 테스트용의 config를 사용하기 위해서 인수에 testing을 지정한다
    app = create_app("testing")                                             ❷

    # 데이터베이스를 이용하기 위한 선언을 한다
    app.app_context().push()                                                ❸

    # 테스트용 데이터베이스의 테이블을 작성한다
    with app.app_context():
        db.create_all()                                                     ❹

    # 테스트용의 이미지 업로드 디렉터리를 작성한다
    os.mkdir(app.config["UPLOAD_FOLDER"])                                   ❺

    # 테스트를 실행한다
    yield app                                                               ❻

    # 클린업 처리
    # user 테이블의 레코드를 삭제한다
    User.query.delete()

    # user_image 테이블의 레코드를 삭제한다
    UserImage.query.delete()                                                ❼

    # user_image_tags 테이블의 레코드를 삭제한다
    UserImageTag.query.delete()
```

```
    # 테스트용의 이미지 업로드 디렉터리를 삭제한다
    shutil.rmtree(app.config["UPLOAD_FOLDER"])


    db.session.commit()


# Flask의 테스트 클라이언트를 반환하는 픽스처 함수를 작성한다
@pytest.fixture
def client(fixture_app):                                                    ⑧
    # Flask의 테스트용 클라이언트를 반환한다
    return fixture_app.test_client()
```

❶ 픽스처 함수로서 fixture_app 함수를 작성합니다.

❷ 앱을 실행하기 위해 create_app 함수의 인수에 테스트용 config를 사용하기 위해 testing을 지정하여 실행합니다.

❸ 애플리케이션 컨텍스트 밖에서 DB를 조작하면 No application found. Either work inside a view function or push an application context.라는 오류가 발생합니다. 이것을 회피하기 위해 app.app_context().push()를 실행하여 애플리케이션 컨텍스트를 스택으로 push합니다.

❹ 테스트용 데이터베이스의 테이블을 작성합니다.

❺ 테스트용 이미지 업로드 디렉터리를 작성합니다. 테스트용의 UPLOAD_FOLDER는 tests/detector/images가 됩니다.

❻ 테스트 설정이 되었으므로 yield를 선언합니다. 픽스처 함수에 yield가 포함되어 있는 경우는 여기에서 테스트가 실행됩니다. 테스트가 종료하면 yield의 다음 행부터 실행됩니다. 따라서 yield 앞까지가 설정이고, yield 뒤부터가 티어다운(클린업)입니다.

❼ 테스트에서 이용한 데이터베이스 테이블의 레코드를 삭제합니다.

❽ 플라스크의 테스트 클라이언트를 반환하는 client 픽스처 함수를 작성합니다. 플라스크에는 테스트용의 클라이언트가 준비되어 있으므로 이것을 이용하면 테스트 코드로부터 간단히 앱으로 통상의 통신과 동일한 요청 객체를 포함하는 테스트용 정보가 앱에 전달할 수 있습니다.

이미지 일람 화면 테스트하기

이미지 일람 화면의 테스트를 작성합니다. tests/detector 아래에 test_views.py를 작성합니다.

이미지 일람 화면은 미로그인 상태와 로그인 상태 모두 접속할 수 있으므로 미로그인 상태와 로그인 상태의 표시 확인을 합니다.

로그인을 하지 않았을 때

미로그인 상태의 테스트에서는 표시한 화면에 '로그인', '이미지 신규 등록'이라는 문자열이 있는 것을 확인합니다.

▼ 미로그인 상태의 이미지 일람 화면 테스트하기(tests/detector/test_views.py)

```
def test_index(client):                                          ①
    rv = client.get("/")                                         ②
    assert "로그인" in rv.data.decode()
    assert "이미지 신규 등록" in rv.data.decode()                  ③
```

① test_index 함수의 인수에 fixture의 client를 건넵니다.

② client를 사용하여 애플리케이션 루트인 /에 GET으로 접근합니다.

③ 결과의 rv.data에는 접근한 결과의 HTML이 저장되어 있으므로 '로그인'과 '이미지 신규 등록'이라는 문자열이 있는 것을 확인합니다. 결과는 바이트(bytes) 타입이 반환되므로 decode 메서드로 디코드합니다.

로그인을 했을 때

로그인 상태의 테스트에서는 회원가입한 후의 화면의 문자열에 '로그아웃', '이미지 신규 등록'이라는 문자열이 있는 것을 확인합니다.

▼ 로그인 상태의 이미지 일람 화면 테스트하기(tests/detector/test_views.py)

```
...생략...
def signup(client, username, email, password):                                    ①
    """회원가입한다"""

    data = dict(username=username, email=email, password=password)
    return client.post("/auth/signup", data=data, follow_redirects=True)          ②


def test_index_signup(client):
    """회원가입을 실행한다"""
    rv = signup(client, "admin", "flaskbook@example.com", "password")
    assert "admin" in rv.data.decode()                                            ③


    rv = client.get("/")
    assert "로그아웃" in rv.data.decode()
    assert "이미지 신규 등록" in rv.data.decode()                                   ④
```

❶ 로그인 상태의 테스트를 하기 위해서 플라스크의 테스트 클라이언트를 이용하여 회원가입하는 함수를 작성합니다.

❷ 회원가입 함수에서는 사용자명, 이메일 주소, 비밀번호의 사전을 작성하고, /auth/signup으로 POST합니다. POST할 때에 리다이렉트하도록 follow_redirects를 True로 합니다.

❸ 회원가입했으면 사용자명에 admin이 표시되므로 admin이 존재하는지를 체크합니다.

❹ 다시 애플리케이션 루트로 요청하여 톱 화면을 취득하고, '로그아웃', '이미지 신규 등록'의 문자가 있는지를 확인합니다. 화면에 '로그아웃'이 표시되면 로그인 상태임을 확인할 수 있고, '이미지 신규 등록'이 표시되면 톱 화면임을 확인할 수 있습니다.

테스트를 실행하면 테스트가 성공하는 것을 확인할 수 있습니다.

```
pytest detector
========================= test session starts =========================
collected 2 items
detector/test_views.py ..                                    [100%]
========================= 2 passed in 0.22s =========================
```

이미지 업로드 화면 테스트하기

이미지 업로드 화면의 테스트를 작성합니다. 이미지 업로드 화면에 접근하려면 로그인이 필수이므로 로그인하지 않았을 때는 로그인 화면으로 리다이렉트되고, 로그인하면 이미지 업로드 화면에 접근할 수 있는 것을 확인합니다.

로그인을 하지 않았을 때

로그인하지 않았을 때 이미지 업로드 화면에 접근하면 이미지 업로드 화면으로부터 로그인 화면으로 리다이렉트되는 것을 확인합니다.

로그인 화면으로 리다이렉트된 것을 확인하려면 요청하여 취득한 문자열 안에 이미지 업로드 화면에 있는 '업로드'라는 문자가 없고 로그인 화면에 있는 '메일 주소'와 '비밀번호' 문자가 있는 것을 확인합니다.

▼ 로그인하지 않은 상태에서 이미지 업로드 화면 테스트하기 (tests/detector/test_views.py)

```python
def test_upload_no_auth(client):
    rv = client.get("/upload", follow_redirects=True)
    # 이미지 업로드 화면에는 접근할 수 없다
    assert "업로드" not in rv.data.decode()
```

```
# 로그인 화면으로 리다이렉트된다
assert "메일 주소" in rv.data.decode()
assert "비밀번호" in rv.data.decode()
```

로그인을 했을 때

signup 함수를 호출하여 로그인 상태로 하고, 이미지 업로드 화면에 있는 '업로드' 문자가 나타나는
것을 확인합니다.

▼ 이미지 업로드 화면 로그인 시 테스트하기(tests/detector/test_views.py)

```
def test_upload_signup_get(client):
    signup(client, "admin", "flaskbook@example.com", "password")
    rv = client.get("/upload")
    assert "업로드" in rv.data.decode()
```

유효성 검증 오류가 발생할 때

다음은 이미지를 업로드하는 테스트를 작성합니다. 이미지를 업로드하는 함수를 작성하고, 실제로 이
미지를 업로드한 결과를 확인합니다. 이미지 업로드에서 지원되지 않는 텍스트 형태의 파일을 업로드
하고, 검증 오류가 발생하는 것을 확인합니다.

▼ 이미지 업로드의 검증 오류 시 테스트하기(tests/detector/test_views.py)

```
from pathlib import Path


from flask.helpers import get_root_path                              ①
from werkzeug.datastructures import FileStorage


...생략...
def upload_image(client, image_path):                               ②
    """이미지를 업로드한다"""
    image = Path(get_root_path("tests"), image_path)

    test_file = (
        FileStorage(
            stream=open(image, "rb"),
            filename=Path(image_path).name,
            content_type="multipart/form-data",
```

```
        ),
    )

    data = dict(
        image=test_file,
    )
    return client.post("/upload", data=data, follow_redirects=True)


def test_upload_signup_post_validate(client):
    signup(client, "admin", "flaskbook@example.com", "password")
    rv = upload_image(client,
        "detector/testdata/test_invalid_file.txt")                    ③
    assert "지원되지 않는 이미지 형식입니다." in rv.data.decode()        ④
```

❶ 이미지를 업로드하는 함수에서 이용하는 모듈·함수를 import합니다.

❷ 이미지를 업로드하는 함수를 작성합니다.

❸ tests/detector 아래에 `testdata` 디렉터리를 작성하고 지원하지 않는 텍스트 형식의 빈 파일 `test_invalid_file.txt`를 배치합니다.

❹ 회원가입하고 이미지 업로드한 결과에 '지원되지 않는 이미지 형식입니다.'라는 문구가 있는 것을 확인합니다.

이미지 업로드에 성공할 때

이미지 업로드에서 지원되는 jpg 형식의 파일을 업로드하여 성공하는 것을 확인합니다.

▼ 이미지 업로드 성공 시 테스트하기(tests/detector/test_views.py)

```
from apps.detector.models import UserImage

...생략...
def test_upload_signup_post(client):
    signup(client, "admin", "flaskbook@example.com", "password")
    rv = upload_image(client,
        "detector/testdata/test_valid_image.jpg")         ❶     ❷
    user_image = UserImage.query.first()
    assert user_image.image_path in rv.data.decode()
```

❶ tests/detector/testdata 아래에 jpg 형식의 파일 `test_valid_image.jpg`를 배치합니다. 여

기에서는 test_valid_image.jpg 이미지에 https://github.com/pjreddie/darknet/blob/master/data/dog.jpg를 이용합니다.

❷ 회원가입하고 이미지 업로드 후에 user_images 테이블로부터 레코드를 취득하고, 리다이렉트된 톱 화면에 image_url이 존재하는 것을 확인합니다.

물체 감지와 태그에 의한 검색 기능 테스트하기

이미지 업로드 후에 [감지] 버튼을 클릭했을 때의 테스트를 작성합니다.

유효성 검증 오류가 발생할 때

이미지 ID를 전달하지 않고 POST한 경우는 '물체 검출 대상의 이미지가 존재하지 않습니다.'라는 Flash 메시지가 표시되는 것을 확인합니다.

▼ [감지] 버튼 클릭 후 검증 오류가 발생할 때 테스트 (tests/detector/test_views.py)

```python
def test_detect_no_user_image(client):
    signup(client, "admin", "flaskbook@example.com", "password")
    upload_image(client, "detector/testdata/test_valid_image.jpg")
    # 존재하지 않는 ID를 지정한다
    rv = client.post("/detect/notexistid", follow_redirects=True)
    assert "물체 감지 대상의 이미지가 존재하지 않습니다. " in rv.data.decode()
```

물체 감지에 성공할 때

이미지를 업로드하고 이미지 ID를 POST하여 물체 감지 처리를 실행해서 이미지 경로와 태그가 표시되는 것을 확인합니다.

▼ 물체 감지에 성공할 때 테스트 (tests/detector/test_views.py)

```python
def test_detect(client):
    # 회원가입한다
    signup(client, "admin", "flaskbook@example.com", "password")
    # 이미지를 업로드한다
    upload_image(client, "detector/testdata/test_valid_image.jpg")
    user_image = UserImage.query.first()

    # 물체 감지를 실행한다
    rv = client.post(f"/detect/{user_image.id}", follow_redirects=True)
```

```
    user_image = UserImage.query.first()
    assert user_image.image_path in rv.data.decode()
    assert "dog" in rv.data.decode()
```

태그를 검색할 때

물체 감지한 다음에 이미지의 태그에 의한 검색이 되는 것을 확인합니다.

▼ 물체 감지 후 태그를 검색할 때 테스트하기 (tests/detector/test_views.py)

```
def test_detect_search(client):
    # 회원가입한다
    signup(client, "admin", "flaskbook@example.com", "password")
    # 이미지를 업로드한다
    upload_image(client, "detector/testdata/test_valid_image.jpg")
    user_image = UserImage.query.first()

    # 물체를 감지한다
    client.post(f"/detect/{user_image.id}", follow_redirects=True)

    # dog 단어로 검색한다
    rv = client.get("/images/search?search=dog")
    # dog 태그의 이미지가 있는 것을 확인한다
    assert user_image.image_path in rv.data.decode()
    # dog 태그가 있는 것을 확인한다
    assert "dog" in rv.data.decode()

    # test 단어로 검색한다
    rv = client.get("/images/search?search=test")
    # dog 태그의 이미지가 없는 것을 확인한다
    assert user_image.image_path not in rv.data.decode()
    # dog 태그가 없는 것을 확인한다
    assert "dog" not in rv.data.decode()
```

이미지 삭제 기능 테스트하기

이미지 업로드 후에 [삭제] 버튼을 클릭했을 때의 테스트를 작성합니다. 회원가입하여 이미지를 업로드하고, 이미지를 삭제하여 이미지 경로가 표시되지 않는 것을 확인합니다.

▼ [삭제] 버튼을 클릭할 때 테스트하기(tests/detector/test_views.py)

```python
def test_delete(client):
    signup(client, "admin", "flaskbook@example.com", "password")
    upload_image(client, "detector/testdata/test_valid_image.jpg")

    user_image = UserImage.query.first()
    image_path = user_image.image_path
    rv = client.post(f"/images/delete/{user_image.id}",
        follow_redirects=True)
    assert image_path not in rv.data.decode()
```

커스텀 오류 화면 테스트하기

존재하지 않는 페이지에 접근했을 때 커스텀 오류 화면이 표시되는지 테스트합니다. 존재하지 않는 페이지에 접근하여 404 Not Found가 표시되는 것을 확인합니다.

▼ 커스텀 오류 화면 테스트하기(tests/detector/test_views.py)

```python
def test_custom_error(client):
    rv = client.get("/notfound")
    assert "404 Not Found" in rv.data.decode()
```

이로써 모든 엔드포인트의 테스트가 작성되었습니다.

테스트의 커버리지 출력하기

테스트의 커버리지는 앱의 코드에 대해 테스트 코드가 얼마나 실행되었는지를 비율로 나타낸 것입니다. 얼추 테스트가 작성되었으므로 테스트 실행과 함께 테스트 커버리지를 출력하여 확인합니다. 테스트 커버리지를 출력하기 위해 pytest-cov를 설치합니다.

```
$ pip install pytest-cov
```

테스트의 커버리지를 출력하는 데는 다음 명령어를 실행합니다.

```
$ pytest detector --cov=../apps/detector
============================== test session starts ==============================
collected 11 items
```

```
detector/test_views.py ..........                                    [100%]


---------- coverage: platform darwin, python 3.10.7-final-0 ----------
                                                        Stmts   Miss   Cover
Name
-------------------------------------------------------------------------
/Users/사용자명/flaskbook/apps/detector/__init__.py          1      0    100%
/Users/사용자명/flaskbook/apps/detector/forms.py            10      0    100%
/Users/사용자명/flaskbook/apps/detector/models/            17      0    100%
/Users/사용자명/flaskbook/apps/detector/views/            142     12     92%
-------------------------------------------------------------------------
TOTAL                                                     171     12     93%


=========================== 11 passed in 44.49s ===========================
```

apps/detector 아래의 코드는 얼추 테스트 코드대로, 테스트의 커버리지가 100% 가까이 되어 있는 것을 확인할 수 있습니다.

테스트의 커버리지를 HTML로 출력하기

테스트의 커버리지는 HTML 형식으로 출력할 수도 있습니다. HTML 형식으로 출력하는 데는 다음 명령어를 실행합니다. 그리고 htmlcov/index.html을 브라우저에서 엽니다.

```
$ pytest detector --cov=../apps/detector --cov-report=html
```

Coverage report: 93%

Module	statements	missing	excluded	coverage
/Users/masakisato/go/src/github.com/taisa831/ml-flaskbook/flaskbook/apps/detector/__init__.py	1	0	0	100%
/Users/masakisato/go/src/github.com/taisa831/ml-flaskbook/flaskbook/apps/detector/forms.py	10	0	0	100%
/Users/masakisato/go/src/github.com/taisa831/ml-flaskbook/flaskbook/apps/detector/models.py	17	0	0	100%
/Users/masakisato/go/src/github.com/taisa831/ml-flaskbook/flaskbook/apps/detector/views.py	142	12	0	92%
Total	170	12	0	93%

▲ 커버리지의 출력 결과

이 장과 제2부의 마무리

이 장에서는 간단하게 유닛 테스트 작성법을 소개하고, 작성한 앱에 대해 실제로 유닛 테스트를 작성하여 실행했습니다. 최소한의 테스트를 작성해서 커버리지를 출력했는데, 커버리지를 높일 뿐만 아니라 중요한 부분에는 모든 패턴의 테스트를 작성하고, 처리를 분할하여 테스트를 작성하기 쉬운 상태를 유지하면서 계속해서 소스 코드를 깨끗한 상태로 해나가야 합니다.

그러면 앱에 기능을 추가했을 때 다시 수작업으로 테스트할 필요가 없어지며, 갱신 부분이 다른 처리에 영향을 끼치면 기존의 유닛 테스트가 오류가 나므로 미리 오류를 발견할 수 있습니다. 유닛 테스트는 익숙해지면 장점이 크기 때문에 꼭 실천해 보세요.

제2부에서는 플라스크를 사용한 실천적인 앱의 작성 예로서 각종 라이브러리를 이용하여 이미지로부터 물체 감지를 하는 기능을 구현했습니다.

▼ 제2부까지 pip install 한 플라스크 확장과 패키지

확장 또는 패키지	설명
python-dotenv	환경 변수를 .env 파일에서 읽어 들인다.
flask-sqlalchemy	플라스크에서 SQLAlchemy를 이용하는 확장
flask-migrate	데이터베이스를 마이그레이션하는 확장
flask-wtf	플라스크에서 폼을 이용하는 확장
email_validator	플라스크에서 폼을 이용하는 때에 이메일 주소의 유효성을 검증하는 확장
flask-login	플라스크에서 로그인 기능을 이용하는 확장
torch	페이스북이 개발을 주도한 파이썬 전용 머신러닝 라이브러리
torchvision	이미지의 전처리나 학습 완료 모델 등을 제공하는 라이브러리
opencv-python	이미지나 동영상을 처리하기 위한 라이브러리
pytest	유닛 테스트를 실행한다.
pytest-cov	유닛 테스트의 커버리지를 출력한다.

제2부에서는 머신러닝에 대해 자세히 다루지 않았지만, 다음의 제3부에서는 어떻게 해서 앱에 머신러닝의 기능을 도입해 나갈지에 대해서 자세히 설명합니다.

PART 3

플라스크 실천 ②
물체 감지 기능 API
만들고 배포하기

이 부의 내용

제2부에서는 업로드한 이미지의 물체 감지를 하는 머신러닝의 학습 완료 모델을 넣은 웹 앱을 개발해 왔습니다. 제3부에서는 다음과 같이 물체 감지 기능을 API화하여 물체 감지 앱을 배포하는 단계까지 설명합니다.

물체 감지 앱에 들어 있는 물체 감지를 하는 머신러닝 모듈을 API화함으로써 다른 앱에서 간단하게 이용할 수 있습니다. 개발한 물체 감지 앱을 컨테이너를 이용하여 클라우드상의 서버리스 환경에 배포하고, 물체 감지 기능에 외부로부터 접근할 수 있도록 합니다.

배포(deployment)란 앱 코드를 클라우드 서비스를 호스팅하고 있는 서버에 배치하여 외부로부터 접근할 수 있도록 클라우드 서비스를 설정하는 일입니다.

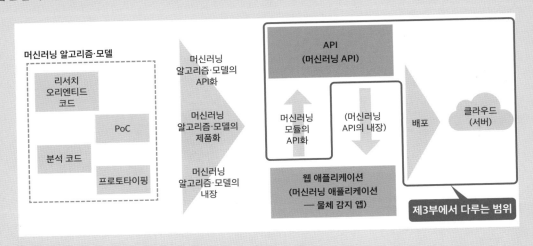

제3부에서는 각 장에서 다음의 내용을 다룹니다.

- **제12장 Web API의 개요**: API를 개발하는 데 알아 두어야 할 항목에 대해 설명합니다. WWW나 REST(REpresentational State Transfer)의 설계 원칙, API에 대해서 다룹니다.
- **제13장 물체 감지 API의 사양**: 물체 감지 앱에서 이용되고 있는 물체 감지를 하는 학습 완료 모델에 대해서 설명합니다.
- **제14장 물체 감지 API 구현하기**: 물체 감지를 하는 학습 완료 모델을 API로 하기 위해 필요한 코드를 구현합니다.
- **제15장 물체 감지 앱 배포하기**: 개발한 물체 감지 앱을 서버에 배치하여 물체 감지 기능을 API로서 공개하고, 외부에서 접근할 수 있도록 합니다.

CHAPTER 12

Web API의 개요

이 장의 내용

Web API란 웹에서 HTTP 메서드를 사용하여 앱 간, 시스템 간에 리소스를 주고받을 수 있게 하는 API입니다. 이 장에서는 Web API의 의미를 더욱 이해하기 위해서 다음 항목에 대해서 순서대로 설명합니다.

- World Wide Web(Web)과 API의 의미
- 리소스의 위치를 나타내는 URI의 역할
- HTTP 메서드에 의한 리소스의 CRUD 조작

World Wide Web(WWW)과 API의 의미

World Wide Web(WWW)이란 한국어로 직역하면 '세계적으로 퍼져 나가는 거미줄'이며, 다음과 같이 여러 개의 컴퓨터가 거미줄처럼 연결되어 인터넷 기술에 의해 통신되고 있는 상태를 말합니다. 또한 World Wide Web은 생략해서 Web이라고도 합니다. 이 책에서도 이후 Web으로 부르겠습니다.

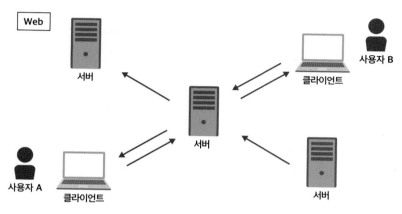

▲ World Wide Web(통칭 Web, WWW)

'통신되고 있는 상태'란 바꿔 말하면, 리소스를 컴퓨터 간에 주고받는 상태를 의미합니다. 웹의 리소스는 HTML/이미지 파일이나 텍스트 파일 등의 객체, 수치 등의 데이터 및 서비스 등을 가리킵니다.

클라이언트와 서버

웹에서의 컴퓨터는 클라이언트와 서버라는 2가지 역할을 합니다. 클라이언트는 서비스를 요청하는 프로그램을 가리킵니다. 문맥에 따라서는 그 프로그램이 작동되고 있는 컴퓨터 자체를 말하기도 합니다.

서버는 서비스를 제공하는 프로그램을 가리킵니다. 클라이언트와 마찬가지로 문맥에 따라서는 그 프로그램이 작동되고 있는 컴퓨터 자체를 말하기도 합니다. 1대의 컴퓨터에서 서비스를 제공하는 여러 개의 프로그램이 실행되고 있기도 합니다.

서버에는 몇 가지의 종류가 있으며, '○○ 서버'라고 한다면 여기서 ○○은 서버가 제공하는 서비스 내용의 개요라고 이해하면 됩니다. 서버명 및 서비스 내용의 대응의 개요는 다음과 같습니다.

서버명	서비스 내용
웹 서버	브라우저에 대해 HTML이나 객체(이미지 등)의 표시를 제공합니다.
애플리케이션 서버	앱을 실행하고 실행 결과를 제공합니다.
API 서버	API를 실행하고 실행 결과를 제공합니다.
데이터베이스 서버	데이터베이스에 있는 데이터의 보존, 갱신, 삭제 등을 합니다.
FTP 서버	FTP 프로토콜을 이용하여 파일의 송수신을 합니다.
DNS 서버	IP 주소를 도메인명(호스트명)으로 다시 해석합니다.

위와 같은 서비스를 클라이언트가 서버에 요청하는 것을 요청(리퀘스트, Request)이라고 합니다. 한편, 요청에 서버가 응답하는 것을 응답(리스폰스, Response)이라고 합니다.

예를 들어 '클라이언트 PC를 이용하고 있는 사용자 A가 브라우저에서 서울 거리 풍경의 이미지를 보고 싶다'라고 하는 경우의 동작을 생각해 봅시다. 다음 ①~④의 순서대로 클라이언트/서버 간 통신을 실시하여 사용자 A는 이미지를 볼 수 있습니다.

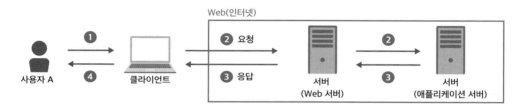

▲ 클라이언트/서버 간의 통신

①사용자 A → 클라이언트 PC

사용자 A가 자신의 PC인 클라이언트 PC에서 크롬이나 사파리 등의 브라우저를 열어서 '서울의 거리' 등의 검색 키워드로 이미지를 검색하고, 검색 결과(이미지를 게재하고 있는 사이트)를 클릭합니다.

②클라이언트 PC → 웹 서버 → 애플리케이션 서버

사용자 A의 클라이언트 PC는 브라우저에 의해 '이미지 파일이 놓여 있는 서버에 접근하여 이미지를 표시하는 코드를 실행해'라는 요청을 서버로 송신합니다. 요청의 내용은 웹 서버를 경유해 애플리케이션 서버에 송신되어 이미지를 게재하고 있는 앱(사이트)이 실행됩니다.

③애플리케이션 서버 → 웹 서버 → 클라이언트 PC

서버는 그 애플리케이션(사이트)이 검색 키워드와 관련된 이미지 파일을 찾고, 표시하는 코드를 실행한 결과를 요청과 반대의 경로에서 애플리케이션 서버와 웹 서버를 경유하여 클라이언트로 응답을 반환합니다.

④ 클라이언트 PC → 사용자 A

그 결과, 사용자 A는 클라이언트 PC 상에서 열려 있는 브라우저에서 서울 거리의 이미지를 게재한 사이트를 볼 수 있습니다.

API와 JSON

API(Application Programming Interface)란 앱 프로그래밍의 인터페이스(접점)가 되는 프로그래밍 코드입니다. 인터페이스(접점)이므로 PC나 앱, 앱과 앱 등 양자 간을 연결하는 역할을 갖습니다. 인터페이스는 Web API의 많은 경우 JSON(JavaScript Object Notation)이라는 형식으로 표현됩니다.

JSON이란 JavaScript의 객체 작성법을 바탕으로 한 데이터 정의 방법을 말합니다. JavaScript에서 객체나 배열을 작성할 때는 {}이나 [] 등의 괄호를 사용해서 기술하는데, JSON은 그 기법을 바탕으로 하고 있습니다.

JSON의 예

```
{
  "image":{"kr":"seoul", "us":"kansas"},
  "size":{"korea":280, "united states":380},
  "path":{"seoul":"app/images/seoul", "busan":"app/images/busan"}
}
```

JSON은 파이썬이나 자바, PHP 등의 다른 프로그래밍 언어에서도 이용되고 있습니다. JSON은 각 언어 간에서 공통의 기법이기 때문에 JSON을 사이에 넣음으로써 각 프로그래밍 언어 사이에 데이터를 간단히 주고받을 수 있습니다. 예를 들어 PHP로 기술된 앱 A와 파이썬으로 기술된 앱 B 사이에 JSON으로 기술된 API를 넣음으로써 두 앱 사이에 데이터를 주고받을 수 있게 됩니다.

이처럼 JSON을 이용하여 PC와 앱 등 양자 간에 이미지 파일로의 경로 등의 리소스가 정의된 JSON을 전달하거나 받는 것이 API의 역할입니다.

API의 장점

API를 이용하면 다음의 2가지 장점이 있습니다.

- 기능을 추가하거나 수정하기 쉬워집니다.
- 기능별로 세세하게 나누어 컴포넌트화할 수 있고, 각 기능을 외부에 공개하기 쉬워집니다.

API를 사용하지 않는 경우

API를 사용하지 않는 경우의 앱 구성 예는 다음과 같습니다. 이때 기능이 서로 다른 앱을 2개 준비하고, 각각 다른 서버에서 작동되는 경우 각 앱 내에 DB에 접속하는 코드나 DB로부터 데이터를 가져오는 코드, 파일 서버로부터 이미지를 가져오는 코드를 각각 기술해야 합니다.

만약 1개의 서버에서 1개의 앱에 2가지 기능을 구현하여 작동하려면 서버에서 부하를 많이 받습니다. 기능이 많고 규모가 큰 앱을 개발하려면 개발 인원도 더 많이 필요하므로 기능별로 서버가 나누어져 있지 않으면 기능을 추가, 수정하거나 앱을 배포하기 어려워집니다.

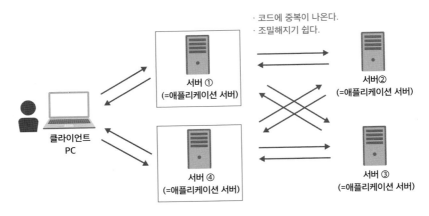

▲ API를 사용하지 않는 경우의 앱 구성 예

API를 사용하는 경우

한편 API를 사용하는 경우의 아키텍처의 예는 다음과 같습니다.

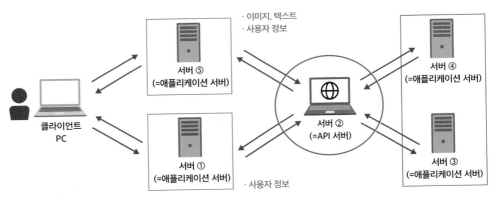

▲ API를 사용하는 경우의 앱 구성 예

DB로의 데이터 써넣기/읽어 들이기 및 이미지 등의 파일 써 넣기/읽어 들이기를 하는 코드를 API로서 분리하고 있습니다. 이 설계에서는 각 앱별로 DB로 접속하는 코드나 파일을 읽어 들이는 코드를 공통화할 수 있으므로 추가/수정이 용이해집니다.

지금까지 API의 개요를 설명했는데, API에는 REST API(Restful API), GraphQL, SOAP 등의 종류가 있으며 각각 설계 원칙이 다릅니다. 이 책에서는 REST API를 다룹니다.

12.2 리소스의 장소를 나타내는 URI의 역할

이전 절의 예와 같이 클라이언트와 서버 간에 요청과 응답을 주고받으려면 리소스가 있는 장소를 서로 알아야 합니다. 각 리소스의 장소를 기술하는 방법을 다음 3가지의 용어로 표현합니다.

- URI(Uniform Resource Identifier): URL과 URN을 포괄하는 개념이며 정보나 서비스, 기기 등 어떠한 리소스를 유일하게 식별하기 위한 서식입니다.
- URL(Uniform Resource Locator): 각 리소스의 장소를 Where과 What으로 URI에 따라서 스키마에 따라 표현합니다. 주로 웹 앱에서 이용되는 것은 URL입니다.
- URN(Uniform Resource Name): 대상이 되는 리소스 그 자체를 직접 나타내는 표현입니다.

URL

예를 들어 위키백과 페이지의 '컴퓨터' 항목(https://ko.wikipedia.org/wiki/컴퓨터)을 보고 싶다면 URL을 사용한 리소스의 주고받기는 다음과 같은 흐름이 됩니다.

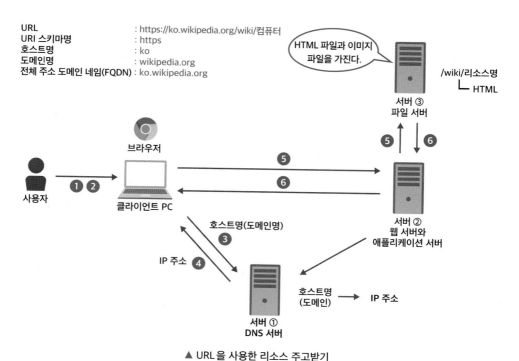

▲ URL을 사용한 리소스 주고받기

❶ 사용자는 클라이언트 PC에서 브라우저를 엽니다.

❷ 브라우저의 검색 창에 URL(https://ko.wikipedia.org/wiki/컴퓨터)을 입력합니다.

❸ URL에 포함되는 도메인으로부터 DNS 서버에 웹 서버의 IP 주소를 문의합니다.

❹ 호스트명으로부터 DNS를 사용해 도메인명에서 IP 주소로 변환하고, 브라우저에서 접근처의 IP 주소를 송신합니다.

❺ 브라우저가 웹 서버에 '컴퓨터에 대해서 기술하고 있는 HTML 파일과 화면 이미지의 파일 장소를 알려줘'라고 명령을 보냅니다.

❻ 브라우저는 그 장소에 접근하여 HTML의 구문을 분석하여 이미지 파일과 HTML에 기술된 텍스트를 표시합니다.

TIP IP 주소가 할당되어 통신 가능한 것은 호스트명이 됩니다. 위키백과 URL의 경우, 'ko.wikipedia.org'와 'wikipedia.org'의 양쪽에 IP 주소가 할당되어 있으므로 이것들은 호스트명이기도 하고 도메인 이름이기도 합니다.

URI

URI에서는 다음과 같은 스키마가 이용됩니다. 스키마명은 TCP/IP의 프로토콜명에 자주 이용됩니다.

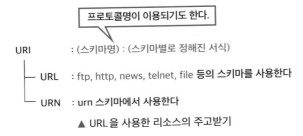

▲ URL을 사용한 리소스의 주고받기

ftp나 http/https 등을 이용한 일반적인 URL의 서식은 다음과 같습니다.

일반적인 URL

스키마명 ://\<user>:\<password>@\<host>:\<port>/\<url-path>	
\<user>	호스트에 접속할 때에 사용하는 사용자명. 생략 가능.
\<password>	사용자명에 대응하는 비밀번호. 생략 가능.
\<host>	호스트명(도메인명), FQDN 또는 IP 주소.
\<port>	접속처 포트 번호. 호스트의 어느 포트에 접속하는지를 나타낸다. 스키마가 디폴트의 포트 번호를 지정하고 있는 경우는 생략 가능.
\<url-path>	호스트에 요구하는 경로. 생략 가능.

기본적으로 브라우저에서 정보에 접근할 때에는 \<host> 이외는 생략되어 있습니다.

구체적인 예

```
http://192.168.16.5/  ──────────  '스키마명://<host>'를 IP 주소로 표현
https://www.example.com/  ──────────  '스키마명://<host>'를 도메인명으로 표현
https://www.example.com/chapter1/  ──  '스키마명://<host>/<url-path>'로
                                        chapter1의 텍스트 장소를 표현
```

URN

한편 URN 서식은 배커스 나우어(BNF) 기법으로 표현됩니다. BNF는 의미를 가진 기호열과 그것이 어떤 내용을 취할 수 있는지를 **<기호>::=정의**라는 기법으로 표현합니다. 예를 들어 '또는'을 나타내는 논리합 기호인 ¦(파이프)를 사용하면 '서울'은 BNF 기법으로 다음과 같이 정의할 수 있습니다.

```
<서울> ::= <강남> ¦ <강북>
```

BNF에서 정의하는 기호열은 홑화살괄호(<>)로 감싸고, 감싸여 있지 않은 기호열은 정의 대상의 언어에서의 표기로 간주합니다. ::=(더블 콜론 이퀄)은 우변이 좌변의 정의인 것을 나타내는 기호입니다.

위의 기법을 이용하여 BNF로 표현한 URN의 서식은 다음과 같습니다.

BNF로 표현한 URN

```
<URN> ::= urn:<NID>:<NSS>
```

<URN>이 **<NID>**인 네임 스페이스 식별자(Namespace Identifier)와 **<NSS>**인 네임 스페이스 고유 문자열(Namespace Specific String)로 정의되고 있습니다.

예를 들어 <Flask Web Development: Developing Web Applications with Python>이라는 책의 URN은 다음과 같습니다.

```
urn:ISBN:9781491991732
```

ISBN(International Standard Book Numbers)은 서적을 유일하게 식별하기 위한 국제 식별 코드입니다. ISBN 규격에서는 NSS가 기재되지 않습니다.

NID인 **9781491991732**는 <Flask Web Development: Developing Web Applications with Python>이라는 책의 식별자를 의미합니다.

테스트로 amazon.com 페이지의 검색 상자에 URN인 **ISBN-13: 978-1491991732**를 입력하여 검색해 보면 <Flask Web Development: Developing Web Applications with

Python>(Miguel Grinberg 지음, O'Reilly Media, 2018, ISBN: 9781491991732)이 검색 결과로 표시됩니다. 또한 ISBN 정보의 ID는 Amazon의 서적 소개 페이지의 등록 정보에 반드시 기술되어 있으므로 확인해 보세요.

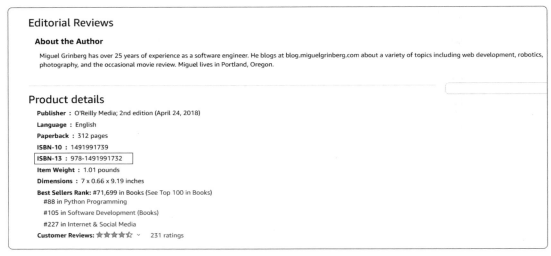

▲ Amazon의 서적 소개 페이지의 등록 정보

이상이 URL, URI, URN의 개요입니다. 덧붙여 이 책에서 다루는 것은 Web API이기 때문에 URN이 아닌 URL을 이용합니다.

HTTP 메서드를 이용해 리소스의 CRUD 조작하기

12.3

HTTP 메서드는 TCP/IP(Transmission Control Protocol/Internet Protocol) 프로토콜의 제4 층에 해당하는 애플리케이션의 HTTP 프로토콜에서 통신될 때에 이용되는 메서드입니다.

구체적으로는 서버 측에 리소스를 어떻게 할지의 지시를 내리는 조작 메서드입니다. 주로 Create(작성), Read(읽어 들이기), Update(갱신), Delete(삭제)의 4가지 리소스 조작이 있습니다. 이 4가지 조작을 줄여서 CRUD라고 합니다. CRUD를 HTTP 메서드로 대응하면 다음과 같습니다.

▼ CRUD와 HTTP 메서드의 대응

리소스의 조작	HTTP 메서드
Create(작성)	POST/PUT
Read(읽어 들이기)	GET
Update(갱신)	PUT
Delete(삭제)	DELETE

HTTP 메서드를 이용하여 리소스의 조작 처리가 간단해지며, 체계적이며 기계나 사람도 이해하기 쉬워집니다. 리소스의 작성에는 HTTP 메서드인 POST와 PUT을 이용하는데 기본적으로 POST를 이용합니다.

이 장의 마무리

이 장에서는 Web API를 이해하기 위해 Web, API, URI, HTTP 메서드에 대해서 설명했습니다.

Web API를 개발하기 위해 필요한 지식으로서 World Wide Web(Web)과 API의 의미, 리소스의 장소를 나타내는 URI의 역할, HTTP 메서드에 의한 리소스의 CRUD 조작에 대해 설명했습니다. 이러한 이해를 바탕으로 머신러닝 API를 만들어 보겠습니다. 다음 장에서는 이 책에서 구현하는 머신러닝 API(물체 감지 API)의 사양을 살펴봅시다.

TIP 더욱 Web API에 대해서 이해하고 싶은 분은 다음의 전문서를 한번 읽어 보기를 추천합니다.

- <웹 개발자를 위한 웹을 지탱하는 기술: HTTP, URI, HTML 그리고 REST>(야마모토 요헤이, 멘토르, ISBN: 9784774142043)
- <Web API: The Good Parts>(미즈노 타카아키, 오라일리 재팬, ISBN: 9784873116860)

CHAPTER 13

물체 감지 API의 사양

이 장의 내용

제2부(제8장)에서는 업로드된 이미지에 찍힌 물체는 어떤 것이 있는지를 감지하는 기능을 구현했습니다. 물체 감지 앱에 넣은 물체를 감지하는 기능은 PyTorch라는 딥러닝 프레임워크와 torchvision(http://pytorch.org/vision/stable/index.html)이라는 패키지에 구현된 학습 완료 모델을 이용하여 구현합니다. PyTorch에 대해서는 다시 제4부(제16장)에서 설명합니다.

Torchvision에 구현되어 있는 학습 완료 모델 중에서 Mask R-CNN(Mask Regional Convolutional Neural Network)을 이용합니다. Mask R-CNN은 **합성곱 신경망**(Convolutional Neural Network, CNN)이 기반이 되고 있습니다. 또한 머신러닝, 딥러닝, 지도 학습, 신경망, 합성곱 신경망 등의 전문 용어에 대해서는 제4부(제16장)에서 설명합니다.

이 장에서는 물체 감지 API 처리의 흐름에 대해 설명한 후, PyTorch 설치부터 학습 완료 모델의 저장까지를 차례대로 설명합니다.

TIP CNN 발전계의 유명한 신경망에는 다음과 같은 것이 있습니다. 이러한 알고리즘이나 모델을 학습하는 방법에 대해서는 이 책에서는 다루지 않지만 자세한 내용을 알고 싶은 분은 각 URL을 참조해 주세요.
- YOLO: https://arxiv.org/abs/1506.02640, https://github.com/pjreddie/darknet
- Fast R-CNN: https://arxiv.org/abs/1504.08083
- Faster R-CNN: https://arxiv.org/abs/1506.01497
- SSD(Single Shot MultiBox Detector): https://arxiv.org/abs/1512.02325

물체 감지 API의 처리 흐름

물체 감지(Object Detection)란 이미지나 동영상의 속에 찍히는 물체로서 인식될 수 있는 것을 감지하는 것입니다. 여기서 물체는 사전에 이미지나 동영상 데이터를 머신러닝 모델에 입력하여 학습시키는 것으로 정의됩니다. 이 장에서 구현하는 물체 감지 API가 물체를 감지할 때까지의 흐름은 다음과 같습니다.

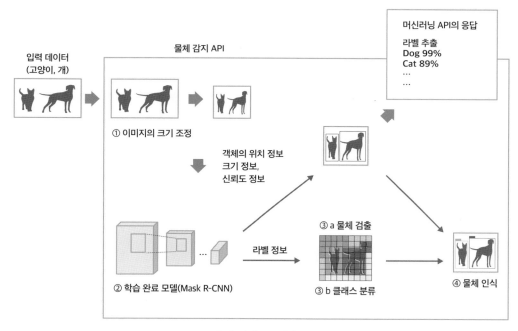

▲ 물체 감지 API 처리 흐름

입력하는 데이터는 이미지 데이터이고 출력하는 데이터는 라벨이 됩니다. 여기에서 말하는 라벨은 이미지 내에 찍혀 있는 물체의 정의입니다. 예를 들어 고양이와 개가 찍혀 있는 사진을 물체 감지 API에 입력하면 고양이와 개를 식별하여 이미지 내에 찍혀 있는 물체의 출현 확률을 출력합니다.

물체 감지 API 내의 처리 흐름은 이미지를 읽어 들이고, 이미지를 가공하여 이미지 데이터를 합성곱 신경망인 Mask R-CNN의 학습 완료 모델에 입력합니다.

입력된 이미지 데이터로부터 학습 완료 모델에 의해 이미지에 찍혀 있는 물체의 크기나 위치 검출 및 분류라는 형태로 물체가 인식(Object Recognition)되어 라벨로서 출력됩니다.

물체 인식(Object Recognition)에는 크게 일반 물체 인식과 특정 물체 인식의 2가지가 있습니다.

- **일반 물체 인식**: 의자, 자동차, 호랑이 등 일반적인 물체의 카테고리(Classification)로서 인식하는 것입니다.
- **특정 물체 인식**: 어떤 특정 물체와 동일한 물체의 이미지 속에 존재하는지 여부(Identification)를 인식하는 것입니다.

이 장에서 다루는 물체 감지 API는 일반 물체 인식을 할 수 있는 API입니다.

TIP 더욱 자세하게 물체 인식에 대해 알고 싶은 분은 다음의 서적을 한번 읽어 보길 추천합니다.
- <이미지 인식>(하라다 타츠야, 고단샤, 2017, ISBN: 9784061529120)

PyTorch 설치하고 학습 완료 모델 저장하기

먼저 `flaskbook_api`라는 디렉터리를 생성하고 `venv` 환경을 준비해 둡니다.

```
$ mkdir flaskbook_api
$ cd flaskbook_api
$ python3 -m venv venv
$ . venv/bin/activate
```

PyTorch 설치하기

다음의 PyTorch 공식 페이지에서 각 환경에 맞는 `pip` 명령어를 확인하고 PyTorch를 설치합니다.

https://pytorch.org

리눅스의 경우

다음과 같이 `pip` 명령어를 이용하여 설치합니다.

```
pip3 install torch torchvision torchaudio --extra-index-url https://download.pytorch.org/whl/cpu
```

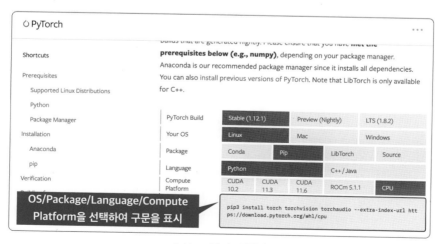

▲ Linux의 pip 명령어

맥의 경우

다음과 같이 pip 명령어를 이용하여 설치합니다.

```
pip3 install torch torchvision torchaudio
```

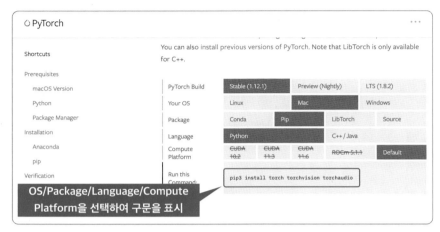

▲ 맥의 pip 명령어

윈도우의 경우

다음과 같이 pip 명령어를 이용하여 설치합니다.

```
pip3 install torch torchvision torchaudio
```

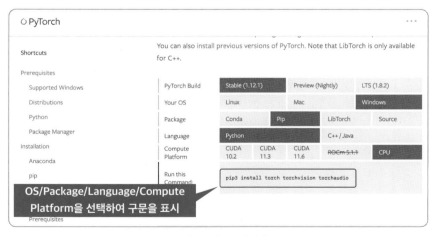

▲ 윈도우의 pip 명령어

학습 완료 모델 저장하기

PyTorch를 설치했으면 파이썬의 인터렉티브 셀 모드에서 다음의 코드를 1행씩 실행해 주세요.

```
$ python
Python 3.10.7 (v3.10.7:6cc6b13308, Sep  5 2022, 14:02:52)
[Clang 13.0.0 (clang-1300.0.29.30)] on darwin
Type "help", "copyright", "credits" or "license" for more information.

>>> import torch
>>> import torchvision
>>> model = torchvision.models.detection.maskrcnn_resnet50_fpn(pretrained=True)
>>> torch.save(model, "model.pt")
```

보통 머신러닝에는 많은 데이터가 필요하고, 그만큼 학습하는 시간이 소요됩니다. 따라서 사전에 학습 완료 모델을 바이트 열(serialize) 등의 표현으로 변환해서 디스크나 스토리지에 저장해 두고, 거기에서 추론할 때에 모델을 읽어 들여 실행합니다. 그러면 추론할 때마다 학습할 필요가 없어집니다.

학습 완료 모델을 저장했으면 루트 디렉터리에 model.pt라는 파일이 작성되므로 이 파일의 존재를 확인합니다. .pt는 .pth(경로 설정 파일)와 같은 의미의 확장자입니다.

```
$ ls
model.pt
```

이것으로 모델이 준비되었습니다. model.pt를 읽어 들여 이미지 데이터를 모델에 입력하면 감지된 라벨과 정밀도를 출력해 줍니다.

이 장의 마무리

이 장에서는 물체 감지 API의 처리 흐름과 PyTorch 설치부터 학습 완료 모델의 저장까지를 살펴봤습니다. 다음 장에서는 제12장과 이 장에서 배운 내용을 바탕으로 실제로 물체 감지 API를 개발합니다.

CHAPTER 14

물체 감지 API 구현하기

이 장의 내용

이 장에서는 이전 장에서 준비한 학습 완료 모델을 API로 구현해 보겠습니다. 이 장에서 개발하는 API에서는 다음 기능을 구현하는 것을 목표로 합니다.

- POST 메서드로 이미지를 받습니다.
- 이미지 내의 물체를 감지합니다.
- 물체의 라벨명과 확률을 반환합니다.
- 라벨을 붙인 이미지를 생성합니다.

실제로 구현하는 감지 후의 이미지는 다음과 같습니다.

▲ 물체 감지 후의 이미지

또한 학습 완료 모델을 API로서 이용하는 데는 다음의 코드를 구현해야 합니다.

- API 서버 실행 코드(14.3절)
- 데이터 준비/전처리/후처리 코드(14.4절)
- 학습 완료 모델의 실행 코드(14.5절)
- 라우팅(14.6절)

먼저 전체 디렉터리 및 모듈 구성 등에 대해 설명한 후, 위의 4 항목의 코드를 하나씩 구현해 보겠습니다.

14.1 물체 감지 API의 디렉터리 구성과 모듈

이제부터 구현하는 물체 감지 API의 디렉터리 구성은 다음과 같습니다. 루트 디렉터리는 flaskbook_api입니다.

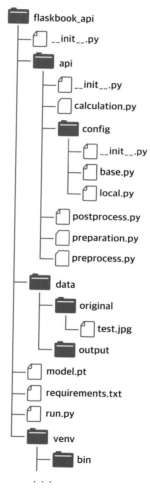

▲ 물체 감지 API의 디렉터리 구성

디렉터리 구성의 결정법이나 모듈의 명명 방법에 대해서는 제4부(제17장)에서 설명하지만, 여기에서 디렉터리/모듈과 역할을 정리해 둡니다.

▼ 디렉터리/모듈과 역할

디렉터리명/모듈명	역할
flaskbook_api/__init__.py	패키지 초기화 처리를 기술하는 모듈. 계층의 모듈을 검색하기 위한 마커의 역할도 가진다.
flaskbook_api/api/__init__.py	flaskbook_api/__init__.py와 같다.
flaskbook_api/api/calculation.py	학습 완료 모델을 실행하여 감지 결과를 출력하는 모듈
flaskbook_api/api/config/	API를 실행하는 데 필요한 설정 파일이 배치된 디렉터리
flaskbook_api/api/config/__init__.py	flaskbook_api/__init__.py와 같다.
flaskbook_api/api/config/base.py	API를 실행하는 데 필요한 설정 모듈
flaskbook_api/api/config/local.py	API를 로컬 상에서 실행하는 데 필요한 설정 모듈
flaskbook_api/api/postprocess.py	데이터 후처리를 하는 모듈
flaskbook_api/api/preparation.py	데이터 준비를 하는 모듈
flaskbook_api/api/preprocess.py	데이터 전처리를 하는 모듈
flaskbook_api/data/output/	물체 감지된 이미지 데이터를 보관하는 디렉터리
flaskbook_api/data/original/	원본 이미지 데이터를 보관하는 디렉터리
flaskbook_api/data/original/test.jpg	사전에 배치해 두는 물체 감지를 하는 파일
laskbook_api/model.pt	이전 장에서 이용한 학습 완료 모델의 파일
flaskbook_api/requirements.txt	이전 장에서 이용한 학습 완료 모델의 모듈
flaskbook_api/run.py	API를 Flask의 내장 서버를 이용하여 실행하는 모듈
flaskbook_api/venv/	가상 환경의 디렉터리

__init__.py

__init__.py에는 2가지 역할이 있습니다.

첫 번째는 계층의 모듈을 검색하기 위한 마커입니다. __init__.py가 존재하는 디렉터리를 파이썬에 패키지로 인식시킬 수 있습니다. 디렉터리명이 패키지명이 되며, **부모.자식.모듈**과 같이 .로 구분하여 지정할 수 있습니다. __init__.py가 있는 디렉터리 안에서 .py 파일을 import하여 다른 .py 파일에서도 이용할 수 있습니다.

두 번째는 패키지의 초기화 처리입니다. 이 파일 내에 초기화 처리를 기술하고, 특별히 처리가 없으면 비어도 문제없습니다. import되었을 때에는 __init__.py에 기술된 스크립트가 최초로 실행됩니다.

파이썬이 import를 실행했을 때에 자동으로 부모 디렉터리명을 네임 스페이스 패키지로 하기 때문에 암묵적이고 동적으로 패키지명이 바뀝니다. 그 구조에 대한 자세한 내용은 PEP420과 파이썬 공식 문서의 '5.2.2. 네임 스페이스 패키지'를 읽어 주세요.

TIP PEP420: https://www.python.org/dev/peps/pep-0420/#differences-between-namespace-packages-and-regular-packages

TIP 파이썬 공식 문서: https://docs.python.org/ko/3/reference/import.html#namespace-packages

Python 3.3 이후에는 __init__.py를 포함하지 않는 디렉터리도 패키지로서 import할 수 있습니다. 그러나 이것은 네임 스페이스 패키지(Namespace packages)라고 부르는데 일반 패키지와는 다릅니다.

또한 프레임워크, 라이브러리, 패키지, 모듈, 함수의 관계성에 대해서는 제4부(제16장)에서 설명합니다.

이번의 디렉터리 구성에서는 __init__.py를 배치합니다. 그 이유는 각 모듈로부터 다른 모듈을 import할 때에 반드시 루트 디렉터리로부터 절대 경로로 import 문을 기술하고, 어느 디렉터리의 어느 모듈에서 어떤 함수를 이용하고 있는지를 명시함으로써 코드의 가독성을 담보하기 위함입니다.

또한 개발 시에는 __init__.py를 작성하는 것을 잊고 앱을 구동할 때에 구동 오류가 나는 경우가 자주 있습니다. __init__.py의 작성을 잊지 않도록 주의해 주세요.

TIP 일반 패키지와 네임 스페이스 패키지의 자세한 내용을 알고 싶은 분은 다음 책을 한번 읽어 보길 추천합니다.
- <효율적 개발로 이끄는 파이썬 실천 기술: 파이썬에 숨겨진 힘을 이용해 개발 효율을 높이자!>(스야마 레이, 제이펍)

 **구현 준비하기**

다음과 같이 디렉터리와 빈 모듈을 미리 작성해 둡시다. 제13장에서 작성한 **flaskbook_api** 디렉터리와 학습 완료 모델의 파일(model.pt)을 이용합니다. 우선 필요한 라이브러리를 설치하고 **requirements.txt**를 작성합니다.

```
$ cd flaskbook_api
$ . venv/bin/activate
$ pip install flask pillow opencv-python
$ pip freeze > requirements.txt
```

만약 opencv-python을 설치하면서 오류가 발생한다면 opencv-python 라이브러리 페이지의 정보 (pypi.org/project/opencv-python)를 확인해 주세요.

맥OS에서 'Building wheels for collected packages: opencv-python Building wheel for opencv-python(pyproject.toml)...'라는 오류가 발생해서 opencv-python 설치가 끝나지 않을 경우는 다음 명령어를 실행해 보세요.

```
$ pip install --no-use-pep517 opencv-python
```

다음에 flaskbook_api 아래의 전체 디렉터리를 작성합니다.

```
$ mkdir api
$ mkdir api/config
$ mkdir data
$ mkdir data/output
$ mkdir data/original
```

빈 모든 모듈도 먼저 준비해 둡니다.

```
$ touch ./run.py
$ touch ./__init__.py
$ touch api/__init__.py
$ touch api/preprocess.py
$ touch api/postprocess.py
$ touch api/preparation.py
$ touch api/calculation.py
$ touch api/config/__init__.py
$ touch api/config/base.py
$ touch api/config/local.py
```

물체를 감지하고자 하는 이미지를 JPEG 형식(확장자 .jpg)으로 data/original 디렉터리 아래에 배치해 둡니다. 샘플 이미지는 GitHub에서 flaskbook_api 저장소의 data/original 디렉터리 아래에 배치하고 있으므로 그곳을 이용해 주세요.

마지막으로 디렉터리와 빈 모듈이 모두 작성되었는지 14.1절의 디렉터리 트리와 같은 구성으로 되어 있는지를 확인해 주세요.

[구현 1] API 실행 코드 구현하기

이번 절의 목표는 플라스크의 빌트인 서버가 실행하는 부분까지의 구현입니다. 구현할 모듈은 다음의 5개입니다.

- flaskbook_api/run.py
- flaskbook_api/api/__init__.py
- flaskbook_api/api/config/__init__.py
- flaskbook_api/api/config/base.py
- flaskbook_api/api/config/local.py

그럼 하나씩 구현해 봅시다.

config를 읽어 들이고 플라스크 앱 만들기

우선 환경 변수에서 설정한 config의 설정을 읽어 들이고 create_app 함수를 사용하여 플라스크 앱을 만드는 코드를 살펴보겠습니다. 이 경우 create_app 함수는 별도의 모듈(flaskbook_api/api/__init__.py)에서 작성합니다.

▼ config를 읽어 들이고 create_app 함수 호출하기(flaskbook_api/run.py)

```
import os

from flaskbook_api.api import create_app

config = os.environ.get("CONFIG", "local")
app = create_app(config)
```

▼ 플라스크 앱을 작성하는 create_app 함수(flaskbook_api/api/__init__.py)

```
from flask import Flask, jsonify, request

def create_app(config_name):
    app = Flask(__name__)
```

```
    app.config.from_object(config[config_name])


    return app
```

app.config.from_object(config_name)에서 다음의 config 디렉터리 내의 환경별로 나눈 상수나 DB 설정 등을 읽어 들입니다.

Blueprint 이용하기

제3장에서 기출의 Blueprint를 이용합니다. 이 장에서는 디렉터리 구성상 create_app 함수는 필수가 아니므로 생략합니다.

▼ 앱을 구동하는 코드(flaskbook_api/run.py)

```
import os

from flask import Flask

from flaskbook_api.api import api
from flaskbook_api.api.config import config

config_name = os.environ.get("CONFIG", "local")

app = Flask(__name__)
app.config.from_object(config[config_name])
# blueprint를 애플리케이션에 등록
app.register_blueprint(api)
```

▼ 앱을 초기화하여 읽어 들이는 코드(flaskbook_api/api/__init__.py)

```
from flask import Blueprint, jsonify, request

from flaskbook_api.api import calculation

api = Blueprint("api", __name__)
```

▼ 환경별로 준비한 config를 읽어 들이는 코드(flaskbook_api/api/config/__init__.py)

```
from flaskbook_api.api.config import base, local
```

```
config = {
    "base": base.Config,
    "local": local.LocalConfig,
}
```

공통의 설정 관리하기

base.py는 전체 환경에서 공통의 설정을 관리하는 모듈입니다. TESTING과 DEBUG는 플라스크에서 내부적으로 유지하는 설정값입니다. 이것들 외에도 많은 설정값이 있습니다. 제1부에서도 일부 환경 변수의 설정값을 소개한 바 있습니다.

TIP 다음 base.py 코드는 GitHub 저장소에서 복사해서 붙여 넣어 주세요.
https://github.com/ml-flaskbook/flaskbook/blob/main/flaskbook_api/api/config/base.py

▼ 전체 환경에서 공통의 설정 (flaskbook_api/api/config/base.py)

```python
class Config:
    TESTING = False
    DEBUG = False
    # 감지하는 라벨
    LABELS = [
            "unlabeled",
            "person",
            "bicycle",
            "car",
            "motorcycle",
            "airplane",
            "bus",
            "train",
            "truck",
            "boat",
            "traffic light",
            "fire hydrant",
            "street sign",
            "stop sign",
            "parking meter",
            "bench",
            "bird",
```

```
            "cat",
            "dog",
            ...생략...
            "toothbrush",
    ]
```

LABELS는 사전에 정의된 감지용의 라벨입니다. local.py는 로컬 환경에서만 공통의 설정을 기술하는 모듈입니다. base.py에서 설정한 상수와 같은 상수가 있으면 내용을 덮어씁니다.

TIP 감지용 라벨은 오픈 데이터셋 COCO dataset의 라벨을 이용합니다.
https://github.com/amikelive/coco-labels/blob/master/coco-labels-2014_2017.txt

▼ 로컬 환경에서만 공통의 설정(flaskbook_api/api/config/local.py)

```
from flaskbook_api.api.config.base import Config


class LocalConfig(Config):
    TESTING = True
    DEBUG = True
```

만약 로컬 환경 이외에 스테이징 환경과 실제 라이브 환경이 있고, 각각 데이터베이스에서 이용하는 데이터베이스명 등의 정보나 파라미터의 초깃값 등을 환경별로 나누고 싶을 때에는 위와 같은 config의 분리법을 적용하면 추가/수정을 매우 간단하게 실시할 수 있습니다.

동작 확인하기

마지막으로 플라스크의 내장 서버가 구동하고 있는지를 확인합니다. 동작을 확인하면서 출력 결과의 색으로 표시한 부분에 특히 신경 써 주세요.

```
$ export FLASK_APP=run.py
$ export FLASK_ENV=development
$ flask run (또는 flask --debug run)
* Serving Flask app "run.py" (lazy loading)
* Environment: development
* Debug mode: on
* Running on http://127.0.0.1:5000/ (Press CTRL+C to quit)
* Restarting with stat
* Debugger is active!
```

```
* Debugger PIN: 144-132-005
```

여기에서 주의할 것은 $ export FLASK_APP=run.py를 잊으면 다음과 같은 오류가 발생하는 것입니다. 제1부에서 설명했듯이 .env 파일을 이용하면 환경 변수의 설정을 잊는 것을 막을 수 있습니다.

```
$ flask run
* Environment: production
  WARNING: This is a development server. Do not use it in a production deployment.
  Use a production WSGI server instead.
* Debug mode: off
Usage: flask run [OPTIONS]

Error: Could not locate a Flask application. You did not provide the "FLASK_APP" ↵
environment variable, and a "wsgi.py" or "app.py" module was not found in the ↵
current directory.
```

또한 $ export FLASK_ENV=development를 빠뜨리면 플라스크 내부에서 설정한 DEBUG = True와 TESTING = True가 유효로 되지 않고, Debug mode: off 상태가 되며, 리로더나 디버거가 on 상태가 되지 않습니다.

```
$ export FLASK_APP=run.py
$ flask run
* Serving Flask app "run.py"
* Environment: production
WARNING: This is a development server. Do not use it in a production deployment.
Use a production WSGI server instead.
* Debug mode: off
* Running on http://127.0.0.1:5000/ (Press CTRL+C to quit)
```

[구현 2] 데이터 준비하고 전처리/후처리 코드 구현하기

이번 절의 목표는 이미지 데이터를 읽어 들이기, 수치 데이터로 변환하고, 출력하는 데이터의 형태를 정리하는 함수를 구현하는 것입니다. 학습 완료 모델에 입력하기 쉽게 데이터를 정리하는 것을 전처리라고 하며, 학습 완료 모델이 출력하는 데이터를 보기 쉽게 정리하는 것을 후처리라고 합니다.

구현하는 모듈은 다음의 3개입니다.

- flaskbook_api/api/preparation.py
- flaskbook_api/api/preprocessing.py
- flaskbook_api/api/postprocess.py

그럼 하나씩 구현해 봅시다.

데이터 준비하기

preparation.py에는 이미지 데이터를 준비하기 위한 처리를 기술합니다.

▼ 이미지 데이터 준비하기 (flaskbook_api/api/preparation.py)

```python
from pathlib import Path

import PIL

basedir = Path(__file__).parent.parent


def load_image(request, reshaped_size=(256, 256)):
    """이미지 읽어 들이기"""
    filename = request.json["filename"]
    dir_image = str(basedir / "data" / "original" / filename)
    # 이미지 데이터의 객체를 생성
    image_obj = PIL.Image.open(dir_image).convert('RGB')
    # 이미지 데이터의 크기 변경
    image = image_obj.resize(reshaped_size)
    return image, filename
```

이미지를 읽어 들이기, Pillow 라이브러리의 `PIL.Image.open` 함수를 실행하는 것으로 이미지 데이터의 객체를 생성했습니다. 또한 이미지 크기를 세로 256, 가로 256의 크기로 축소했습니다.

TIP Pillow 라이브러리: https://pillow.readthedocs.io/en/stable

이미지를 축소함으로써 이미지에 포함되는 화소 수와 같은 정보량은 적어지는 한편 감지하기는 쉬워집니다.

전처리

preprocess.py에는 학습 완료 모델에 입력하기 쉽게 데이터를 정돈하는 전처리를 기술합니다.

▼ 전처리(flaskbook_api/api/preprocess.py)

```python
import torchvision


def image_to_tensor(image):
    """이미지 데이터를 텐서 타입의 수치 데이터로 변환"""
    image_tensor = torchvision.transforms.functional.to_tensor(image)
    return image_tensor
```

`torchvision`을 이용하여 데이터를 텐서 타입으로 변경합니다. 텐서 타입은 numpy의 `ndarray`형과 비슷하며, 벡터 표현에서 행렬 표현, 이것들의 연산을 GPU를 이용하는 것처럼 많은 데이터를 사용해서 계산하기 위한 데이터 타입 중 하나입니다.

TIP Torch Tensor: https://pytorch.org/docs/stable/tensors.html

이 책에서는 GPU를 이용하지 않지만 PyTorch를 이용한 모델에 대응하기 위해 텐서 타입의 데이터로 변환합니다.

후처리

postprocess.py에서는 학습 완료 모델이 출력하는 데이터를 보기 쉽게 정리하는 후처리 코드를 기술합니다.

▼ 후처리(flaskbook_api/api/postprocess.py)

```python
import random


import cv2
```

```python
def make_color(labels):
    """테두리 선의 색을 랜덤으로 결정"""
    colors = [[random.randint(0, 255) for _ in range(3)] for _ in labels]
    color = random.choice(colors)
    return color


def make_line(result_image):
    """테두리 선을 작성 """
    line = round(0.002 * max(result_image.shape[0:2])) + 1
    return line


def draw_lines(c1, c2, result_image, line, color):
    """테두리 선을 덧붙여 씀"""
    cv2.rectangle(result_image, c1, c2, color, thickness=line)


def draw_texts(result_image, line, c1, color, display_txt):
    """감지한 텍스트 라벨을 이미지에 덧붙여 씀"""
    # 텍스트 크기의 취득
    font = max(line - 1, 1)
    t_size = cv2.getTextSize(display_txt, 0, fontScale=line / 3, thickness=font)[0]
    c2 = c1[0] + t_size[0], c1[1] - t_size[1] - 3

    # 텍스트 박스의 추가
    cv2.rectangle(result_image, c1, c2, color, -1)
    # 텍스트 라벨 및 텍스트 박스의 가공
    cv2.putText(
        result_image,
        display_txt,
        (c1[0], c1[1] - 2),
        0,
        line / 3,
        [225, 255, 255],
        thickness=font,
        lineType=cv2.LINE_AA,
    )
```

학습 완료 모델이 출력하는 것은 어디까지나 텐서 타입의 수치 데이터뿐입니다. 물체가 감지된 이미지를 작성하는 데는 물체를 감싸는 테두리, 물체를 감싸는 테두리의 색, 물체를 감싸는 테두리 선의 두께, 텍스트 라벨의 색, 텍스트 라벨의 글꼴 크기를 작성하고, 이미지에 덧붙여 써야 합니다.

이미지에 덧붙여 쓰기 위해 이미지 편집 라이브러리인 OpenCV(Open Source Computer Vision Library)를 이용합니다. OpenCV는 원래는 C/C++로 동작하는 라이브러리이지만, 파이썬에서도 사용할 수 있게 되어 있습니다.

TIP OpenCV 라이브러리: https://pypi.org/project/opencv-python

이상이 데이터 준비, 전처리, 후처리의 코드입니다. flaskbook_api/api/preparation.py와 flaskbook_api/api/preprocessing.py의 각 함수는 코드 양이 적기 때문에 모듈로 나누어 함수로 할 필요가 없다고 생각할지도 모르겠습니다. 자세한 것은 제4부에서 설명하는데, 코드의 역할을 알기 쉽게 나누기 위해 각 모듈을 작성하겠습니다.

 **[구현 3] 학습 완료 모델의 실행 코드 구현하기**

이번 절의 목표는 물체 감지를 하는 학습 완료 모델을 실행하는 코드의 구현입니다. 구현하는 모듈은 다음의 1개입니다.

• flaskbook_api/api/calculation.py

calculation.py에서는 14.3절과 14.4절에서 작성한 함수를 이용하여 학습 완료 모델에 데이터를 입력하고 모델을 실행한 후 모델의 출력을 작성합니다.

▼ 학습 완료 모델 실행하기(flaskbook_api/api/calculation.py)

```python
from pathlib import Path
import cv2
import numpy as np
import torch
from flask import current_app, jsonify

from flaskbook_api.api.postprocess import draw_lines, draw_texts, make_color, make_line
from flaskbook_api.api.preparation import load_image
from flaskbook_api.api.preprocess import image_to_tensor

basedir = Path(__file__).parent.parent


def detection(request):
    dict_results = {}
    # 라벨 읽어 들이기
    labels = current_app.config["LABELS"]
    # 이미지 읽어 들이기
    image, filename = load_image(request)
    # 이미지 데이터를 텐서 타입의 수치 데이터로 변경
    image_tensor = image_to_tensor(image)

    # 학습 완료 모델의 읽어 들이기
    try:
        model = torch.load("model.pt")
```

```
except FileNotFoundError:
    return jsonify("The model is not found"), 404


# 모델의 추론 모드로 전환
model = model.eval()
# 추론의 실행
output = model([image_tensor])[0]
result_image = np.array(image.copy())
# 학습 완료 모델이 감지한 물체의 이미지에 테두리 선과 라벨을 덧붙여 씀
for box, label, score in zip(output["boxes"], output["labels"], output["scores"]):
    # 점수가 0.6 이상과 중복하지 않는 라벨로 좁힘
    if score > 0.6 and labels[label] not in dict_results:
        # 테두리 선의 색 결정
        color = make_color(labels)
        # 테두리 선의 작성
        line = make_line(result_image)
        # 감지 이미지의 테두리 선과 텍스트 라벨의 테두리 선의 위치 정보
        c1 = int(box[0]), int(box[1])
        c2 = int(box[2]), int(box[3])
        # 이미지에 테두리 선을 덧붙여 씀
        draw_lines(c1, c2, result_image, line, color)
        # 이미지에 텍스트 라벨을 덧붙여 씀
        draw_texts(result_image, line, c1, color, labels[label])
        # 감지된 라벨과 점수의 사전을 작성
        dict_results[labels[label]] = round(100 * score.item())
# 이미지를 저장할 디렉터리의 전체 경로를 작성
dir_image = str(basedir / "data" / "output" / filename)


# 감지 후의 이미지 파일을 저장
cv2.imwrite(dir_image, cv2.cvtColor(result_image, cv2.COLOR_RGB2BGR))
return jsonify(dict_results), 201
```

torch.load 함수로 사전에 보존하던 학습 완료 모델을 읽어 들입니다. 학습 완료 모델을 보존할 때에는 torch.save 함수를 이용했습니다. 이것들은 pickle이라는 파이썬의 표준 모듈을 기반으로 하고 있으므로 pickle을 이용해도 모델의 보존과 읽기가 가능하지만, 클로저를 적어야 하기 때문에 PyTorch를 이용하는 경우는 torch를 이용하기를 추천합니다

TIP pickle: https://docs.python.org/ko/3/library/pickle.html

14.6 [구현 4] 라우팅 구현하기

14.5절에서 구현한 calculation.py를 API로서 작동하게 하려면 라우팅을 구현해야 합니다. 그 때문에 이번 절의 목표는 API를 로컬 서버에서 작동해서 API에 대해 HTTP 통신으로 요청을 보내고, 응답이 돌아올 때까지의 구현입니다.

14.3절에서 구현한 다음의 모듈에 라우팅을 덧붙여 씁니다.

- flaskbook_api/api/__init__.py

라우팅이란 URL과 처리를 대응시키는 것으로, 앞서 물체 감지 앱에서 이미 구현한 바 있습니다. 플라스크의 라우팅은 URL과 실행하는 함수를 연결합니다. 여기에서는 2개의 라우팅을 구현합니다.

▼ 라우팅 구현하기(flaskbook_api/api/__init__.py)

```python
from flask import Blueprint, jsonify, request

from flaskbook_api.api import calculation
# 공통의 prefix를 덧붙여 씀
api = Blueprint("api", __name__)


@api.get("/")
def index():                                          ❶
    return jsonify({"column": "value"}), 201


@api.post("/detect")
def detection():                                      ❷
    return calculation.detection(request)
```

❶ http://127.0.0.1:5000에 요청을 보내면 {"column": "value"}를 응답으로써 콘솔 화면에 표시합니다.

❷ http://127.0.0.1:5000/detect에 요청을 보내면 감지된 물체의 라벨과 점수를 포함한 JSON 데이터를 응답으로써 콘솔 화면에 표시합니다.

동시에 테두리 선과 라벨을 덧붙여 쓴 이미지는 flaskbook_api/data/output/ 디렉터리 아래에 저장합니다.

여기에서 중요한 것은 calculation.detection 함수의 인수에 from flask import Flask, jsonify, request의 행에서 import한 request를 이용하고 있는 점입니다. 플라스크에서 제공되는 request 모듈은 클라이언트가 서버로 전송한 데이터, 그 시점에서의 수신 요청 정보로의 접근을 가능하게 합니다. 그러므로 request는 요청으로 보낸 데이터의 내용을 받을 수 있습니다.

TIP 전역(global)이면서도 스레드 안전(thread-safe)한 상태를 실현할 수 있는 이유에 대해 깊이 이해하고 싶은 분은 'Flask 컨텍스트 객체'라는 키워드로 검색하여 찾아보세요.

동작 확인하기

물체 감지 API 동작 확인을 해 봅시다. 먼저 물체 감지 API를 실행합니다.

```
$ export FLASK_APP=run.py
$ export FLASK_ENV=development
$ flask run (또는 flask --debug run)

* Serving Flask app "run.py" (lazy loading)
* Environment: development
* Debug mode: on
* Running on http://127.0.0.1:5000/ (Press CTRL+C to quit)
* Restarting with stat
* Debugger is active!
* Debugger PIN: 118-822-590
```

다음의 curl 명령어로 샘플 이미지인 test.jpg를 물체 감지시키기 위해서 POST 메서드로 HTTP 통신하는 요청을 보냅니다.

```
$ curl -X POST http://127.0.0.1:5000/detect -H "Content-Type:↵
application/json" -d '{"filename":"test.jpg"}'
```

윈도우를 이용하는 분은 더블 쿼테이션 앞에 슬래시를 덧붙여 이스케이프해야 합니다.

API가 문제없이 동작하고 있다면 다음의 응답이 돌아옵니다.

```
response : {"bicycle":98,"dog":99,"truck":84}
```

실제로 감지된 물체 이미지는 다음과 같습니다.

▲ 감지된 이미지

트럭과 자전거와 개가 감지되고 있는 것을 알 수 있습니다. 학습 완료 모델에 입력하는 이미지를 축소하였기 때문에 제2부에서 작성한 물체 감지 앱에 들어가 있는 물체 감지 기능의 정밀도가 향상되었습니다.

여기까지로 실제로 물체 감지가 작동하는 API를 만들 수 있었습니다.

하지만 제품으로서 많은 사용자에게 이용되어 많은 요청이 송신되어 오는 경우, 요청의 발송 방법이 잘못되거나 데이터베이스로 써 넣기가 도중에 실패하는 경우가 자주 있습니다. 그런 경우에 대비해서 디버깅하기 쉽고 왜 실패했는지 알기 쉽도록 오류 핸들러와 검증 코드를 구현해야 합니다. 이 오류 핸들러와 검증 코드에 대해서는 제4부(제17장)에서 다룹니다.

이 장의 마무리

이 장에서는 torchvision에서 준비되어 있는 학습 완료 모델을 이용하여 물체 감지 API를 개발했습니다. 다른 이미지 데이터로 시도하거나, 일부러 잘못된 요청을 보내서 API로부터 어떤 응답이 돌아오는 지를 확인해 보세요.

또한 torchvision에는 Mask R-CNN 이외의 학습 완료 모델이나 데이터셋도 준비되어 있습니다. 이 책에서는 다루고 있지 않으나 그것들도 꼭 시도해 보세요.

여기까지로 물체 감지 앱과 물체 감지 API의 개발을 마쳤습니다. 이것들을 많은 사용자가 사용할 수 있도록 하려면 서버에 코드를 배치해야 합니다. 다음 장에서는 물체 감지 앱을 클라우드 서버에 배포하는 절차를 설명합니다.

CHAPTER 15

물체 감지 앱 배포하기

이 장의 내용

이 장에서는 제2부에서 개발한 물체 감지 앱을 클라우드상의 서버리스 환경에 컨테이너를 이용해서 배포하고 인터넷에 일반 공개합니다.

여기에서는 컨테이너를 이용할 수 있는 Docker를 이용합니다. 또한 앱을 배포할 클라우드 서버리스 환경으로는 Google Cloud의 Cloud Run을 이용합니다. 다음 순서로 각각의 기술에 대해 설명하고 마지막으로 물체 감지 앱을 Cloud Run으로 배포합니다.

- Docker의 개요
- Cloud Run의 개요
- Docker의 이용 준비
- Cloud Run의 이용 준비
- [절차1] Google Cloud의 configuration 초기 설정하기
- [절차2] Dockerfile 작성하기
- [절차3] Docker 이미지 빌드하기
- [절차4] Docker 이미지를 GCR에 푸시하기
- [절차5] Cloud Run에 배포하기

15.1 Docker의 개요

Docker란 오픈 소스 컨테이너형 가상 소프트웨어입니다. OS 레벨에서 가상화 기술을 이용하여 컨테이너라는 앱의 실행 환경 여러 개를 간단히 만들 수 있습니다.

가상화 기술

가상화 기술이란 물리적으로는 1대인 컴퓨터에 여러 컴퓨터가 구동하는 것처럼 작동하는 기술입니다. 가상화 기술을 이용해 만든 가상의 컴퓨터를 가상 머신 혹은 가상 컴퓨터라고 합니다. 가상화 기술을 설명할 때는 호스트 OS와 게스트 OS라는 단어가 나옵니다. 호스트 OS란 가상 머신 환경에서 가상의 OS를 동작시키는 토대가 되는 OS입니다. 한편 게스트 OS란 가상 머신에서 동작하는 가상의 OS를 말합니다.

하이퍼바이저형과 컨테이너형

가상화 기술은 크게 다음 2가지가 있습니다.

하이퍼바이저형 가상화 기술(하드웨어 레벨 가상화 기술)

1대뿐인 컴퓨터의 메모리 등 시스템 자원의 일부를 이용하여 현재 사용하고 있는 호스트 OS와는 별도로 가상 머신 상에 새롭게 게스트 OS를 작성하는 가상화 기술입니다. 예를 들어 맥OS가 설치되어 있는 PC에서 윈도우를 동작시키는 것 등을 할 수 있습니다.

컨테이너형 가상화 기술(OS 레벨 가상화 기술)

1대밖에 없는 컴퓨터의 1개의 호스트 OS에 컨테이너라는 독립 공간을 여러 개 형성하여 각각의 컨테이너에서 앱을 구축할 수 있는 기술입니다. 컨테이너는 컨테이너 엔진이라는 프로세스를 통해 호스트 OS의 커널을 공유함으로써 CPU나 메모리 등의 리소스를 격리하여 가상의 공간을 만들어 냅니다.

컨테이너는 호스트 OS의 프로세스로 취급됩니다. 호스트 OS와 컨테이너 사이의 중개역을 담당하는 컨테이너 관리 소프트웨어라 불리는 것 중 하나가 Docker입니다.

Docker의 유스케이스

이 장에서는 컨테이너형 가상화 기술의 Docker를 이용합니다. Docker의 유스케이스는 다음과 같습니다.

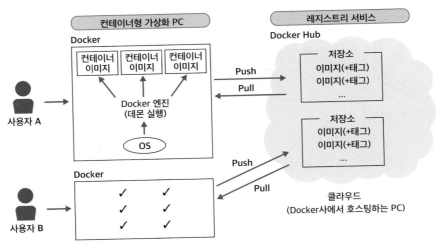

▲ Docker의 유스케이스

docker 명령어로 이미지(image)에서 컨테이너를 만들어 독립된 환경을 만들 수 있습니다. 이미지란 컨테이너 안에서 어떤 환경을 구축할지 정하는 컨테이너의 템플릿입니다. 저장소는 이미지를 내포하는 단어인 여러 개의 다른 태그가 붙은 이미지의 덩어리입니다. 그러므로 저장소명(+태그명)이 이미지명이 됩니다. 태그명이 없으면 저장소명과 이미지명은 같습니다.

예를 들어 리눅스 OS에서 파이썬 3이 움직이는 컨테이너 환경이 필요하다면, 리눅스 OS와 파이썬이 필요하다는 것을 나타낸 이미지를 작성해 놓고 그 이미지를 바탕으로 리눅스 OS에서 파이썬 3이 작동하는 컨테이너 환경을 여러 개 만들 수 있습니다. 또한 그 이미지는 인터넷상의 레지스트리 서비스인 Docker Hub에서 공유되고 있는 것도 있습니다.

Docker Hub에서 파이썬의 이미지가 공유되면, docker 명령어로 풀(pull)해서 그 이미지를 이용할 수 있고, 파이썬이 작동하는 컨테이너 환경을 구축할 수 있습니다. 즉, 스스로 정의나 설정을 하지 않아도 이미 Docker Hub에서 공개된 이미지를 풀하면 로컬 PC에 이미지를 가져와서 설치하지 않아도 파이썬을 이용할 수 있습니다. 또한 Docker 이미지를 스스로 정의하는 경우는 Dockerfile이라는 파일을 작성합니다. docker 명령어의 기본 사용법은 다음과 같습니다. 이런 명령어를 이용해서 Dockerfile로부터 컨테이너 안에서 앱을 실행시킵니다.

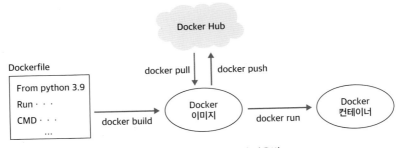

▲ docker 명령어의 기본적인 사용법

15.2 Cloud Run의 개요

Cloud Run이란 컨테이너를 사용하여 간단히 라이브 환경으로 배포할 수 있는 Google Cloud의 풀 매니지드 서비스의 서버리스 아키텍처입니다.

특징

Cloud Run의 특징으로 다음 3가지의 키워드가 있습니다.

① 서버리스

여기서 말하는 서버리스란 앱을 구동하기 위한 웹 서버를 스스로 준비할 필요가 없는 상태를 의미합니다. 예를 들어 플라스크 앱을 Cloud Run에서 작동하는 경우, 원래 nginx 등의 웹 서버의 설정 파일을 자신이 준비하여 구동해야 합니다. 하지만 서버리스에서는 웹 서버의 설정 파일을 자신이 준비할 필요가 없습니다.

② 컨테이너 배포

Cloud Run에 HTTP 요청에 응답할 수 있는 Docker 컨테이너를 배포하는 것만으로 웹 서비스를 공개할 수 있습니다. 즉, Dockerfile로 유연하게 만들고 싶은 앱을 작동하는 환경을 정의할 수 있으며, 정의된 이미지로부터 작성되는 컨테이너를 Cloud Run에서 관리할 수 있습니다.

Cloud Run에 배포하는 경우는 Docker 이미지를 생성하고, Google Container Registry(GCR)에 푸시하여 저장/관리되고, 그 이미지를 선택하여 Cloud Run에 컨테이너를 배포합니다.

GCR에 푸시된 후 Google Cloud의 콘솔 화면상에서 버튼을 클릭하면 간단하게 진행할 수 있습니다. 절차는 뒤에서 설명하겠지만, 다음과 같이 배포됩니다. Docker가 취급하던 Docker Hub의 레지스트리 역할을 GCR이 담당하고 있습니다.

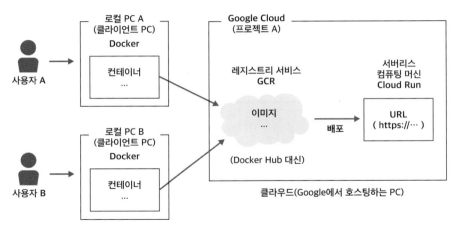

▲ 컨테이너 배포

③ 풀 매니지드

단적으로 말하면 Cloud Run은 서버나 네트워크의 운용/관리를 사람을 대신해 실시해 줍니다. 예를 들어 Cloud Run은 오토스케일을 해줍니다. 오토스케일이란 서버의 부하에 따라 스케일 아웃/인(서버 대수를 늘리거나 줄이거나)이나 스케일 업/다운(CPU나 메모리 등 서버의 처리 능력을 올릴지 낮출지)을 실시하는 것을 가리킵니다.

TIP 이 책에서 개발하는 앱에서는 간단하게 하기 위해 컨테이너 안에 데이터베이스를 배치하고 있기 때문에 오토스케일의 혜택을 받을 수 없습니다.

Cloud Run은 배포된 컨테이너가 받는 부하에 따라 자동으로 클라우드 서버의 대수를 증감해 줍니다. 로드 밸런서도 필요 없습니다. 더욱이 본래라면 HTTPS 통신을 설정하려면 SSL 인증서를 발급해야 하지만 Cloud Run은 배포 완료 직후에 자체 도메인을 발행하여 HTTPS 통신이 가능한 상태로 만들어 줍니다. Cloud Run의 풀 매니지드 기능에 관해서는 이외에도 여러 가지가 있으며, 항상 업데이트됩니다.

15.3 Docker의 이용 준비

Docker Desktop 설치하기

로컬 환경에서 Docker를 이용하기 위해 Docker Desktop을 설치합니다.

맥OS

다음 URL로부터 Docker Desktop for Mac을 설치합니다.

https://hub.docker.com/editions/community/docker-ce-desktop-mac

윈도우

다음 URL로부터 Docker Desktop for Windows를 설치합니다.

https://hub.docker.com/editions/community/docker-ce-desktop-windows

리눅스

다음 URL로부터 각 OS에 맞춰 Docker Desktop을 설치합니다.

https://hub.docker.com/search?q=&type=edition&offering=community&operating_system=linux

Docker Desktop 구동하기

설치가 끝나면 Docker Desktop을 구동합니다. 맥OS의 경우는 Docker.app을 클릭합니다. 그런 다음 터미널이나 콘솔을 열고 `docker version` 명령어를 실행하여 구동할 수 있는지 여부를 확인합니다.

> **TIP** Docker Desktop은 중소기업(종업원 수 250명 미만, 연간 매출액 1000만달러 미만)이면 무료로 이용할 수 있으나 이에 해당하지 않는 경우는 기본적으로 유료입니다.
> https://www.docker.com/products/docker-desktop

```
$ docker version
Client:
 Cloud integration: v1.0.29
```

```
 Version:          20.10.17
 API version:      1.41
 Go version:       go1.17.11
 Git commit:       100c701
 Built:            Mon Jun  6 23:04:45 2022
 OS/Arch:          darwin/amd64
 Context:          default
 Experimental:     true

Server: Docker Desktop 4.12.0 (85629)
 Engine:
  Version:          20.10.17
  API version:      1.41 (minimum version 1.12)
  Go version:       go1.17.11
  Git commit:       a89b842
  Built:            Mon Jun  6 23:01:23 2022
  OS/Arch:          linux/amd64
  Experimental:     false
 containerd:
  Version:          1.6.8
  GitCommit:        9cd3357b7fd7218e4aec3eae239db1f68a5a6ec6
 runc:
  Version:          1.1.4
  GitCommit:        v1.1.4-0-g5fd4c4d
 docker-init:
  Version:          0.19.0
  GitCommit:        de40ad0
```

이것으로 Docker와 **docker** 명령어를 사용할 수 있게 되었습니다. 다음은 Cloud Run에 컨테이너 배포하기 위한 준비를 합니다.

15.4 Cloud Run의 이용 준비

다음 절차로 배포하기 위한 준비를 합니다.

❶ Google Cloud 무료 계정을 만듭니다.

❷ Google Cloud 프로젝트를 만듭니다.

❸ Cloud Run API와 Container Regsitry API를 활성화합니다.

❹ Cloud SDK를 설치합니다.

① Google Cloud 무료 계정 만들기

Google Cloud 페이지에 접근하여

https://cloud.google.com/free

[무료로 시작하기]를 클릭합니다. 처음 Google Cloud를 이용하는 경우는 $300의 크레딧이 무료로 부여됩니다.

▲ Google Cloud 화면

로그인 화면으로 화면 전환합니다. Google 계정이 필요합니다. Google 계정이 없는 경우는 미리 작성합시다.

Google 로그인 계정으로 로그인합니다.

▲ 로그인 화면

② Google Cloud 프로젝트 작성하기

로그인에 성공했으면 프로젝트를 작성합니다.

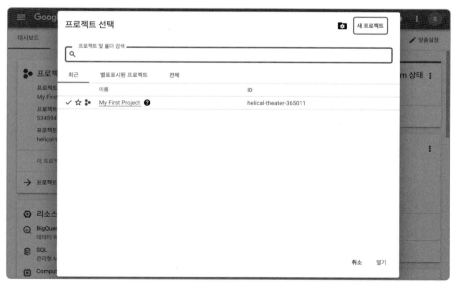

▲ 로그인 후의 대시보드

[새 프로젝트]를 클릭하면 다음과 같이 랜덤으로 프로젝트 이름과 프로젝트 ID가 생성됩니다.

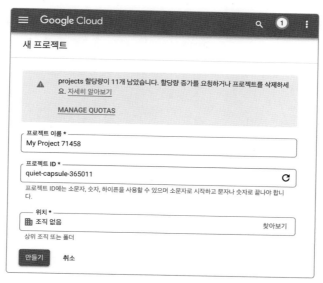

▲ 새 프로젝트 만들기

프로젝트 이름은 뒤의 절차에서도 사용하므로 잊어버리거나 입력 실수하지 않도록 간단하며 기억하기 쉬운 이름으로 정해 두세요. 여기에서는 프로젝트 이름은 `flaskbook-app`, 프로젝트 ID는 `flaskbook-id`와 같이 해 둡니다.

▲ 프로젝트 이름과 ID는 동일하게 지정한다.

TIP 프로젝트 이름을 붙이는 방법은 각각의 상황이나 프로젝트의 개수나 조직 체제에 따라 관습이 있지만 이 책에서는 설명을 생략합니다.

왼쪽 위의 [Google Cloud]를 클릭하여 홈 화면으로 돌아가 프로젝트가 작성되고 있는지 여부를 확인합니다.

▲ 폼 화면에서 작성한 프로젝트 확인하기

③ Cloud Run API와 Container Regsitry API 활성화하기

API의 활성화에는 다음 2가지 방법이 있습니다. 어떤 방법으로 활성화해도 됩니다.

Ⓐ API 라이브러리에서 검색해서 활성화하는 방법
Ⓑ 직접 API의 서비스 메뉴에서 활성화하는 방법

Cloud Run 활성화하기

Ⓐ의 방법으로 활성화해 봅시다. 메뉴로부터 [API 및 서비스] → [라이브러리]를 선택합니다.

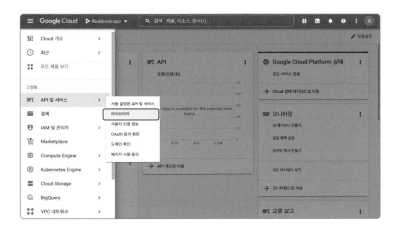

위의 검색 창에서 Cloud Run을 검색합니다.

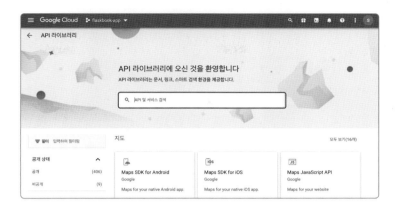

Cloud Run API의 [사용] 버튼을 클릭하면 활성화됩니다.

Container Registry 활성화하기

🅑의 방법으로 활성화해 봅시다. 메뉴에서 [Container Registry] → [이미지]를 선택합니다.

[사용] 버튼을 클릭합니다.

다음 화면이 표시되면 Cloud Run이 활성화되고 있습니다.

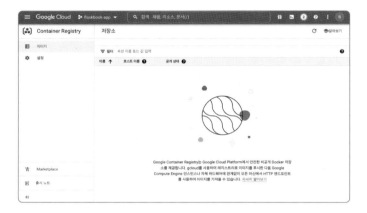

④ Cloud SDK 설치하기

Cloud Run에 배포하려면 Cloud SDK를 설치해야 합니다. Cloud SDK를 설치하면 로컬 PC로부터 Google Cloud에 접근하거나 앱을 배포하기 위한 gcloud 명령어를 이용할 수 있습니다.

다음 페이지로부터 OS의 환경에 따라 설치해 주세요.

https://cloud.google.com/sdk/downloads

지금까지로 Cloud Run으로 배포하기 위한 Google Cloud의 준비가 갖추어졌습니다. 이후에는 docker 명령어와 gcloud 명령어를 이용하여 실제로 물체 감지 앱을 Cloud Run에 컨테이너를 배포해 보겠습니다.

[절차 1] Google Cloud의 configuration 초기 설정하기

15.5

Google Cloud와 접속하기 위한 프로젝트 이름 및 로그인하기 위한 계정 설정 등의 초기 설정을 실시합니다. 이미 Google Cloud를 이용하고 있는 사람은 같은 configuration을 이용하거나 새롭게 configuration명을 지정하여 작성합니다.

먼저 다음 명령어로 configuration이 작성되어 있는지 여부를 확인합니다.

```
$ gcloud config configurations list
NAME    IS_ACTIVE ACCOUNT    PROJECT    COMPUTE_DEFAULT_ZONE    COMPUTE_DEFAULT_REGION
```

아무것도 표시되지 않기 때문에 아직 만들어지지 않은 것을 확인할 수 있습니다.

다음 명령어로 초기화 설정을 합니다.

```
$ gcloud init
```

그러면 다음과 같은 메시지가 표시되고, 신규로 configuration을 작성할지 여부나 새로운 계정으로 로그인할지 여부 등의 지시가 출력됩니다.

> 그 지시에 따라 신규로 작성하는 경우는 configuration명을 입력하고, Y/n 혹은 번호를 지정해 주세요.

이번은 새로운 configuration명을 mygcp로 지정해서 작성합니다.

```
Welcome! This command will take you through the configuration of gcloud.
…
Pick configuration to use:
[1] Re-initialize this configuration [default] with new settings
[2] Create a new configuration
Please enter your numeric choice: 2 ──────────────  신규 작성이므로 2를 선택

Choose the account you would like to use to perform operations for
this configuration:
```

```
[1] [자신의 이메일 주소]
[2] Log in with a new account
Please enter your numeric choice: 1 ────────────────────────────────  1을 선택


Pick cloud project to use:
[1] [flaskbook-app]
Please enter numeric choice or text value (must exactly match list
item): 1 ──────────────────────  Google Cloud에서 조금 전 작성한 프로젝트 id를 지정
…
Your Google Cloud SDK is configured and ready to use!
```

다시 mygcp라는 configuration이 되어 있는지 여부를 확인합니다.

```
$ gcloud config configurations list
NAME   IS_ACTIVE  ACCOUNT         PROJECT        COMPUTE_DEFAULT_ZONE    COMPUTE_DEFAULT_REGION
mygcp  True       [자신의 이메일 주소]  flaskbook-app
```

mygcp의 내용을 확인합니다.

```
$ gcloud config list
[core]
account = [자신의 이메일 주소]
disable_usage_reporting = False
project = flaskbook-app
```

설정되어 있는 것이 확인되었습니다. disable_usage_reporting은 서비스를 개선하기 위해서 Google Cloud에 보고서를 보내도 되는지 여부의 설정입니다.

[절차 2] Dockerfile 작성하기

물체 감지 앱의 디렉터리로 이동하세요. 물체 감지 앱의 디렉터리 구성은 다음과 같습니다.

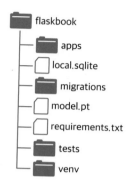

flaskbook
├── apps
├── local.sqlite
├── migrations
├── model.pt
├── requirements.txt
├── tests
└── venv

▲ 물체 감지 앱의 디렉터리 구성

Dockerfile은 물체 감지 앱의 루트 디렉터리에 작성합니다. 다음 명령어로 Dockerfile을 작성합니다.

```
$ touch Dockerfile
```

작성한 Dockerfile에 다음 코드를 작성합니다.

▼ Dockerfile

```
# 베이스 이미지의 지정
FROM python:3.10.7


# apt-get의 version을 갱신하고, SQLite3의 설치
RUN apt-get update && apt-get install -y sqlite3 && apt-get install -y libsqlite3-dev

# 컨테이너의 워킹 디렉터리의 지정
WORKDIR /usr/src/
# 디렉터리와 파일의 복사
COPY ./apps /usr/src/apps
COPY ./local.sqlite /usr/src/local.sqlite
COPY ./requirements.txt /usr/src/requirements.txt
```

```
COPY ./model.pt /usr/src/model.pt


# pip의 version 갱신
RUN pip install --upgrade pip


# 리눅스용 Pytorch 설치 명령어를 실행
RUN pip install torch torchvision opencv-python


# 필요한 라이브러리를 컨테이너 내의 환경에 설치
RUN pip install -r requirements.txt


# "building..."를 표시하는 처리
RUN echo "building..."


# 필요한 각 환경 변수를 설정
ENV FLASK_APP "apps.app:create_app('local')"
ENV IMAGE_URL "/storage/images/"


# 특정 네트워크 포트를 컨테이너가 실행 시에 리슨
EXPOSE 5000


# "docker run" 실행 시에 실행되는 처리
CMD ["flask", "run", "-h", "0.0.0.0"]
```

Docker는 Dockerfile 내에 기술된 명령 코드를 읽어 들여 이미지를 빌드합니다. 예를 들어 다음 기술 부분의 COPY라는 명령 코드가 처리되면 ./apps라는 현재 디렉터리 아래의 파일이 빌드된 이미지 내의 /usr/src/apps라는 디렉터리 아래에 복사됩니다.

```
...
COPY ./apps /usr/src/apps
...
...
```

위의 Dockerfile에서는 local.sqlite와 model.pt를 컨테이너 안에 복사하여 앱으로부터 데이터 베이스에 접속하고 모델을 읽어 들일 수 있도록 기술하고 있습니다.

통상 Google Cloud를 이용해 애플리케이션을 작동하는 경우는 Cloud SQL 등의 매니지먼트 서비스를 이용하여 외부 인스턴스에 DB 서버를 구동하여 접속하는 경우가 많습니다. 컨테이너 내에 데이터베이스 그 자체를 보존하고 있기 때문에 데이터의 영속화에는 부적합합니다.

또한 모델의 파일 자체도 Google Cloud Storage(GCS)와 같은 버킷 스토리지에 보존하여, 앱 측에서 읽어 가도록 구현하는 경우가 많습니다. 이 책에서는 배포를 하여 앱을 공개하는 것을 목표로 하고 있기 때문에 데이터의 영속화나 모델의 관리 방법에 대해서는 생략하고 있습니다.

Dockerfile 내에서 자주 이용하는 명령문과 역할을 다음과 같이 정리했습니다. 자세한 내용을 알고 싶다면 Docker의 공식 문서를 참조해 주세요.

▼ Dockerfile 내에서 자주 이용하는 명령문과 역할

명령문	역할
FROM	기준 이미지를 지정한다.
LABEL	라벨을 설정한다.
ENV	환경 변수를 설정한다.
RUN	명령어를 실행한다.
COPY	파일과 디렉터리를 컨테이너에 복사한다.
ADD	파일과 디렉터리를 컨테이너에 복사한다. 로컬 환경의 .tar 파일을 언백 가능
CMD	실행 중인 컨테이너에 명령어와 인수를 제공한다. 1개의 Dockerfile 파일당 CMD는 1개만 기술 가능
WORKDIR	뒤에 이어지는 설명의 작업 디렉터리를 설정한다.
ARG	빌드 시에 Docker에 전달하는 변수를 정의한다.
ENTRYPOINT	실행 중의 컨테이너에 명령어와 인수를 제공한다.
EXPOSE	포트를 공개한다.
VOLUME	영속 데이터에 접근하고 보존하기 위한 디렉터리 마운트 포인트를 만든다.

TIP Docker 공식 문서: http://docs.docker.jp/v1.9/engine/reference/builder.html

[절차 3] Docker 이미지 빌드하기

docker build -t <저장소명:<태그명>><Dockerfile이 존재하는 디렉터리>라는 명령어로 Dockerfile을 바탕으로 이미지를 빌드합니다.

```
$ docker build -t detector-app ./
Sending build context to Docker daemon 338.4MB
Step 1/12 : FROM python:3.9
---> 7f5b6ccd03e9
Step 2/12 : RUN pip install Flask
---> Running in 76bf962e4eb8
Collecting Flask
Downloading Flask-2.0.2-py2.py3-none-any.whl (94 kB)
…
Successfully built f662c59b76f5
Successfully tagged detector-app:latest
```

-t 옵션을 사용하여 detector-app이라는 저장소명을 붙여서 현재 디렉터리에 있는 Dockerfile에 기술되어 있는 명령문을 바탕으로 이미지를 빌드하고 있습니다. <태그명>은 생략할 수 있습니다. 태그를 지정하지 않은 경우는 기본적으로 latest라는 태그가 붙습니다.

다음으로 docker tag<이미지명 or 이미지 ID ><저장소명>:<태그>라는 명령어로 GCR에 푸시할 수 있도록 합니다. 푸시/풀을 할 저장소와 푸시/풀 대상인 이미지를 연결하는 명령어입니다.

```
$ docker tag detector-app gcr.io/flaskbook-app/detector-app:latest
```

detector-app이라는 이미지를 푸시/풀할 곳을 지정하고 있습니다. GCR에서 푸시/풀을 할 저장소명은 gcr.io/프로젝트 ID/컨테이너 이미지의 이름과 같이 기술합니다.

docker tag 명령어 내에 기술하고 있는 :latest는 다른 동일 이미지명과 구별하고 싶을 때에 이용되는 태그입니다. version을 식별하고 싶을 때나 용도별로 식별하고 싶을 때에 붙이는 태그로 라벨과 같습니다.

작성한 이미지 확인하기

docker images 명령어로 작성된 이미지의 일람을 살펴보겠습니다.

```
$ docker images
REPOSITORY                              TAG      IMAGE ID        CREATED           SIZE
detector-app                            latest   f662c59b76f5    17 minutes ago    976MB
gcr.io/flaskbook-app/detector-app       latest   f662c59b76f5    17 minutes ago    976MB
```

REPOSITORY 열에 있는 detector-app은 Docker에 호스팅되어 있는 레지스트리 서비스인 Docker Hub의 저장소명입니다. 실제로는 아직 푸시하고 있지 않으므로 Docker Hub상에는 detector-app이라는 저장소가 존재하지 않습니다. 이 책의 개발 과정에는 Docker Hub의 저장소를 이용하지 않고 GCR을 이용하기 때문에 Docker Hub에 푸시할 일은 없습니다.

한편 조금 전 docker tag 명령어로 연결한 gcr.io/flaskbook-app/detector-app은 GCR상의 저장소명입니다. 이쪽도 아직 푸시하지 않아서 GCR에 존재하지 않습니다. 다음 절에서 푸시해 보겠습니다.

15.8 [절차 4] Docker 이미지를 GCR에 푸시하기

앞서 빌드한 Docker 이미지를 GCR에 푸시하기 전에 다음 명령어를 실행합니다. 이에 따라 docker push나 docker pull 등의 docker 명령어로 GCR에 접속할 수 있게 됩니다.

```
$ gcloud auth configure-docker
```

인증 정보는 사용자의 홈 디렉터리에 보존됩니다.

- **맥OS** : $HOME/.docker/config.json
- **리눅스** : $HOME/.docker/config.json
- **윈도우** : %USERPROFILE%/.docker/config.json

그러면 docker push <옵션><저장소명<:태그명>>이라는 명령어로 GCR에 푸시합니다. 여기서 <옵션>은 생략 가능합니다. <:태그명>은 태그가 있으면 지정하고, 여기에서는 detector-app:latest로 합니다.

```
$ docker push gcr.io/flaskbook-app/detector-app:latest
```

푸시 확인하기

실제로 detector-app이 푸시되었는지 여부를 Google Cloud의 콘솔 화면에서 확인합니다. 메뉴에서 [Container Registry]를 선택하고, GCR에 푸시가 성공하면 다음과 같이 detector-app이라는 저장소 이름이 표시됩니다.

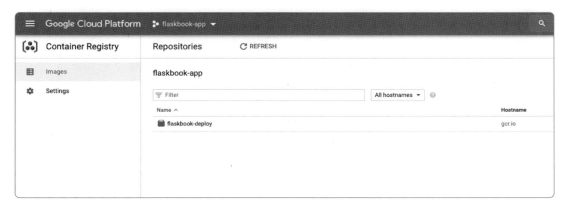

▲ Container Registry 서비스의 콘솔 화면

[detector-app]을 클릭해 이미지가 표시되면 GCR로의 푸시는 성공입니다.

▲ detector-app을 클릭한 상태

15.9 [절차 5] Cloud Run에 배포하기

이대로 Container Registry 서비스의 콘솔 화면으로부터 Cloud Run에 배포해 보겠습니다. 물론 명령어로도 배포할 수 있으나 이대로 콘솔 화면으로부터 배포하는 쪽이 간단합니다. 가장 오른쪽의 을 클릭하면 선택 리스트가 표시되므로 [Deploy to Cloud Run]을 선택합니다.

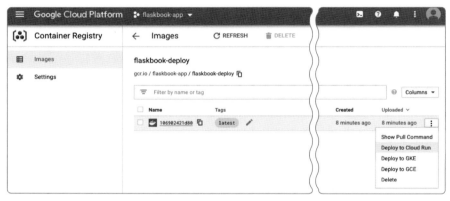

▲ Container Registry로부터 이미지를 선택하고 배포할 곳을 선택하기

서비스 만들기의 설정 화면이 표시됩니다. 컨테이너 이미지 URL에서는 GCR에 푸시되어 있는 이미지 ID를 선택합니다. 서비스 이름은 [detector-app]을 선택하고, Region은 [서울]로 합니다. 인증은 누구나 접근할 수 있도록 [Allow unauthenticated invocations]를 선택합니다. 오른쪽 아래의 [펼치기] 버튼을 클릭해 컨테이너, 연결, 보안을 설정합니다.

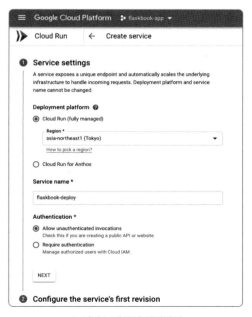

▲ 서비스 만들기 설정하기

컨테이너, 연결, 보안의 설정 화면의 컨테이너 이미지 URL에서는 GCR에 푸시되어 있는 이미지 ID를 선택합니다.

Advanced settings에서는 [CONTAINER]를 클릭하고 [Container port(컨테이너 포트)]에 '5000'을 입력합니다.

또한 [Capacity]의 [Memory allocated]는 [2GiB]를 선택해 주세요. 그 외에는 입력하지 않은 채로 [Create] 버튼을 클릭하면 배포가 실행됩니다.

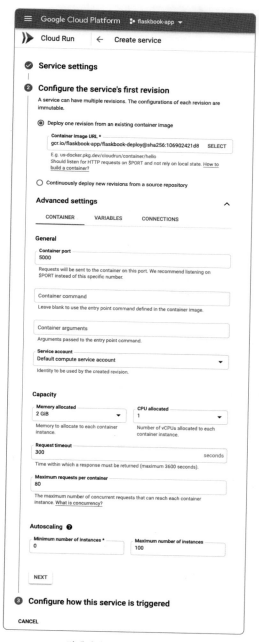

▲ 컨테이너, 연결, 보안의 설정 1

▲ 컨테이너, 연결, 보안의 설정 2

메뉴에서 [Cloud Run]을 선택하여 Cloud Run 서비스의 콘솔 화면을 표시하고, Cloud Run에 배포 되었는지 여부를 확인합니다. Cloud Run은 배포되면 자동으로 URL을 발행해 줍니다. 화면상에 표시되어 있는 하이라이트된 URL을 클릭하여 물체 감지 앱에 접근할 수 있으면 배포 완료입니다.

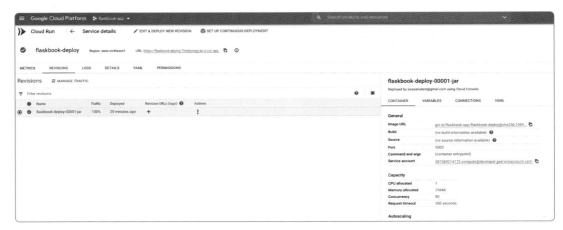

▲ Cloud Run 서비스의 콘솔 화면

하이라이트된 URL [https://detector-app-랜덤 문자열.run.app]은 서비스별로 랜덤으로 발급됩니다. 마지막으로 [https://detector-app-랜덤 문자열.run.app]을 클릭하여 이미지를 업로드하고 물체 감지 기능을 확인합니다.

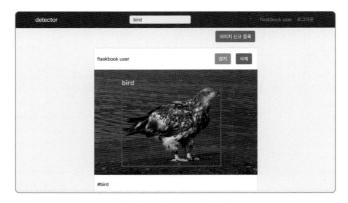

▲ 물체 감지 후의 이미지

이 장의 마무리

이 장에서는 제2부에서 구현한 물체 감지 앱을 Docker를 이용하여 서버리스 환경인 Cloud Run에 컨테이너 배포를 하고 일반 공개했습니다. 제3부에서 구현한 물체 감지 API도 같은 절차로 컨테이너 배포할 수 있습니다. 머신러닝 API를 일반 공개하면 다른 환경에 배포되어 있는 앱에서도 이용할 수 있습니다. 꼭 시도해 보세요.

PART 4

머신러닝 API 개발하기

제3부에서는 물체 감지 앱에 넣은 물체 감지 기능을 API로 구현했습니다. 제4부에서는 분석 코드나 리서치 오리엔티드 코드, 프로토타입, PoC 등 제품화 이전에 기술한 코드를 어떻게 프로덕션 레벨의 API로 할 것인지를 설명합니다. PoC(Proof of Concept: 개념 검증)란 새로운 개념이나 이론, 원리, 아이디어의 실증을 목적으로 하는 시작 개발의 이전 단계를 말합니다. 또한 리서치 오리엔티드 코드란 가장 최적인 모델 및 알고리즘을 탐색하기 위해 쓰여진 코드를 말합니다.

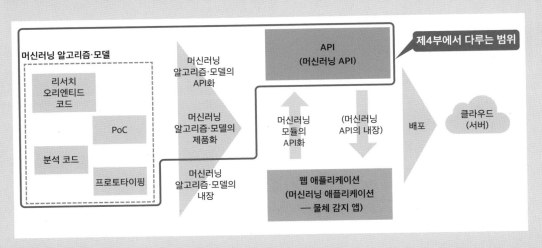

제4부의 각 장에서는 머신러닝의 개요를 설명한 후 어떻게 머신러닝의 모델을 제품화해 나갈지를 코드와 함께 설명합니다.

- **제16장 머신러닝의 개요**: 머신러닝을 이해하기 위해 최소한 알아 두어야 할 용어나 지식을 설명합니다.
- **제17장 머신러닝 API의 개발 과정과 실천**: 실제로 샘플 데이터를 이용하여 학습 완료 모델을 생성하고 그것을 API로 구현합니다. 머신러닝이란 어떤 문제를 해결하기 위한 기법이며, 이 기법을 연구하는 학술 영역을 가리킵니다.

TIP 리서치 오리엔티드 코드에 대해서는 다음의 영상을 시청하면 좀 더 이해가 깊어집니다.
- Friday Lightning TalksBreak – PyCon 2019 –Research Oriented Code in AI/ML projects Tetsuya Jesse Hirata(https://www.youtube.com/watch?v=yFcCuinRVnU)

CHAPTER 16

머신러닝의 개요

이 장의 내용

머신러닝은 기계에 일정량의 데이터를 입력하여 그 데이터에 공통된 규칙이나 패턴을 기계에 학습시키고, 미학습된 데이터를 학습 완료의 기계에 입력했을 때에 패턴이나 규칙에 따른 데이터를 출력합니다.

여기서 기계란 컴퓨터를 말하는데, 더 정확하게 말하면 컴퓨터 프로그램으로 기술된 알고리즘/모델을 표현한 함수를 가리킵니다. 이 컴퓨터 프로그램에서 기술된 알고리즘/모델을 표현한 함수는 머신러닝에서 다루고 싶은 문제와 데이터에 따라 달라집니다.

또한 머신러닝의 문맥에서의 학습이란 그 함수가 출력한 값과 기대하는 값의 오차가 최소가 되는 파라미터를 계산하는 것을 가리킵니다. 학습에 의해 얻어진 계수인 파라미터가 들어가 있는 알고리즘/모델을 학습 완료 모델이라고 말합니다.

이상이 머신러닝에 대해 배우기 전에 알아야 할 주요 용어입니다. 이 장에서는 머신러닝에 대해서 더욱 구체적으로 이해하기 위해 다음의 항목에 대해서 설명합니다.

- 머신러닝에 관련된 개념
- 머신러닝에서 다루는 데이터
- 머신러닝이 다루는 문제
- 수식과 코드에 의한 알고리즘의 표현 방법
- 머신러닝에서 이용하는 파이썬 라이브러리
- 파이썬 라이브러리에 의한 로지스틱 회귀의 표현 방법

머신러닝에 관련된 개념

머신러닝은 지금도 나날이 발달하고 있는 학술 분야라서 아직도 확립된 정의가 없습니다. 또한 머신러닝은 학술 분야뿐만 아니라 비즈니스의 다양한 분야에도 응용되고 있습니다. 예를 들어 이미지 인식, 음성 인식, 문서 분류, 의료 진단, 스팸 이메일 감지, 상품 추천 등 폭넓은 분야에서 중요한 역할을 하고 있습니다. 그러므로 머신러닝에서 이용되는 용어는 맥락에 따라 약간 다르게 쓰일 수 있습니다.

이 책에서 다루는 용어의 개념은 다음과 같이 정리했습니다.

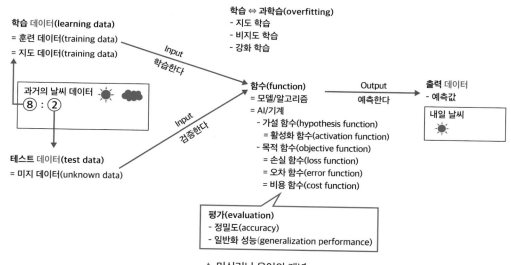

▲ 머신러닝 용어의 개념

함수에 학습시키는 데이터를 학습 데이터, 훈련 데이터, 지도 데이터라고 합니다. 데이터를 학습시키는 방법은 주로 지도 학습, 비지도 학습, 강화 학습 3가지 방법이 있습니다. 한편 과학습이란 훈련 데이터를 학습하고 있지만 테스트 데이터에 대해서 적합하지 않거나 일반화되지 않는 상태를 가리킵니다.

또한 다양한 테스트 데이터에 대해서 기대된 출력 데이터를 낼 수 있는지 여부를 표현할 때는 '모델의 일반화 성능이 높다/낮다' 혹은 '모델의 정밀도가 높다/낮다, 좋다/나쁘다'라고 말합니다.

또한 모델/알고리즘이나 AI/기계가 구체적으로 표현되어 있는 함수(function)는 가설 함수와 목적 함수의 2가지로 분류됩니다.

- **가설 함수(hypothesis function)**: 데이터로부터 어떤 문제를 해결할 수 있는지 가설을 세우고, 그 가설을 바탕으로 선택된 임시 모델을 표현한 함수.
- **목적 함수(objective function)**: 가설 함수가 데이터에 어느 정도 오차 없이 핏(fit)되는지를 계산하는 함수.

이 가설 함수는 활성화 함수라고도 하는데, 가설 함수가 활성화 함수를 내포하는 용어가 됩니다.

또한 목적 함수는 의미가 비슷한 손실 함수, 오차 함수, 비용 함수라는 용어와 자주 혼동됩니다. 문맥에 따라 다소의 의미 차이는 있으나 모두 목적 함수의 의미와 같습니다. '목적 함수와 대체로 의미는 같다'는 점에 입각하여 다음과 같이 이해하면 혼동을 피할 수 있습니다.

- **목적 함수(objective function)**: 가장 포괄적인 개념으로 다음의 용어 모두를 내포합니다.
- **손실 함수(loss function)**: 오차 함수와 같습니다. 예를 들어 제곱합 오차, 교차 엔드로피 오차 등의 함수를 내포하는 용어입니다.
- **오차 함수(error function)**: 손실 함수와 같습니다. 예를 들어 제곱합 오차, 교차 엔드로피 오차 등의 함수를 내포하는 용어입니다.
- **비용 함수(cost function)**: 손실 함수(오차 함수)에 드롭아웃을 더한 함수를 가리키는 용어입니다. 드롭아웃이란 과학습을 억제하기 위해서 조정하는 계산입니다.

일기 예보 처리의 흐름을 예를 들자면 과거의 날씨가 맑았는지 흐렸는지의 데이터 80%를 학습 데이터로 하고, 나머지 20%의 데이터를 모델의 평가를 하기 위한 검증용 테스트 데이터로 합니다.

학습 데이터를 가설 함수에 입력하고, 목적 함수에 의해 오차가 적은 파라미터를 찾아 학습 완료 모델을 생성합니다. 마지막으로 학습에 이용하지 않는 나머지 20%의 테스트 데이터를 학습 완료 모델에 입력하고, 그 테스트 데이터에 대해서 맑은지 흐린지의 예측값을 출력합니다.

여기까지 머신러닝의 전체 개념과 머신러닝을 이용하는 데 필요한 개념을 설명했습니다. 다음 절에서는 머신러닝에서 다루는 데이터에 대해서 살펴봅니다.

16.2 머신러닝에서 다루는 데이터

머신러닝 모델의 정밀도는 입력하는 데이터의 정보량과 데이터 형식에 크게 영향을 받습니다.

예를 들어 수만 건의 수치 데이터가 있는데, 그 안에 비슷한 데이터가 많은 등 해당 데이터에서 읽을 수 있는 정보가 적은 경우가 있습니다. 또한 데이터 형식에 따라 입력하는 데이터의 가공 수단이 달라집니다. 그러므로 머신러닝 모델의 정밀도를 높이기 위해서는 컴퓨터에서 다루는 데이터 그 자체에 대해서 알아 두어야 합니다.

일반적으로 데이터는 다음과 같은 형식으로 컴퓨터에 보유하고 처리됩니다.

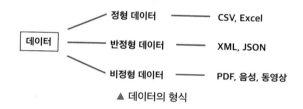

▲ 데이터의 형식

- **정형 데이터**: 2차원의 표(테이블) 형식으로 이루어져 있거나 2차원의 표 형식으로 변환할 수 있는 데이터입니다.
- **반정형 데이터**: 데이터가 규칙에 따라 구분되어 있지만, 표 형식으로는 변환 가능성/변환 방법을 모르는 데이터입니다.
- **비정형 데이터**: 데이터 내에 규칙성이 없고, 2차원의 표 형식으로 변환할 수 없는 데이터입니다.

이러한 데이터들은 다음과 같은 척도로 현실 세계에서 일어나고 있는 일들이 사람과 기계에 의해 관측되고 측정됩니다.

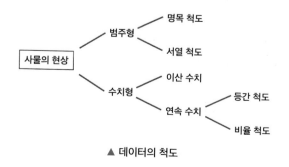

▲ 데이터의 척도

- **범주형 자료(categorical data)**: 정성(定性)적 데이터, 질적 데이터라고도 바꿔 말할 수 있습니다. 명목 척도와 서열 척도를 내포하는 용어입니다. 범주를 구분했을 때 범주에 순서적인 의미가 있으면 서열 척도이고, 없으면 명목 척도입니다.
- **수치형 자료(numbers)**: 정량적 데이터, 양적 데이터라고도 바꿔 말할 수 있습니다. 이산 수치와 연속 수치를 내포하는 용어입니다. 사물의 세는 법과 세는 대상의 차이로 이산인지 연속인지를 구별하면 이해가 쉽습니다.

예를 들어 CD의 장 수를 0, 1, 2, 3으로 세어서 전부 3장으로 한다면 CD의 장수인 3은 연속값입니다. 한편 어떤 아티스트가 3곡이 실린 앨범, 6곡이 실린 앨범, 8곡이 실린 앨범을 발매했다면 이 아티스트의 앨범별 곡 수인 3, 6, 8이라는 수치는 이산 수치가 됩니다.

범주형 자료에는 명목 척도와 서열 척도가 있습니다.

- **명목 척도(nominal scale)**: 구별하기 위해서만 사용되는 척도이므로 같은지/같지 않은지만 의미가 있고, 얼마나 큰가, 몇 배 큰가 등의 의미는 없습니다.
  - 예 음악 장르(록: 1, 힙합: 2, …, 테크노: 4), 남녀 성별 (남: 0, 여: 1)
- **서열 척도(ordinal scale)**: 순서에는 의미가 있지만 그 간격에는 의미가 없는 수치를 할당한 것입니다.
  - 예 빌보드 앨범 차트 랭킹 (1위, 2위, …)

수치형 자료에는 이산 수치와 연속 수치가 있습니다.

- **이산 수치(discrete number)**: 연속하지 않은(비연속적인) 상태인 수치를 가리킵니다.
  - 예 주사위가 나오는 눈, 횟수
- **연속 수치(continuous number)**: 간격 척도나 비율 척도와 같은 수치가 연속되어 있는 것을 가리킵니다. 0, 3, 5와 같은 표현 방식은 연속 수치가 아닌 이산 수치가 됩니다.
- **등간 척도(interval scale)**: 눈금이 등간격으로 되어 있는(등간격이라고 가정되어 있다) 수치입니다.
  - 예 섭씨 온도, 서기 연도
- **비율 척도(ratio scale)**: 값의 대소 관계와 값의 차이의 크기/비율에서 정보를 얻을 수 있고, 값 0이 절대적인 의미를 가지며 값 0은 반드시 정보를 포함하고 있습니다.
  - 예 키, 몸무게, 금액, 절대 온도

이러한 척도는 어떤 문제를 머신러닝으로 풀어 나가거나 어떤 알고리즘을 이용하는지에 따라 척도 변환이나 스케일 변환의 방법이 달라집니다.

16.3 머신러닝이 다루는 문제

머신러닝을 배우고 이해하려면 통계 이야기가 많이 나옵니다. 학문 분야의 발전이 양쪽 모두 수학에서 파생되었으며 기법과 개념이 비슷하기 때문입니다.

한편 어느 문제를 어느 쪽에서 다뤄야 하는지에 대한 이해하는 데는 이 점이 방해 요인이 되기도 합니다. 그러므로 통계와 머신러닝의 이용 목적과 기법을 비교하면서 머신러닝이 다루는 문제(task)에 대해서 설명하겠습니다.

통계

통계(statistics)는 사물의 현상을 수량(통계량)으로 파악하는 것에 중점이 놓여 있습니다.

- **기술 통계(Descriptive Statistics)**: 얻은 데이터의 특징이나 경향을 알기 쉽게 합니다.
- **추측 통계(Inferential Statistics)**: 일부 데이터로부터 그 데이터를 포함하는 전체의 특징을 추측합니다.
- **베이즈 통계(Bayesian Statistics)**: 어떤 사태가 발생하는 확률(=사전 확률)을 바탕으로 어떤 사태가 발생하는 확률(=사후 확률)을 갱신하면서 현상의 확률(주관 확률)을 이끌어 냅니다.

머신러닝

머신러닝(maching learning)은 데이터로부터 규칙이나 패턴을 추출하거나 미지의 데이터의 분류나 예측을 하는 것에 중점이 놓여 있습니다.

- **지도 학습(Supervised Learning)**: 라벨이 붙은 데이터로부터 가설 함수를 만들어 냅니다.
- **비지도 학습(Unsupervised Learning)**: 라벨이 없는 데이터로부터 데이터의 패턴을 찾습니다.

이 책에서는 지도 학습을 다룹니다. 지도 학습이 처리하는 문제는 주로 회귀 문제와 분류 문제로 나눌 수 있습니다.

회귀(Regression) 문제란 수치를 예측(Prediction)하는 문제입니다. 예를 들어 다음 달의 매출을 예측하거나 하는 문제를 말합니다. 그러므로 이전 절에서 설명한 수치 데이터를 다룹니다.

한편 분류(Classification) 문제는 회귀 문제와는 달리 구체적인 예측 수치를 내놓는 것이 아니라 주어진 클래스로 나누는(라벨링한다) 것입니다. 분류 문제에서는 이전 절에서 설명한 범주형 자료를 다룹니다. 예를 들어 탈것의 타이어 수를 보고 타이어 수가 적으면 일륜차, 많으면 이륜차와 같이 미리 주어진 클래스(여기에서는 일륜차와 이륜차)로 나누는 것을 분류라고 합니다.

또한 분류한 클래스를 식별(Identification)하거나 판별(Discriminant)하거나 하는 문제도 머신러닝 분야에서 언급되는데, 이 책에서는 분류 문제에 내포되어 있는 것으로서 취급합니다.

풀어야 하는 문제에 따라 이용하는 알고리즘이 달라집니다. 또한 어떤 문제를 풀고 싶은지 알면 어느 모델을 사용하면 좋을지가 어느 정도 좁혀지는데, 각 알고리즘을 사전에 이해해 두어야 합니다. 그러기 위해서는 다음 절 이후에 다루는 수식과 코드에 의한 알고리즘의 표현 방법을 알아 두면 이해하기 쉬워집니다.

TIP 머신러닝의 알고리즘에 대해 이해하고 싶은 분은 다음의 서적을 한번 읽어 보시길 추천합니다.
- <머신러닝 도감: 그림으로 공부하는 머신러닝 알고리즘 17>(아키바 신야, 스기야마 아세이, 테라다 마나부, 제이펍)

16.4 수식과 코드로 알고리즘 표현하기

알고리즘을 이해할 때에 복잡한 수식을 떠올리는 사람도 있을 수 있을 텐데, 프로그래머라면 평소 프로그래밍하고 있는 코드 쪽이 익숙해서 이해하기 쉬울 것입니다. 예를 들어 다음의 시그마 식을 보세요.

수식	파이썬
$$y = \sum_{i=0}^{N} x_i$$	$y = 0$ for i in range(n): $y \mathrel{+}= x[i]$

수식은 관계성을 설명하는데, 프로그램의 코드는 구체적인 계산 단계를 표현합니다.

❶ y의 초깃값을 0으로 합니다.

❷ y에 x의 i번째 요소를 더합니다.

❸ ❷로 돌아간다. 0에서 n(실제로는 n-1)까지 반복합니다.

수식은 선언적인 표현인 반면 코드는 절차적인 표현입니다. 수식만 봐서는 시그마의 기호가 무엇을 가리키는지, 어떤 의미가 있는지는 직관적으로 알 수 없습니다.

한편 코드로 쓰여져 있으면 영어로 구성되어 있기 때문에 영어 텍스트를 바탕으로 어느 정도 직관적으로 의미를 추측할 수 있습니다. 예를 들어 다음의 1행은 '0부터 n-1까지 반복한다' 단계를 그대로 영어로 쓰는 것뿐입니다.

```
for i in range(n):
    ...
```

각 영단어의 한국어 번역은 다음과 같습니다.

- i: index(인덱스, 장소)
- for: ~의 동안
- range: 범위
- in: ~의 안에
- n: number(수)

이에 더해서 for 문의 예약어로서의 파이썬 문법만 알고 있을 뿐 'n의 범위 안에서 인덱스가 없어질 때까지 인덱스를 꺼낸다'는 식으로 쉽게 해석할 수 있습니다.

머신러닝은 다방면으로 수학을 활용하다 보니 수식이 매우 복잡해집니다. 복잡한 수식을 만나면 수식의 구체적인 단계를 앞과 같이 글로 써 보고, 코드로 바꿔 쓰면 더욱 깊게 이해할 수 있습니다. 만약 파이썬의 문법에 익숙하지 않다면 코드를 쓰기 전에 의사 코드(pseudocode)를 써 보기를 추천합니다.

🏗 Column | 의사 코드

의사 코드(pseudocode)란 프로그램의 구조를 설명하는 약식 표기 방법입니다. 의사 코드를 적을 때의 중요한 점은 처음부터 갑자기 엄밀하게 쓰지 않는다는 것입니다. 다음 예에서는 간단하고 알기 쉬운 처리를 의사 코드로 적고 있지만, 실제 프로그래밍에서는 더욱 복잡한 처리를 코드로 구현하게 됩니다.

우선 어떤 단계가 필요한지를 이해하기 위해서 항목별로 적어도 좋으니 처리할 일을 열거하고, 어떤 절차로 각 처리를 실시할지 나열하면서 실제로 처리하는 절차를 정합니다. 의사 코드를 기준으로 파이썬의 코드를 다시 쓰면 복잡한 처리라도 더 간단하게 작성할 수 있습니다.

▼ 의사 코드

```
x = 연속한 수치의 배열을 저장하는 객체를 준비
y = 출력하는 객체를 준비
n = 반복 횟수의 수치
for 반복에 사용하는 변수 in 반복 횟수의 수치
    y에 반복에 사용하는 변수에 있는 수치의 장소에 있는 배열의 값을 1개씩 더해 나간다
```

▼ 파이썬 코드

```
x = [1, 2, 3, 4, 5]
y = 0

n = len(x)
for i in range(n):    # i는 0, 1, 2, 3, 4
    y += x[i]         # x[0], x[1], x[2], x[3], x[4]

>>> y
15
```

TIP 의사 코드에 대해 더욱 자세히 알고 싶다면 다음의 책에서 [제2부 고급 코드 생성하기]를 한번 읽어 보길 추천합니다.
• <Code Complete 2판>(스티브 매코넬, 정보문화사)

16.5 머신러닝에서 이용하는 파이썬 라이브러리

머신러닝에서 다루는 수식은 복잡할 뿐만 아니라 코드에 다시 적으면 행 수가 매우 많아질 수 있습니다. 그러나 라이브러리나 프레임워크를 사용함으로써 간단하게 적은 행 수로 머신러닝을 구현할 수 있습니다.

라이브러리와 프레임워크

라이브러리 및 프레임워크의 위치를 그림으로 표시하면 다음과 같습니다.

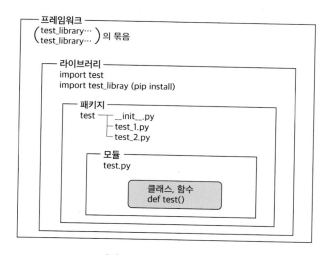

▲ 라이브러리 및 프레임워크의 위치

모듈이란 파이썬의 파일(.py)을 말합니다. 그 모듈을 몇 개 모아서 합친 것이 패키지입니다. 라이브러리는 몇 개의 패키지를 합쳐서 하나의 라이브러리로 설치할 수 있도록 한 것입니다. 프레임워크는 여러 개의 라이브러리의 묶음입니다.

라이브러리에는 다음의 2가지가 있습니다.

- **표준 라이브러리**: 파이썬을 설치한 시점에 함께 설치되는 라이브러리를 말합니다.
- **외부 라이브러리**: pip install 등의 명령어에 의해 PyPI와 같은 서드파티 저장소로부터 설치할 수 있는 라이브러리를 말합니다.

여기서 언급하고 있는 머신러닝 계산에서 이용되는 라이브러리는 외부 라이브러리를 가리킵니다.

머신러닝의 계산에서 많이 사용되는 외부 라이브러리에는 다음과 같은 것이 있습니다.

- NumPy, pandas, SciPy: 주로 수치 계산이나 데이터 분석 용도로 이용됩니다.
- scikit-learn, Keras, PyTorch, TensorFlow: 머신러닝 및 딥러닝을 실현하기 위한 라이브러리입니다.

일부 라이브러리는 내부에서 다른 라이브러리를 import하여 이용합니다. 여기서는 화살 끝의 라이브러리가 화살 시작점의 라이브러리를 import하여 이용하고 있는 라이브러리 간의 관계를 정리합니다.

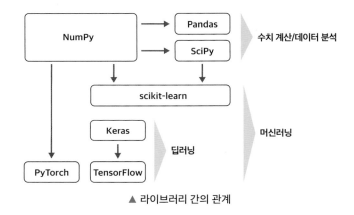

▲ 라이브러리 간의 관계

NumPy

NumPy(https://numpy.org)는 프로그래밍 언어 파이썬에서 수치 계산을 효율적으로 실시하기 위한 라이브러리입니다. 효율적인 수치 계산을 실시하기 위한 다차원 배열(예를 들어 벡터나 행렬)을 파이썬으로 다룰 수 있습니다. 또한 그것들을 조작하기 위한 수준 높은 수학 함수 라이브러리를 제공하고 있습니다.

pandas

pandas(https://pandas.pydata.org/about)는 수치 계산에 더해 데이터의 분석을 쉽게 하는 라이브러리입니다. pandas 내에서 NumPy가 이용됩니다. 예를 들어 데이터 읽어 들이기나 통계량의 표시, 간단한 시각화, 전처리(데이터 읽어 들이기, 클리닝, 결손값의 보완, 정규화 등)가 쉬워집니다.

SciPy

SciPy(https://www.scipy.org)는 배열 객체와 그 밖의 기본적인 기능을 갖춘 NumPy를 기초로 하여 만들어졌습니다. SciPy 내에서 NumPy가 이용되는데 NumPy보다 각 용도의 알고리즘 계산에 더욱 특화된 라이브러리입니다. 예를 들어 통계, 최적화, 적분, 선형 대수, 푸리에 변환, 신호 및 이미지 처리, 유전적 알고리즘, ODE(상미분 방정식) 솔버, 특수 함수, 기타 모듈을 제공합니다.

scikit-learn

scikit-learn(https://scikit-learn.org/stable)은 지도 학습 및 비지도 학습의 모듈과 패키지를 제공해 간단히 다룰 수 있게 해주는 라이브러리입니다. scikit-learn 내에서 NumPy와 SciPy가 이용됩니다. scikit-learn에서는 다음과 같은 머신러닝 알고리즘을 다룰 수 있습니다.

TIP 여기에서 소개하는 머신러닝 알고리즘에 대해 이해하고 싶다면 다음 책을 한번 읽어 보기를 추천합니다.
- <머신러닝 도감: 그림으로 공부하는 머신러닝 알고리즘 17>(아키바 신야, 스기야마 아세이, 테라다 마나부, 제이펍)

지도 학습

지도 학습에는 다음과 같은 머신러닝 알고리즘이 있습니다.

- 선형 회귀(Generalized Linear Models)
- 선형 판별 분석(Linear and Quadratic Discriminant Analysis)
- 커널 리지 회귀(Kernel Ridge regression)
- SVM(Support Vector Machines)
- SGD(Stochastic Gradient Descent)
- 최근접법/k 근접법(Nearest Neighbors)
- 가우스 과정 (Gaussian Processes)
- 십자형 분해(Cross decomposition)
- 나이브 베이즈(Naive Bayes)
- 결정 트리(Decision Trees)
- 앙상블 학습(Ensemble methods)
- 멀티클래스/멀티라벨 알고리즘(Multiclass and multilabel algorithms)
- 특징량 선택(Feature selection)
- 반지도 학습(Semi-Supervised)
- 아이소토닉 회귀(Isotonic regression)
- 캘리브레이션(Probability calibration)
- 신경망 모델(Neural network models(supervised))

비지도 학습

비지도 학습에는 다음과 같은 머신러닝 알고리즘이 있습니다.

- 혼합 가우스 모델(Gaussian mixture models)
- 다양체 학습(Manifold learning)
- 클러스터링(Clustering)
- 바이클러스터링(Biclustering)
- 주성분 분석(Principal component analysis)
- 공분산 추정(Covariance estimation)
- 밀도 추정(Density estimation)
- 신경망 모델(Neural network models)

여기까지가 머신러닝의 외부 라이브러리입니다. 여기서부터는 주로 딥러닝의 알고리즘을 구현하기 위해 이용되는 외부 라이브러리가 됩니다. 딥러닝은 머신러닝 알고리즘이 바탕이 되고 있으며, 딥러닝이 아닌 머신러닝이라고 불리기도 합니다.

TensorFlow

TensorFlow(https://www.tensorflow.org/?hl=ko)란 Google이 개발해 오픈소스로 공개하고 있는 머신러닝에 이용하기 위한 라이브러리입니다. 머신러닝이나 수치 해석, 신경망(딥러닝)에 대응하고 있습니다. TensorFlow는 다음과 같은 제품에 이용되고 있습니다.

- 얼굴 인식
- 음성 인식
- 피사체 인식(컴퓨터 비전)
- 이미지 검색
- 실시간 번역
- 웹 검색 최적화
- 이메일 분별
- 이메일 답장 자동 작성
- 자율주행차

Keras

Keras(https://keras.io/ko)는 파이썬으로 작성된 신경망 라이브러리입니다. 딥러닝, 지도 학습의 하나로 분류되는 알고리즘인 신경망을 이용해 신속하게 실험할 수 있게 설계되었으며, 최소한의 모듈식으로 확장 가능하다는 점에 중점을 두고 있습니다. Keras는 TensorFlow를 핵심 라이브러리로 이용합니다. 표준적인 신경망에 더해서 Keras는 중첩 신경망과 회귀형 신경망을 지원합니다.

PyTorch

PyTorch(https://pytorch.org)는 컴퓨터 비전이나 자연어 처리에서 이용되고 있는 Torch를 바탕으로 만들어진 파이썬으로 구현된 오픈소스 머신러닝 라이브러리입니다. TensorFlow와 마찬가지로 주로 신경망을 구축하는 라이브러리입니다. 가장 큰 특징은 PyTorch의 기본적인 조작 방법의 대부분이 NumPy와 비슷하며 NumPy와 비슷한 감각으로 PyTorch를 이용할 수 있다는 점입니다. 또한 Preferred Networks가 개발한 Chainer라는 딥러닝 프레임워크가 있었는데, PyTorch로 이행하는 형태가 되었습니다.

TIP PyTorch는 Meta Platforms, Inc.(구 Facebook)의 인공 지능 연구 그룹 AI Research lab(FAIR)에서 주로 개발했습니다.

16.6 파이썬 라이브러리로 로지스틱 회귀 표현하기

지금까지 소개한 라이브러리를 사용하면 얼마나 쉽게 머신러닝을 구현할 수 있는지 살펴봅시다.

머신러닝에 대해 잘 모르는 사람도 읽을 수 있도록 우선 최소한 알아 둬야 할 용어나 수식을 설명하고 나서, 그 수식을 코드로 어떻게 표현하는지 설명합니다. 실제로 어떠한 용어나 수식이 사용되는지를 알고 나서 코드를 작성하면서 수시로 모르는 부분을 알아보고 조금씩 이해를 넓히기를 추천합니다.

로지스틱 회귀

분류 문제를 푸는 기본 모델인 로지스틱 회귀를 NumPy와 scikit-learn으로 표현해 보겠습니다.

입력된 데이터를 0.0~1.0의 범위의 수치로 변환하여 출력하는 시그모이드 함수를 일반화한 것이 로지스틱 함수이며, 선형 회귀를 구하는 식과 연결되어 있기 때문에 로지스틱 회귀라고 부릅니다. 여기에서 일반화란 1개의 입력 데이터에 대하여 1개의 출력을 하는 함수를, 어느 정도 합친 양의 데이터를 입력하여 그 데이터로부터 출력을 낼 수 있도록 확장한 함수입니다.

시그모이드 함수를 그래프로 표현하면 다음과 같습니다. 로지스틱 회귀도 그래프로 그리면 이것과 같은 그래프가 됩니다.

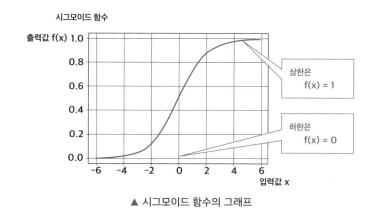

▲ 시그모이드 함수의 그래프

1개씩 시그모이드 함수에 데이터를 입력하고 1개씩 출력을 플롯하여, 각 점을 이어가면 0부터 1까지의 폭의 곡선이 그려지는 것을 알 수 있습니다.

로지스틱 회귀는 입력된 데이터를 0이나 1로 분류하는 즉 이진 분류하는 알고리즘입니다. 예를 들어 이 상품을 살 것인지 사지 않을 것인지를 예측하고 분류합니다.

또한 0과 1의 값이 아니라 0과 1 사이의 확률을 출력하는 함수가 시그모이드 함수입니다. 로지스틱 회귀는 시그모이드 함수의 출력을 기초로 이진 분류합니다. 이 책에서 이진 분류를 할 때에는 시그모이드 함수에 의해 출력된 확률인 예측값이 0.5를 경계로 0.5 이상이면 라벨 1로 하고 0.5 미만이면 라벨 0으로 합니다.

이전 절에서 언급한 바와 같이 머신러닝의 문제를 풀기 위해서는 가설 함수와 목적 함수 2가지 함수를 구현해야 합니다.

- **가설 함수**: 시그모이드를 이용해 이진 분류하는 함수입니다.
- **목적 함수(손실 함수, 오차 함수)**: 교차 엔트로피 오차(cross entropy error)가 최소가 되는 듯한 가중치를 경사하강법(gradient descent)을 이용하여 구하는 함수입니다.

시그모이드 함수의 수식

시그모이드 함수를 수식으로 표현하면 다음과 같습니다.

$$\sigma(z) = \frac{1}{1 + \exp(-z)}$$

σ는 시그마라고 부르며, 총합을 나타냅니다. z는 선형 회귀와 마찬가지로 가중치(weight)를 학습하는 부분이 됩니다.

선형 회귀에 대한 자세한 내용은 생략하지만, 선형 회귀의 목적은 설명 변수와 목적 변수의 관계를 표현하는 선형 모델의 가중치를 학습하는 것입니다. 목적 변수란 예측하고 싶은 변수를 말하며, 설명 변수란 사물의 원인이 되는 데이터, 즉 예측하고 싶은 값을 설명하는 변수를 말합니다.

가중치란 계수이며 파라미터를 가리킵니다. 이 파라미터를 어느 일정량의 데이터를 학습시킴으로써 학습 완료 파라미터를 넣은 학습 완료 모델을 작성합니다.

로지스틱 회귀는 선형회귀(다중 선형회귀의 경우)의 수식 y = w0 + w1 × x1 + w2 × x2 + ⋯ + wm × xm이 시그모이드 함수 1 / 1 + exp(-z)의 식에 넣은 형태로 표현됩니다.

w0은 절편(intercept)으로, w1, w2, …, wm은 설명 변수의 계수가 됩니다. 그리고 y가 예측값입니다. 시그모이드 함수 내에 나오는 exp(-z)는 e의 -z승과 등가가 됩니다. exp는 e를 밑(base)으로 하는 지수 함수(exponential function)를 의미합니다. e는 네이피어 수라는 수학 상수의 하나로, 약 2.718281⋯이라는 무리수(소수점 이하가 한없이 이어지는 수)입니다. 여기에서는 계산하기 쉬운 형태로 수식 변환을 위한 편의상의 개념이라고 이해해도 충분합니다.

교차 엔트로피 오차의 수식

교차 엔트로피 오차는 손실 함수의 일종이며, 예측값이 얼마나 타당성이 있는 것인지를 도모하기 위해 이용합니다.

다음의 식은 모델이 출력한 예측 확률의 자연 대수의 값과 정답 데이터의 값을 곱한 것의 총합을 손실로 한 교차 엔드로피 오차의 수식입니다.

$$E(\theta) = \sum_{n=0}^{N} t_n \log y_n + (1 - t_n) \log(1 - y_n)$$

y는 데이터 N에 대해 모델이 출력한 예측 확률값을 가리키고, t는 정답 라벨(올바른 경우는 1, 잘못된 경우는 0)을 가리킵니다.

손실의 값은 정답 카테고리를 예측할 수 있는 확률, 즉 예측값인 0.0~1.0 사이의 수치가 높아질수록 작아집니다.

즉, 손실의 값이 작을수록 그 모델이 출력한 예측값은 실제 정답 라벨과의 차는 작아집니다.

조금 복잡해 보이지만, 정답(t=1)일 때는 $\log y_n$을 생각하면 되고, 정답이 아닐 때는(t=0)일 때는 $\log(1 - y_n)$를 계산하면 됩니다.

경사하강법의 수식

경사하강법(gradient descent)의 하나인 최급강하법을 사용합니다. 경사란 기울기, 즉 함수의 미분값을 말합니다. 최급이란 가장 급한 방향으로 하강하는 것을 의미합니다. 경사법은 함수의 미분값을 바탕으로 최소값 등을 탐색하는 알고리즘입니다. 파라미터의 가중치를 조정하면서 손실 함수인 교차 엔트로피 오차가 출력하는 θ의 손실을 최소화합니다. 손실 함수의 편미분을 취하여 기울기를 구함으로써 가중치를 최적화합니다.

다음 식은 손실 함수에 대해 편미분을 구하는 수식입니다.

$$\frac{\partial E(\theta)}{\partial \theta e} = \frac{1}{m} \chi^T (\sigma(\chi\theta) - y)$$

- θ(세타)　　　　　: 가중치
- X　　　　　　　: 설명 변수, 입력 데이터
- X^T　　　　　: X의 전치 행렬
- ∂(라운드 디, 델) : 편미분

그럼 실제로 NumPy로 이러한 알고리즘을 구현하고, 어떻게 코드로 계산되고 있는지를 확인해 봅시다.

NumPy를 사용한 로지스틱 회귀

scikit-learn의 유명한 데이터셋인 iris 데이터를 이용하여 분류 문제를 풀어 봅시다. iris 데이터는 꽃의 일종인 붓꽃 품종의 데이터입니다.

이번에는 Jupyter Lab을 사용해 코딩을 합니다. Jupyter Lab이란 브라우저에서 파이썬이나 그 밖의 프로그래밍 언어의 프로그램을 실행하거나 실행한 결과를 저장하거나 공유할 수 있는 툴입니다.

TIP Jupyter Lab의 자세한 사용법을 알고 싶은 경우는 다음을 참고해 주세요.
• Jupyter Lab의 공식 문서: https://jupyter.org

필요한 라이브러리 설치하기

디렉터리를 준비하고(여기에서는 ml), 거기에 가상 환경을 만들고 Jupyter Lab과 필요한 라이브러리를 설치합니다.

```
$ mkdir ml
$ cd ml
$ python3 -m venv venv
$ source venv/bin/activate          macOS의 경우는 이렇게 작성하며,
                                     Windows(Powershell)의 경우는 다음과 같이 작성
$ python -m pip install --pugrade pip   > venv\Scripts\Activate.ps1
$ pip install scikit-learn jupyterlab numpy matplotlib
```

Jupyter Lab 구동하기

다음 명령어를 실행하면 Jupyter Lab이 구동합니다.

```
$ jupyter lab
```

Jupyter Lab을 구동하면 브라우저가 실행되고 다음 화면이 표시됩니다.

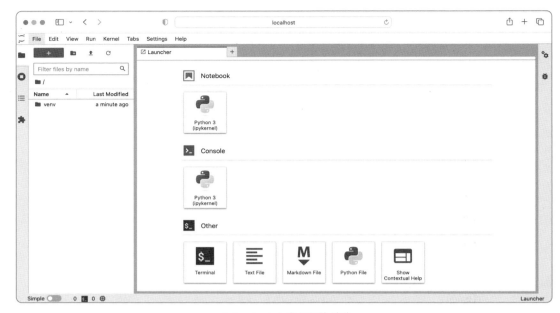

▲ Jupyter Lab을 구동한 상태

Notebook의 파이썬 아이콘을 클릭하면 Untitled.ipynb이 작성됩니다. 이 파일을 선택하고 우클릭하여 [Rename]을 선택하고 파일명을 `logi_reg.ipynb`로 변경합니다.

iris 데이터의 내용 확인하기

Notebook 파일 준비가 됐으면 scikit-learn으로부터 iris 데이터를 `import`하고 데이터의 내용을 살펴봅시다. `sklearn`에서 `iris`의 데이터셋을 읽어 들이기, `iris` 데이터셋의 `DESCR`(description) 속성의 출력 결과에서 데이터셋의 설명을 확인할 수 있습니다. 다음과 같이 코드를 입력하고, ▶ 버튼을 클릭하여 코드를 실행합니다.

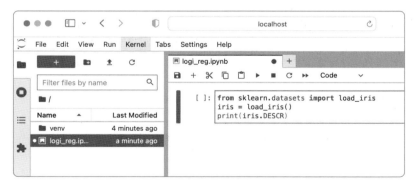

▲ 코드를 입력하여 실행한다.

▼ sklearn에서 iris 데이터셋 읽어 들이기

```
from sklearn.datasets import load_iris
iris = load_iris()
print(iris.DESCR)
```

```
.. _iris_dataset:

Iris plants dataset
--------------------

**Data Set Characteristics:**

    :Number of Instances: 150 (50 in each of three classes)
    :Number of Attributes: 4 numeric, predictive attributes and the class
    :Attribute Information:
        - sepal length in cm
        - sepal width in cm
        - petal length in cm
        - petal width in cm
        - class:
                - Iris-Setosa
                - Iris-Versicolour
                - Iris-Virginica

    :Summary Statistics:

    ============== ==== ==== ======= ===== ====================
                    Min  Max   Mean    SD   Class Correlation
    ============== ==== ==== ======= ===== ====================
    sepal length:   4.3  7.9   5.84   0.83    0.7826
    sepal width:    2.0  4.4   3.05   0.43   -0.4194
    petal length:   1.0  6.9   3.76   1.76    0.9490   (high!)
    petal width:    0.1  2.5   1.20   0.76    0.9565   (high!)
    ============== ==== ==== ======= ===== ====================

    :Missing Attribute Values: None
    :Class Distribution: 33.3% for each of 3 classes.
```

```
    :Creator: R.A. Fisher
    :Donor: Michael Marshall (MARSHALL%PLU@io.arc.nasa.gov)
    :Date: July, 1988

The famous Iris database, first used by Sir R.A. Fisher. The dataset is taken
from Fisher's paper. Note that it's the same as in R, but not as in the UCI
Machine Learning Repository, which has two wrong data points.
...
...
...
```

Iris-Setosa, Iris-Versicolour, Iris-Virginica의 3가지 라벨의 붓꽃 종류가 있으며, 각 라벨에 대해 50행의 데이터가 있으므로 전부 150행의 데이터가 있습니다. sepal length(꽃받침의 길이), sepal width(꽃받침의 폭), petal length(꽃잎의 길이), petal width(꽃잎의 폭)의 4가지 특징량이 될 수 있는 데이터가 있습니다. 이 데이터를 더욱 단순한 이진 분류 문제로 다루기 위해서 sepal length(꽃받침의 길이)와 sepal width(꽃받침의 폭) 2가지의 특징량으로 한정하고, 라벨은 2가지로 한정합니다.

데이터 시각화하기

그럼 이러한 데이터를 시각화해서 살펴봅시다.

▼ iris 데이터의 분포 그리기

```python
import numpy as np
import matplotlib.pyplot as plt
from sklearn import datasets

# 데이터 플롯도를 작성
iris = datasets.load_iris()
# iris.data는 꽃받침의 길이, 꽃받침의 폭, 꽃잎의 길이, 꽃잎의 폭에 대해서의 데이터가 저장되어 있는
# ndarray의 이차원 배열
X = iris.data[:, :2]
# iris.target은 0(=setosa), 1(=versicolor), 2(=virginica)이 저장되어 있는 ndarray의
# 일차원 배열
y = np.where(iris.target!=0, 1, iris.target)
plt.figure(figsize=(10, 6))
plt.scatter(X[y == 0][:, 0], X[y == 0][:, 1], color='navy', label='0')
```

```
plt.scatter(X[y == 1][:, 0], X[y == 1][:, 1], color='brown', label='1')
plt.legend();
```

이 코드를 실행하면 다음과 같은 분포를 얻을 수가 있습니다.

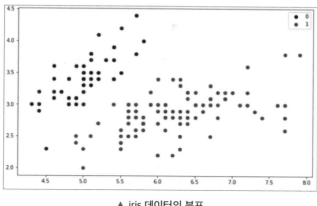

▲ iris 데이터의 분포

다음과 같이 변수 X에는 sepal length(꽃받침의 길이)와 sepal width(꽃받침의 폭)의 데이터가 들어 있습니다.

X의 데이터

```
array([[5.1, 3.5],
       [4.9, 3. ],
       [4.7, 3.2],
       [4.6, 3.1],
       [5. , 3.6],
       [5.4, 3.9],
       [4.6, 3.4],
       [5. , 3.4],
       [4.4, 2.9],
       [4.9, 3.1],
       [5.4, 3.7],
       [4.8, 3.4],
       [4.8, 3. ],
       ...
       ...
       ...
```

변수 y에는 Iris-Setosa, Iris-Versicolour, Iris-Virginica의 3가지 라벨(0, 1, 2)의 데

이터를 2가지 라벨로 가공하여 입력하고 있습니다. 그때 Iris-Virginica의 라벨인 2를 Iris-Versicolour의 라벨인 1로 하는 전처리를 실시했습니다.

y의 데이터

```
array([0, 0, 0, 0, 0, 0, 0, 0, 0, 0, 0, 0, 0, 0, 0, 0, 0, 0, 0, 0, 0, 0,
       0, 0, 0, 0, 0, 0, 0, 0, 0, 0, 0, 0, 0, 0, 0, 0, 0, 0, 0, 0, 0, 0,
       0, 0, 0, 0, 0, 0, 1, 1, 1, 1, 1, 1, 1, 1, 1, 1, 1, 1, 1, 1, 1, 1,
       1, 1, 1, 1, 1, 1, 1, 1, 1, 1, 1, 1, 1, 1, 1, 1, 1, 1, 1, 1, 1, 1,
       1, 1, 1, 1, 1, 1, 1, 1, 1, 1, 1, 1, 1, 1, 1, 1, 1, 1, 1, 1, 1, 1,
       1, 1, 1, 1, 1, 1, 1, 1, 1, 1, 1, 1, 1, 1, 1, 1, 1, 1, 1, 1, 1, 1,
       1, 1, 1, 1, 1, 1, 1, 1, 1, 1, 1, 1, 1, 1, 1, 1, 1, 1])
```

여기서는 X의 데이터를 설명 변수로서 입력하고, 0과 1의 카테고리로 분류하는 코드를 구현했습니다.

시그모이드 함수와 교차 엔트로피 오차의 함수 구현하기

다음에 예측값을 출력하기 위해 필요한 시그모이드 함수와 교차 엔트로피 오차의 함수를 구현합니다.

▼ 시그모이드 함수와 교차 엔트로피 오차의 함수

```python
import numpy as np
from sklearn.datasets import load_iris


def add_intercept(X):
    # 다중 선형 회귀를 계산하기 위한 행렬을 작성
    intercept = np.ones((X.shape[0], 1))
    return np.concatenate((intercept, X), axis=1)


def sigmoid(z):
    # 시그모이드 함수
    return 1 / (1 + np.exp(-z))


def cross_entropy(h, y):
    # 교차 엔트로피 오차
    return (-y * np.log(h) - (1 - y) * np.log(1 - h)).mean()


def predict_prob(X, theta):
    # 교차 엔트로피 오차가 가장 작은 최신의 가중치를 이용하여 X의 데이터로부터 확률의 예측값을 출력
    X = add_intercept(X)
```

```
      return sigmoid(np.dot(X, theta))

  def predict(X, theta):
      # 시그모이드 함수에 의해 출력된 확률의 예측값에서 0.5 이상은 1, 0.5 이하는 0으로 분류한 라벨을 출력
      return predict_prob(X, theta).round()
```

이러한 함수와 iris 데이터(X, y)를 이용하여 로지스틱 회귀로 가중치를 학습하는 코드를 기술합니다.

▼ 로지스틱 회귀로 가중치 학습하기

```
# 오차를 보면서 lr을 조정한다
# 학습률(learning rate)을 조정하면서 가중치를 갱신하고, 교차 엔드로피 오차가 한없이 0에 가까워질 때의
# 학습률을 찾는다
lr=0.1
iter_nums = 300000

X = add_intercept(X)

# 가중치의 초기화
theta = np.zeros(X.shape[1])

# 최급강하법
for i in range(iter_nums):
    z = np.dot(X, theta)
    h = sigmoid(z)

    # 기울기(=편미분항)을 계산
    gradient = np.dot(X.T, (h - y)) / y.size
    # 가중치를 갱신
    theta = theta - lr * gradient

    # 교차 엔드로피 오차를 저장
    loss = cross_entropy(h, y)
    if(i % 10000 == 0):
        # 교차 엔드로피 오차를 출력
        print(f'loss: {loss} \t')

# 확률값을 예측
iris = load_iris()
```

370쪽의 'iris 데이터의 분포 그리기' 코드에서 이어지는 부분입니다. 370쪽에서 실시한 y 변수를 읽어 들인 다음에 실행해 주세요.

```
X = iris.data[:, :2]
predict_prob(X, theta)
# 확률값을 사용하여 분류 라벨을 예측
predict(X, theta)
```

최급강하법의 코드에서 loss(교차 엔트로피 오차)가 한없이 0에 가까운 theta(가중치)를 선택하고, predict_prob()와 predict()에 인수로 넘겨 확률값과 분류 라벨을 예측합니다.

분류 라벨의 출력 결과는 다음과 같습니다.

```
array([0., 0., 0., 0., 0., 0., 0., 0., 0., 0., 0., 0., 0., 0., 0., 0.,
       0., 0., 0., 0., 0., 0., 0., 0., 0., 0., 0., 0., 0., 0., 0., 0.,
       0., 0., 0., 0., 0., 0., 0., 0., 0., 0., 0., 0., 0., 0., 0., 1.,
       1., 1., 1., 1., 1., 1., 1., 1., 1., 1., 1., 1., 1., 1., 1., 1.,
       1., 1., 1., 1., 1., 1., 1., 1., 1., 1., 1., 1., 1., 1., 1., 1.,
       1., 1., 1., 1., 1., 1., 1., 1., 1., 1., 1., 1., 1., 1., 1., 1.,
       1., 1., 1., 1., 1., 1., 1., 1., 1., 1., 1., 1., 1., 1., 1., 1.,
       1., 1., 1., 1., 1., 1., 1., 1., 1., 1., 1., 1., 1., 1., 1., 1.,
       1., 1., 1., 1., 1., 1., 1., 1., 1., 1., 1., 1., 1., 1.])
```

조금 전 읽어 들인 데이터(X, y)와 계산한 가중치(theta)와 함수(predict_prob)를 그대로 이용하여 분포도에 선을 긋습니다. 실행 결과는 다음과 같습니다.

▼ 분포도에 선 긋기

```
import matplotlib.pyplot as plt
import numpy as np

# 데이터를 플롯
plt.figure(figsize=(10, 6))
plt.scatter(X[y == 0][:, 0], X[y == 0][:, 1], color='navy', label='0')
plt.scatter(X[y == 1][:, 0], X[y == 1][:, 1], color='brown', label='1')
plt.legend()

# x축의 스케일 폭을 정의
x_min, x_max = X[:,0].min(), X[:,0].max()
# y축의 스케일 폭을 정의
y_min, y_max = X[:,1].min(), X[:,1].max()
# 세로 축과 가로 축의 표시
```

```
xx, yy = np.meshgrid(np.linspace(x_min, x_max), np.linspace(y_min, y_max))
grid = np.c_[xx.ravel(), yy.ravel()]
# 분류한 선을 표시
probs = predict_prob(grid, theta).reshape(xx.shape)
plt.contour(xx, yy, probs, [0.5], linewidths=1, colors='black');
```

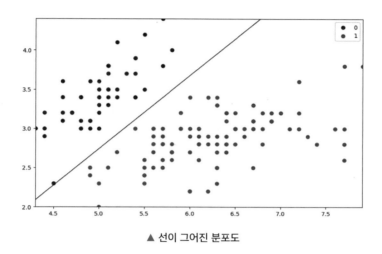

▲ 선이 그어진 분포도

이상으로 NumPy를 사용해서 로지스틱 회귀로 분류 문제를 풀어 봤습니다.

scikit-learn을 사용한 로지스틱 회귀

NumPy를 사용한 로지스틱 회귀의 코드는 scikit-learn을 사용하면 더욱 간단하게 실현할 수 있습니다.

▼ scikit-learn 사용한 로지스틱 회귀

```
import numpy as np
from sklearn.datasets import load_iris
from sklearn.linear_model import LogisticRegression
iris = load_iris()
X = iris.data[:, :2]
y = np.where(iris.target!=0, 1, iris.target)
model = LogisticRegression()
model.fit(X, y)
model.predict(X)
```

```
array([0., 0., 0., 0., 0., 0., 0., 0., 0., 0., 0., 0., 0., 0., 0., 0., 0.,
```

```
         0., 0., 0., 0., 0., 0., 0., 0., 0., 0., 0., 0., 0., 0., 0., 0., 0.,
         0., 0., 0., 0., 0., 0., 0., 0., 0., 0., 0., 0., 0., 0., 0., 1.,
         1., 1., 1., 1., 1., 1., 1., 1., 1., 1., 1., 1., 1., 1., 1., 1.,
         1., 1., 1., 1., 1., 1., 1., 1., 1., 1., 1., 1., 1., 1., 1., 1.,
         1., 1., 1., 1., 1., 1., 1., 1., 1., 1., 1., 1., 1., 1., 1., 1.,
         1., 1., 1., 1., 1., 1., 1., 1., 1., 1., 1., 1., 1., 1., 1., 1.,
         1., 1., 1., 1., 1., 1., 1., 1., 1., 1., 1., 1., 1., 1., 1., 1.,
         1., 1., 1., 1., 1., 1., 1., 1., 1., 1., 1., 1.])
```

NumPy로 기술한 결과와 같은 결과를 얻을 수 있었습니다. 이와 같이 scikit-learn을 이용하면 위에서 설명한 바와 같이 수식의 내용을 이해할 필요도 없으며, 많은 코드를 적을 필요도 없이 매우 간단하게 구현할 수 있습니다. 그러나 아주 빨리 구현할 수 있는 한편 어떤 코드를 작성했는지 설명하기 매우 어려워집니다.

머신러닝 프로젝트나 PoC를 할 때 계산 방법이나 모델의 내용을 모르는 사람에게 알기 쉽게 설명할 필요가 있기 때문에 라이브러리로 블랙박스가 되어 있는 부분도 이해해 두는 것이 매우 중요합니다.

수식을 이해하기 어렵다면 우선 scikit-learn을 사용하여 실행하면서 서서히 풀어 나가며 NumPy에 다시 적거나 수식으로 표현해 보세요. 다양한 표현을 시도해 봐야 싫증나지 않고 이해도가 깊어집니다. 또한 scikit-learn의 공식 문서는 내용이 충실하기 때문에 한번 읽으면 도움이 될 것입니다.

TIP scikit-learn의 공식 문서:
https://scikit-learn.org/stable/modules/generated/sklearn.linear_model.LinearRegression.html

이 장의 마무리

이 장에서는 머신러닝을 이해하는 데 최소한 알아 두어야 할 개념의 설명과 더불어 실제로 머신러닝 알고리즘이 어떻게 구현되어 작동하는지에 대해서 설명했습니다.

이것들을 알기 쉽게 설명하기 위한 구체적인 예로서 분류 문제의 하나인 이진 분류를 소재로 로지스틱 회귀를 NumPy, scikit-learn으로 구현해 보았습니다. 그러나 구현 방법을 이해한 것만으로는 실제로 머신러닝 알고리즘/모델을 제품으로서 이용할 수는 없습니다.

TIP 여기까지 읽어 보고 조금 더 수학에 대해서 알고 싶다면 다음의 책을 한번 읽어 보길 추천합니다.
• <Python으로 움직여서 배운다! 새로운 수학의 교과서 머신러닝·딥러닝에 필요한 기초 지식>(아즈마 유키나가, 쇼에이샤, 2019, ISBN: 9784798161174)

자신 이외의 사용자가 접근하여 계산 결과를 얻을 수 있도록 하려면 API화해야 합니다. 다음 장에서는 실제로 머신러닝 알고리즘/모델을 API로서 제품화하기 위한 개발 과정을 설명합니다.

CHAPTER 17

머신러닝 API의 개발 과정과 실천

이 장의 내용

17.1 최적의 머신러닝 알고리즘/모델 선정하기

17.2 머신러닝 알고리즘/모델 구현하기

17.3 머신러닝 API의 사양

17.4 개발 준비하기

17.5 [구현 과정 1] 분석 코드를 프로덕션 코드로 만들기

17.6 [구현 과정 2] 프로덕션 코드를 API로 만들기

17.7 정상 동작 확인하기

17.8 [과제] 머신러닝 API로부터 머신러닝 기반과 MLOps로

일반적인 머신러닝 API는 주로 다음의 2가지 개발 과정으로 개발됩니다.

[개발 과정 1] 최적의 머신러닝 알고리즘/모델 선정하기

- 데이터 수집
- 데이터의 이해
- 데이터의 전처리
- 모델 생성
- 평가

[개발 과정 2] 머신러닝 알고리즘/모델 구현하기

- 분석 코드를 프로덕션 코드로 만들기
  - 코드 리딩/코드 문서화
  - 함수 분할/모듈 분할
  - 리팩터링
- 프로덕션 코드를 API로 만들기
  - 라우팅: URI(엔드포인트) 명명 규칙의 책정
  - 오류 확인: 오류 코드와 오류 메시지의 정의
  - 요청 확인: 검증 코드의 구현

최근 데이터 사이언스 및 AI에 대한 관심이 높아짐에 따라 [개발 과정 1]에 관한 서적이나 정보는 많습니다. 그러므로 [개발 과정 1]에 대해서는 출간된 서적이나 웹 사이트의 정보, 혹은 Kaggle 등을 이용하여 배울 수 있습니다.

한편 선정된 최적인 머신러닝 알고리즘/모델을 어떻게 머신러닝 제품으로 할 것인지에 대한 정보는 그다지 많이 보지 못했습니다. 이에 이 장에서는 [개발 과정 1]에 대해서 간단히 설명한 후 [개발 과정 2]의 머신러닝 알고리즘/모델의 구현에 대해서 자세히 설명하겠습니다.

TIP 프로덕션 코드란 서비스나 앱 등 프로덕트(제품)의 소스 코드를 말합니다.

TIP Kaggle은 최적의 머신러닝 알고리즘/모델을 선정하여 정밀도를 겨루는 플랫폼입니다(https://www.kaggle.com).

17.1 최적의 머신러닝 알고리즘/모델 선정하기

머신러닝으로 문제를 풀려면 계산하는 데이터의 양이나 질, 제품에 요구되는 계산량과 속도 등의 기준에 따라 최적인 머신러닝 알고리즘/모델을 선정해야 합니다. 머신러닝 알고리즘/모델의 선정은 백지 상태에서 수식의 증명을 하여 새로운 수리 모델을 구축하거나 방대한 논문 중에서 최적인 머신러닝/모델을 선정하거나 하는 등 많은 시간을 요합니다.

최적인 머신러닝 알고리즘/모델을 선정하기 위해 머신러닝 제품 개발의 전체 스케줄을 가미하여 이미 라이브러리나 프레임워크에 구현되어 있는지 여부나 API로서 이미 제공되고 있는 머신러닝 알고리즘/모델이 있는지 여부와 같은 점도 고려됩니다.

다음은 계산하는 데이터의 양과 질을 기준으로서 scikit-learn 라이브러리에 구현된 머신러닝 알고리즘/모델을 선정하는 방법을 정리한 공식 문서의 치트 시트입니다.

- Choosing the right estimator

  https://scikit-learn.org/stable/tutorial/machine_learning_map/index.html

이러한 데이터의 양이나 질을 바탕으로 최적인 머신러닝 알고리즘/모델 선정을 예상합니다. 그리고 실제로 구현하여 입력 데이터를 가공하고, 출력 데이터를 보면서 모델의 타당성을 평가합니다. 만약 잘못했다면 다른 방식으로 데이터를 다시 가공하거나 모델을 변경합니다.

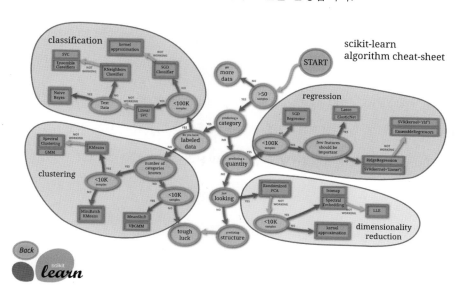

▲ Choosing the right estimator(scikit-learn 공식 문서의 치트 시트)

다음과 같은 시행 착오를 거듭하면서 가장 좋은 정밀도를 나타내는 머신러닝 알고리즘/모델을 선정합니다.

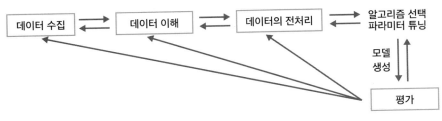

▲ 최적인 머신러닝 알고리즘/모델 선정 절차

각 작업에서 할 것은 다음과 같습니다.

- **데이터 수집**: 데이터베이스나 클라우드의 데이터 스토어에 데이터를 실세계에서 수집하고, 축적합니다.
- **데이터 이해**: Exploratory Data Analysis(EDA)라고도 하는데, 평균값이나 분산, 최곳값/최솟값 등의 기술 통계량을 내거나, 데이터를 시각화하거나, 데이터로부터 어떤 정보를 얻을 수 있는지, 어떤 경향이 있는 데이터인지 등을 이해합니다.
- **데이터의 전처리**: 알고리즘에 입력하는 특징량을 추출하기 위해 데이터 형식의 변환이나 결손값 처리, 차원 축소 등을 실시합니다.
- **모델 생성**: 전처리한 데이터를 다양한 모델이나 알고리즘에 입력하거나 파라미터 튜닝을 반복하면서 정밀도가 있는 최적인 모델을 찾기 위해서 출력은 무엇인지, 어떤 예측값을 내는지 확인합니다.
- **평가**: 학습 완료 모델의 평가, 알고리즘 자체의 평가, 파라미터 평가, 데이터셋의 평가, 데이터 전처리 방법의 평가 등을 실시합니다.

이러한 절차를 거쳐 만들어진 코드를 분석 코드(Analysis Scripts)나 리서치 오리엔티드 코드(Research Oriented Code)라고 합니다. 이 책에서는 앞으로 분석 코드라고 부르도록 합니다.

분석 코드를 구현하는 주된 목적은 PoC나 프로토타입입니다. 이러한 목적을 위해 분석 코드는 보수성이나 가독성을 고려하기 어려운 경우가 많습니다.

그러므로 분석 코드를 머신러닝 제품인 머신러닝 API로 구현하려면 '프로덕션 코드로 다시 작성한다', 'API를 설계한다', '모듈을 설계한다', '웹 앱에 끼운다' 등의 작업이 필요합니다.

이것이 이 장의 첫 부분에서 언급한 [개발 과정 2]의 머신러닝 알고리즘/모델의 구현의 과정입니다.

17.2 머신러닝 알고리즘/모델 구현하기

머신러닝 알고리즘/모델의 구현 방식에는 웹 앱으로의 삽입, API로서 구현, 머신러닝 기반으로 운용 등이 있는데, 여기부터는 머신러닝 알고리즘/모델을 API로 구현하는 과정을 다뤄 보겠습니다.

Web API로 구현하면 어떤 프로그래밍 언어로 작성된 앱이라도 머신러닝 알고리즘/모델의 모듈을 간단히 이용할 수 있게 됩니다. 그러기 위해서는 분석 코드를 프로덕트로서 작동하는 코드, 즉 프로덕션 코드로 다시 기술하고, 그것을 API로 만들어야 합니다.

구현 과정

머신러닝 알고리즘/모델을 API로 구현하려면 다음의 2가지 과정이 있습니다.

[구현 과정1] 분석 코드를 프로덕션 코드로 만들기

 1.1 코드 리딩/코드 문서화

 1.2 함수 분할/모듈 분할

 1.3 리팩터링

[구현 과정2] 프로덕션 코드를 API로 만들기

 2.1 라우팅: URI(엔드포인트) 명명 규칙의 책정

 2.2 오류 확인: 오류 코드와 오류 메시지의 정의

 2.3 요청 확인: 검증 코드의 구현

[구현 과정 1] 분석 코드를 프로덕션 코드로 만들기

이 과정에서는 분석 코드를 프로덕트 품질로 만들기 위해 가독성(Readability)과 보수성(Maintainability)을 강화해 보겠습니다. 가독성이란 프로그래밍 코드의 이해하기 쉬운 정도를 나타내는 품질 표준입니다. 보수성이란 기능의 변경/추가의 쉬운 정도를 나타내는 품질 표준입니다. 가독성/보수성이 낮으면 다른 엔지니어가 코드의 해독에 시간이 걸리거나 수정 시에 버그의 원인이 되기도 합니다.

가독성이 낮은 상태의 구체 예

- 코드 내 주석이 불충분하다.
- PEP8, PEP257에 따라 작성되어 있지 않다.
- 변수명이나 함수명이 부적절하다.
- 인덴트의 혼재.
- 문자 리터럴 혼재.
- 코딩 스타일(절차형 프로그래밍, 객체 지향 프로그래밍, 함수형 프로그래밍)의 혼재.

보수성이 낮은 상태의 구체적인 예

- 1개의 모듈/함수에 여러 기능의 코드가 조밀한 상태로 쓰여져 있다.
- 로거가 설정돼 있지 않기 때문에 처리 과정의 정보가 출력되지 않아 디버깅이 어렵다.
- 오류를 확인하는 코드가 적혀 있지 않아 오류의 원인을 알기 어렵다.
- 입력하는 데이터 타입이 이유 없이 통일되어 있지 않다.

[구현 과정 2] 프로덕션 코드를 API로 만들기

이 과정에서는 머신러닝 프로덕트로서 제공하는 API에 필요한 기능을 추가합니다. 머신러닝 API에는 머신러닝 알고리즘/모델 이외에 제1부에서도 구현한 라우팅, 오류를 체크하는 코드, API로 요청이 왔을 때에 그 요청이 올바른지 여부를 확인하는 검증 코드의 구현이 필요합니다.

일단 라우팅만 구현하면 API로 동작시킬 수 있습니다. 그러나 라우팅만 구현된 API라면 잘못된 데이터와 함께 요청이 송신되었을 때에 사실은 보존하고 싶지 않은 데이터가 데이터베이스에 보존되어 데이터의 부정합이 일어나거나, 프로그램이 정상 동작하지 않는 것을 알 수 없게 되기도 합니다. 그러므로 프로그램의 보수성을 담보한다는 의미로도 오류를 확인하는 코드와 요청 확인을 실시하는 검증 코드를 추가 구현해야 합니다.

다음 절 이후에서는 위의 과제를 의식하면서 각각의 구현 과정에 대해서 설명해 보겠습니다.

PEP란 Python Enhancement Proposal(파이썬 개선 제안)의 약칭으로, 파이썬 개발자에 의한 기능 개선의 제안과 사양이 정리된 공식 문서입니다. PEP의 내용이 기재된 PEP1(www.python.org/dev/peps/pep-0001/#id31) 외에 다음과 같은 문서가 있습니다.

PEP8

PEP8에는 파이썬의 코드 스타일 가이드 라인이 기재되어 있습니다. flake8(pypi.org/project/flake8)라는 코드 스타일을 체크하는 툴로 PEP8에 따라 작성법을 하고 있는지 여부를 확인할 수 있으며, autopep8(pypi.org/project/autopep8)이라는 툴로 소스 코드를 PEP8에 따라 자동으로 수정할 수 있습니다.

PEP20

PEP20(https://www.python.org/dev/peps/pep-0020)에는 Zen of Python이라는 [파이썬 코드를 기술할 때 유의해야 하는 19가지 원칙]이 있습니다. 파이썬답게 작성한 코드를 'Pythonic'이라고 하기도 합니다. 어떤 작성법이 Pythonic한지 엄밀한 기준은 없지만, Zen of Python을 읽으면 Pythonic이라는 말의 대략적인 의미를 이해할 수 있습니다.

파이썬 콘솔에서 import this를 실행하면 Zen of Python의 기술을 확인할 수 있습니다.

```
>>> import this
The Zen of Python, by Tim Peters

Beautiful is better than ugly.
Explicit is better than implicit.
Simple is better than complex.
Complex is better than complicated.
Flat is better than nested.
Sparse is better than dense.
Readability counts.
Special cases aren't special enough to break the rules.
Although practicality beats purity.
Errors should never pass silently.
Unless explicitly silenced.
In the face of ambiguity, refuse the temptation to guess.
There should be one-- and preferably only one --obvious way to do it.
Although that way may not be obvious at first unless you're Dutch.
Now is better than never.
Although never is often better than *right* now.
```

```
If the implementation is hard to explain, it's a bad idea.
If the implementation is easy to explain, it may be a good idea.
Namespaces are one honking great idea -- let's do more of those!
```

PEP257

PEP257(https://www.python.org/dev/peps/pep-0257)에는 독스트링 작성법의 가이드라인이 정리되어 있습니다. 독스트링(docstring)이란 모듈, 함수, 클래스, 메서드 정의의 맨 앞에 기술하는 문자열 리터럴("""~""")을 말합니다.

```
def load_filenames(dir_name, included_ext=INCLUDED_EXTENTION):
    """손글씨 문자 이미지가 놓여 있는 경로로부터 파일명을 취득하고 리스트를 작성"""
```

보통 각 모듈, 함수, 클래스, 메서드가 어떤 처리를 하는지 어떤 역할을 하고 있는지를 적습니다. 독스트링 작성법의 형식에는 Google 스타일, NumPy 스타일, reStructuredText 스타일 등이 있습니다.

독스트링의 장점은 처음 보는 코드라도 처리 내용을 이해하기 쉽다는 것입니다. 다른 개발자에게 있어서 코드가 읽기 쉬워집니다.

한편, 독스트링의 기술이 너무 길어져 코드의 양과 같을 정도, 혹은 더 많아지고 마는 경우가 있으며, 코드 수정에 따라 독스트링의 수정 횟수나 수정 부분도 증가해서 코드가 보수하기 어려워진다는 단점이 있습니다.

PEP484

PEP484(https://www.python.org/dev/peps/pep-0484)에는 타입 힌트(Type Hints, 형 힌트)의 작성법의 가이드라인이 정리되어 있습니다. 타입 힌트는 파이썬 3.5 버전 이후에 추가된 사양으로 타입에 관한 주석(타입 어노테이션)을 붙일 수 있습니다.

예를 들어 다음과 같이 인수 name의 데이터 타입과 return으로 반환하는 변수 name의 데이터 타입을 정의해 둠으로써 다른 개발자가 한눈에 어떤 데이터를 사용하는지를 이해할 수 있습니다.

```
def greeting(name: str) -> str:
    return "Hello" + name
```

너무 독스트링의 기술이 많아 코드 전체의 가독성 및 보수성이 떨어지는 경우나 독스트링이 장황하다고 느껴진다면 타입 힌트를 잘 이용해 보길 추천합니다.

🏗️ Column ┃ 큰 진흙 공

가독성과 보수성을 의식하지 않고 개발을 계속해 버리면 '큰 진흙 공(Big ball of mud)'과 같은 소프트웨어 시스템이 생기고 맙니다. 큰 진흙 공은 Brian Foote, Joseph Yoder에 의해 1997년에 <Big ball of mud>라는 논문에서 언급되면서 널리 퍼진 용어입니다. 논문에서 큰 진흙 공의 뜻은 다음과 같이 기술되어 있습니다.

"보통 오랜 기간에 개발된 것이며, 다른 개개인이 개발하여 다양한 부품으로부터 구성되어, 체계적인 아키텍처나 프로그래밍 훈련을 받지 않는 사람들이 구축한 시스템이다. 그런 소프트웨어를 만드는 그 외의 원인으로는 매니저가 개발자를 압박해서, 문제를 해결하기 위해 명확하게 설명하는 대신에 증가분의 부분적 요구에 의거하여 시스템의 코드 일부를 작성하도록 지시하는 것과 같은 경우이다."

초역: Brian Foote and Joseph Yoder(1997), <Big Ball of Mud>에서 발췌(https://teaching.csse.uwa.edu.au/courses/CITS1200/resources/mud.pdf)

실제 팀 개발이든 개인 개발이든 머신러닝 프로덕트를 개발하는 경우에는 이렇게 상황에 직면하는 경우가 많습니다. 예를 들어 팀 개발의 경우, 데이터 사이언티스트나 리서처, 머신러닝 엔지니어나 데이터 엔지니어를 포함하는 소프트웨어 엔지니어가 함께 개발할 때에 아무리 해도 예측값이 변동하지 않는 머신러닝 모델의 계산 내용을 자세하게 공유하기 어렵기 때문에 분석 코드를 서로 다르게 이해하기도 합니다.

또한 같은 파이썬 코드라도 작성법이나 이용하는 데이터 타입, 라이브러리가 다르기도 합니다. 머신러닝 프로덕트 개발 프로젝트는 PoC를 실시하는 경우가 많아 시행 횟수가 많아집니다. 시행 횟수에 비례하여 시험한 코드나 데이터가 난잡해지는 경우가 많아집니다. PoC는 어디까지나 검증 결과를 얻는 것이 목적이며, 프로덕트의 개발을 목적으로 하고 있지 않기 때문에 코드 품질의 중요성은 낮아지기 쉽습니다. 이러한 배경도 있어 이번 절에서 설명한 2가지 구현 과정을 거치지 않고 분석 코드를 그대로 억지로 프로덕트에 넣으려고 하면 큰 진흙 공 프로덕트가 생기고 맙니다.

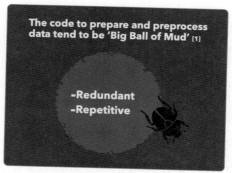

▲ 최적인 머신러닝 알고리즘 / 모델 선정의 프로세스

(출처 : Tetsuya Jesse Hirata- TransformationFromResearchOrientedCodeIntoMLAPIswithPython| PyData Global 2020, https://www.youtube.com/watch?v=wcnJru03yLY)

17.3 머신러닝 API의 사양

제16장에서는 일반적인 분류 문제의 한 예인 이진 분류를 다뤘습니다. 이 장에서는 판별 문제의 한 예인 손글씨 문자 인식을 로지스틱 회귀로 푸는 문제를 다룹니다.

[구현 과정 1]과 [구현 과정 2]를 통해서 손글씨 문자 인식을 하는 분석 코드를 머신러닝 API로 만듭니다. 분석 코드를 바탕으로 구현하는 머신러닝 API는 다음과 같은 사양입니다.

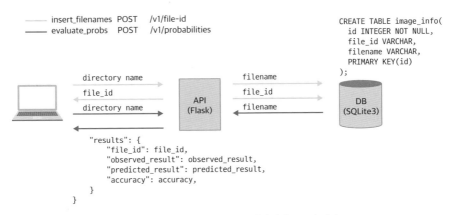

▲ 분석 코드로부터 구현하는 머신러닝 API의 사양

특정 디렉터리 아래에 배치되어 있는 손글씨 문자의 이미지 데이터의 판별 결과를 반환하는 머신러닝 API를 플라스크를 사용해서 구현합니다. 엔드포인트는 다음 2개입니다.

```
Endpoint        Methods    Rule
------------    -------    ---------------------

file_id         POST       /v1/file-id
probabilities   POST       /v1/probabilities
```

이미지 데이터가 배치된 디렉터리명을 지정하여 요청 데이터로서 /v1/file-id에 보내면 file id가 발행되고 API로부터 반환됩니다. 그 file id를 이용하여 요청 데이터로서 /v1/probabilities에 보내면 file id에 연결되는 손글씨 문자의 이미지 데이터의 내용이 얼마나 판별되고 있는지를 나타내는 판별 결과가 반환됩니다.

17.4 개발 준비하기

라이브러리의 설치

우선은 가상 환경을 만들고 이 장에서 필요한 라이브러리를 설치합니다.

```
$ python3 -m venv venv
$ source venv/bin/activate
$ python -m pip install --upgrade pip
$ pip install numpy
$ pip install pillow
$ pip install scikit-learn
$ pip install jupyterlab
$ pip install flask
$ pip install Flask-Migrate
$ pip install Flask-SQLAlchemy
$ pip install flake8
$ pip install black
$ pip install isort
$ pip install mypy
$ pip install pytest
$ pip install jsonschema
```

> macOS의 경우에 해당.
> Windows(Powershell)의
> 경우는 다음과 같이 입력.
> `> venv\Scripts\Activate.ps1`

설치한 각 라이브러리는 다음과 같습니다.

▼ 이용하는 라이브러리

라이브러리명	용도
numpy	수치 계산
pillow	이미지 데이터의 전처리 (https://pillow.readthedocs.io/en/stable/#)
scikit-learn	로지스틱 회귀와 손글씨 문자의 데이터셋의 이용
jupyterlab	개발용 에디터 Jupyter Lab
flask	분석 코드를 API로서 구현하기 위해 이용
Flask-Migrate	models.py로부터 데이터베이스에 스키마를 작성 / 관리하기 위해 이용
Flask-SQLAlchemy	쿼리 자필의 분석 코드를 O/R 매퍼화하기 위해 이용
flake8	PEP8에 따른 작성법의 코드인지 여부를 자동 체크 (https://flake8.pycqa.org/en/latest/#)

라이브러리명	용도
black	PEP8에 따른 작성법으로 코드를 자동 완성 (https://black.readthedocs.io/en/stable/)
isort	import 문을 PEP8에 따른 작성법으로 자동 정렬 (https://pycqa.github.io/isort/)
mypy	타입 힌트의 타입 체크 (https://mypy.readthedocs.io/en/stable/)
pytest	테스트 코드의 구현과 실행
jsonschema	스키마에 따라서 JSON 형식의 데이터를 체크 (https://python-jsonschema.readthedocs.io/en/latest/)

[구현 과정 1]의 [1.1 코드 리딩/코드 문서화]와 [1.2 함수 분할/모듈 분할]에서는 Jupyter Lab(jupyterlab)을 이용하여 .ipynb 파일을 사용합니다. [1.3 리팩터링]부터는 머신러닝 API로 하기 위해서 .py 파일을 구현합니다.

또한 리팩터링을 하는 과정에서 가독성이 떨어져 어떻게 수정했는지 알 수 없게 되거나 수정 전과 수정 후의 어느 쪽이 올바른지 알 수 없게 되는 경우가 있습니다. 리팩터링을 하면서 코드의 변경 부분이 많아졌다고 생각되면 적당히 다음과 같은 툴을 추천합니다. 각 툴의 사용법에 대해서는 공식 문서를 참조해 주세요.

❶ flake8로 체크하여 PEP8에 따르고 있는지 여부를 확인합니다.
❷ isort로 import 문을 정렬합니다.
❸ black으로 PEP8에 따른 작성법으로 자동 형식화합니다.
❹ 타입 힌트가 필요하면 덧붙여 써서 수정합니다.
❺ mypy로 각 함수의 인수와 반환값의 데이터 타입의 확인과 수정을 실시합니다.
❻ pytest로 테스트 코드를 실행하여 입력과 출력이 수정 전과 차이가 없는지 확인합니다. 차이가 있으면 테스트 코드를 수정합니다.

디렉터리 확인하기

다음에 GitHub로부터 샘플 코드를 git clone하여 디렉터리의 내용을 확인합니다.

```
$ git clone https://github.com/ml-flaskbook/flaskbook.git
```

루트 디렉터리는 ml_api 디렉터리가 됩니다.

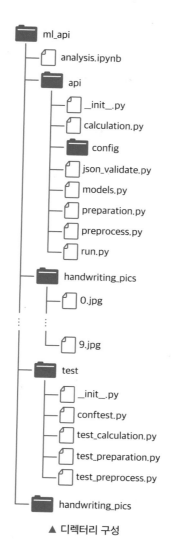

▲ 디렉터리 구성

[구현 과정 1]의 [1.1 코드 리딩/코드 문서화]과 [1.2 함수 분할/모듈 분할]에서는 analysis.ipynb를 살핍니다. [1.3 리팩터링] 이후에서는 analysis.ipynb에 있는 코드를 보면서 api 디렉터리 아래에 각 모듈을 구현합니다.

이번에는 추론 대상의 데이터로서 사전에 0~9의 숫자를 손으로 쓰고, 그것을 10장의 이미지 데이터로 준비합니다. 이 손글씨 문자의 이미지 데이터는 handwriting_pics 디렉터리 아래에 배치합니다.

학습 데이터는 scikit-learn에 부속되어 있는 숫자의 손글씨 문자의 데이터셋을 이용합니다. 그 데이터셋을 학습 데이터로서 읽어 들이고 그중 절반을 사용하여 로지스틱 회귀에 학습시킵니다.

17.5 [구현 과정 1] 분석 코드를 프로덕션 코드로 만들기

분석 코드를 프로덕션 코드로 하는 과정의 목적은 가독성과 보수성을 높이는 것입니다. 분석 코드를 프로덕션 코드로 하려면 다음 세 단계가 있습니다.

1.1 코드 리딩/코드 문서화: 어느 부분을 수정해야 하는지, 어떻게 수정해야 하는지를 결정하기 위해서 어떤 코드가 적혀 있는지 이해하면서 코드에 주석을 남깁니다.

1.2 함수 분할/모듈 분할: 코드를 수정하기 쉬운 상태로 합니다.

1.3 리팩터링: 코드를 수정하여 가독성/보수성을 향상시킵니다.

1.1 코드 리딩/코드 문서화

먼저 분석 코드의 특징을 이해합니다. 코드 리딩이란 말 그대로 코드를 읽는 행위인데 분석 코드의 목적과 코딩 스타일을 알아 두면 이해가 갑니다. 코드 문서화란 코멘트 아웃이나 독스트링, 타입 힌트를 비롯해 코드 안에 작성된 주석을 말합니다. 분석 코드와 프로덕션 코드에서는 목적과 코딩 스타일에 다음의 차이가 있습니다.

분석 코드

- **목적**: 최적인 머신러닝 모델 및 알고리즘의 선정.
- **코딩 스타일**: 추가 수정하기 쉽다. 추적이 쉽다.

프로덕션 코드

- **목적**: 서버상에서 정확하고 높은 신뢰성으로 동작하고, 사용자에게 서비스를 제공할 수 있는 상태.
- **코딩 스타일**: 계산 속도가 빠르다. 가독성이 높다. 테스트 코드를 작성하기 쉽다.

또한 분석 코드 및 머신러닝 API는 주로 다음의 3가지 역할을 하는 코드와 모듈로 구성되어 있습니다.

❶ 데이터로 접근하는 코드

RDB나 Big Query 등의 데이터베이스/데이터 스토어로부터 데이터를 import하는 코드

❷ 데이터의 전처리를 하는 코드

데이터를 만들고, 치환하고, 필터하고, 삭제하고, 정렬하는 등의 데이터를 조작을 실시하는 코드

❸ 데이터를 학습/예측/계산하는 코드

전처리된 데이터를 알고리즘에 입력하여 학습시키거나 계산하는 코드

우선은 다음의 손글씨 문자 인식을 하는 분석 코드를 읽으면서 코드 내에 주석을 남기고, 위의 3가지 역할의 코드를 찾습니다.

그럼 다음 명령어로 Jupyter Lab을 구동하고, analysis.ipynb의 내용을 살펴봅니다.

```
$ cd ml_api
$ jupyter lab
```

▼ 분석 코드 전체 (analysis.ipynb)

```python
import os
import numpy as np
from PIL import Image
import sqlite3
from sklearn.datasets import load_digits
from sklearn.linear_model import LogisticRegression
from sklearn.model_selection import train_test_split

INCLUDED_EXTENTION = [".png", ".jpg"]


dbname = 'images.db'
conn = sqlite3.connect(dbname)
cur = conn.cursor()
cur.execute('DROP TABLE image_info')
cur.execute('CREATE TABLE image_info (id INTEGER PRIMARY KEY↵
AUTOINCREMENT, filename STRING)')
conn.commit()
conn.close()


conn = sqlite3.connect(dbname)
cur = conn.cursor()
filenames = sorted(os.listdir('handwriting_pics'))
for filename in filenames:
    base, ext = os.path.splitext(filename)
    if ext not in INCLUDED_EXTENTION:
        continue
```

```
        cur.execute('INSERT INTO image_info(filename) values(?)', (filename,))
conn.commit()
cur.close()
conn.close()

conn = sqlite3.connect(dbname)
cur = conn.cursor()
cur.execute('SELECT * FROM image_info')
pics_info = cur.fetchall()
cur.close()
conn.close()

img_test = np.empty((0, 64))
for pic_info in pics_info:
    filename = pic_info[1]
    base, ext = os.path.splitext(filename)
    if ext not in INCLUDED_EXTENTION:
        continue
    img = Image.open(f'handwriting_pics/{filename}').convert('L')
    img_data256 = 255 - np.array(img.resize((8, 8)))

    min_bright = img_data256.min()
    max_bright = img_data256.max()
    img_data16 = (img_data256 - min_bright) / (max_bright - min_bright) * 16

    img_test = np.r_[img_test, img_data16.astype(np.uint8).reshape(1, -1)]

digits = load_digits()
X = digits.data
y = digits.target
X_train, X_test, y_train, y_test = train_test_split(X, y, test↵
_size=0.5, random_state=0)
logreg = LogisticRegression(max_iter=2000)
logreg_model = logreg.fit(X_train, y_train)

X_true = []
for filename in filenames:
    base, ext = os.path.splitext(filename)
```

```
        if ext not in INCLUDED_EXTENTION:
            continue
        X_true = X_true + [int(filename[:1])]
    X_true = np.array(X_true)
    pred_logreg = logreg_model.predict(img_test)


    print('손글씨 문자의 판별 결과')
    print('관측 결과:', X_true)
    print('예측 결과:', pred_logreg)
    print('정답률:', logreg_model.score(img_test, X_true))
```

절차형으로 작성되어 있으며, 위에서부터 순서대로 실행할 수 있는 코드로 되어 있는 것을 알 수 있습니다. 리스트 내포 표기가 아닌 for 문으로 작성되어 있으며 import pdb;pdb.set_trace()나 breakpoint()를 사이에 넣어 디버깅하기 쉬운 코드로 되어 있습니다. 그러나 딱 봐서는 어떤 코드가 어떤 처리를 하고 있는지를 알 수 없고, 어디서부터 수정하면 좋을지 모르겠습니다.

위의 코드에 주석을 추가하고, ① 데이터에 접근하는 코드, ② 데이터의 전처리를 하는 코드, ③ 데이터를 학습/예측/계산하는 코드의 역할로 나눌 수 있습니다. 이 3가지의 코드로 무엇이 이뤄지는지를 하나씩 확인해 나갑니다.

① 데이터로 접근하는 코드

다음은 주석을 추가한 데이터로 접근하는 코드입니다.

▼ 데이터로 접근하는 코드

```
INCLUDED_EXTENTION = [".png", ".jpg"]


# 이미지가 들어 있는 폴더를 지정하고, 내용의 파일명을 취득
# images.db를 신규 작성. images.db가 이미 존재하고 있다면 접속
dbname = 'images.db'
# 데이터베이스로의 커넥션 객체를 작성
conn = sqlite3.connect(dbname)
# sqlite를 조작하는 커서 객체를 작성
cur = conn.cursor()
# 데이터베이스의 초기화
cur.execute('DROP TABLE image_info')
# image_info라는 table을 작성
cur.execute('CREATE TABLE image_info (id INTEGER PRIMARY KEY↵
```

```
AUTOINCREMENT, filename STRING)')
# 데이터베이스에 커밋하고, 변경을 저장
conn.commit()
conn.close()


# 데이터베이스에 이미지의 파일명을 삽입
conn = sqlite3.connect(dbname)
cur = conn.cursor()
filenames = sorted(os.listdir('handwriting_pics'))
for filename in filenames:
    base, ext = os.path.splitext(filename)
    if ext not in INCLUDED_EXTENTION:
        continue
    cur.execute('INSERT INTO image_info(filename) values(?)', (filename,))
conn.commit()
cur.close()
conn.close()


# table의 내용을 취득
conn = sqlite3.connect(dbname)
cur = conn.cursor()
cur.execute('SELECT * FROM image_info')
# fetchall()을 사용해서 내용을 전부 취득
pics_info = cur.fetchall()
cur.close()
conn.close()
```

데이터베이스에는 SQLite3를 사용합니다. 데이터베이스를 만들고 image_info라는 테이블을 생성하였습니다.

조금 전 준비한 손글씨 문자의 이미지가 놓여 있는 handwriting_pics라는 디렉터리에 있는 파일명의 리스트를 취득하고, image_info라는 테이블에 파일명을 저장합니다. 저장한 후에 데이터베이스로부터 모든 파일명을 취득합니다.

② 데이터의 전처리를 하는 코드

다음은 주석을 추가한 데이터의 전처리를 하는 코드입니다.

▼ 데이터 전처리를 하는 코드(주석을 추가)

```
In [2]: img_test = np.empty((0, 64))
# 폴더 내의 모든 이미지를 데이터화
for pic_info in pics_info:
    filename = pic_info[1]
    # 이미지 파일을 취득, 그레이스케일로 하여 크기 변경
    base, ext = os.path.splitext(filename)
    if ext not in INCLUDED_EXTENTION:
        continue
    img = Image.open(f'handwriting_pics/{filename}').convert('L')
    img_data256 = 255 - np.array(img.resize((8, 8)))

    # 이미지 데이터 내의 최솟값이 0, 최댓값이 16이 되도록 계산
    min_bright = img_data256.min()
    max_bright = img_data256.max()
    img_data16 = (img_data256 - min_bright) / (max_bright - min_bright) * 16
    # 가공한 이미지 데이터의 배열을 합친다
    img_test = np.r_[img_test, img_data16.astype(np.uint8).reshape(1, -1)]
```

파일명을 리스트로 취득한 후에 각 파일명의 확장자의 체크를 실시합니다. 그다음으로 이미지 파일을 같은 크기, 같은 밝기로 가공합니다.

③ 데이터를 학습/예측/계산하는 코드

다음은 주석을 추가한 데이터를 학습/예측/계산하는 코드입니다.

▼ 데이터를 학습/예측/계산하는 코드(주석을 추가)

```
# 데이터 읽어 들이기
digits = load_digits()
# sklearn의 데이터셋으로부터 취득, 목적 변수 X와 설명 변수 y로 나눈다
X = digits.data
y = digits.target
# 지도 데이터와 테스트 데이터로 나눈다
X_train, X_test, y_train, y_test = train_test_split(X, y, test↵
_size=0.5, random_state=0)
# 로지스틱 회귀의 모델을 작성하고, 지도 데이터를 사용해서 학습시킨다
logreg = LogisticRegression(max_iter=2000)
logreg_model = logreg.fit(X_train, y_train)
```

```python
# 이미지 데이터의 판별
# 이미지 데이터의 정답을 배열로 한다
X_true = []
for filename in filenames:
    base, ext = os.path.splitext(filename)
    if ext not in INCLUDED_EXTENTION:
        continue
    X_true = X_true + [int(filename[:1])]
X_true = np.array(X_true)

# 로지스틱 회귀의 학습 완료 모델에 이미지 데이터를 넣고, 판별한다
pred_logreg = logreg_model.predict(img_test)

print('손글씨 문자의 판별 결과')
print('관측 결과:', X_true)
print('예측 결과:', pred_logreg)
print('정답률:', logreg_model.score(img_test, X_true))
```

먼저 load_digits()로 sklearn에 있는 손글씨 문자의 데이터셋을 준비합니다. 그리고 그 데이터 셋을 지도 데이터와 테스트 데이터로 나눕니다. 지도 데이터를 로지스틱스 회귀에 학습시키고 학습 완료 모델을 작성합니다. 다음에 조금 전의 ① 데이터로 접근하는 코드와 ② 데이터의 전처리를 하는 코드에서 준비해 온 이미지 데이터를 읽어 들이고, 학습 완료 모델에 입력하여 그 이미지가 손글씨 문 자인지 여부를 판별합니다.

이와 같이 3가지 역할의 코드로 분할하고, 코드 내 주석을 남기면서 코드 리딩함으로써 어떤 코드가 작성되어 있는지, 어떻게 수정해 나가는지를 이해하기 쉽게 합니다.

이어서 각 코드의 역할에 따라 모듈 분할하고, 각 주석에 따라 함수로 합니다.

1.2 함수 분할/모듈 분할

여기에서 가장 큰 목적은 코드 리딩이 더욱 쉬워지고, 테스트 코드가 작성하기 쉬워지고, 리팩터링을 할 수 있 는 상태로 하는 것입니다.

최적인 머신러닝 모델 및 알고리즘의 선정을 하는 과정은 시행 착오를 하는 횟수가 많고, 하나 하나 코드의 역할이 나누어져 있지 않고, 함수로도 되어 있지 않는 경우가 많이 있습니다. 그러므로 분석 코드의 함수 분할/모듈 분할을 함으로써 밀결합(tight coupling)으로 되어 있는 분석 코드를 소결합(loose coupling)으로 합니다.

① 데이터로 접근하는 코드, ② 데이터의 전처리를 하는 코드, ③ 데이터를 학습/예측/계산하는 코드의 3가지 코드를 밀결합 분석 코드로부터 찾아내어 하나하나의 덩어리로 하여 적절한 명명과 함께 함수 분할을 합니다.

또한 소결합으로 하는 과정에서 중복한 코드를 만나는 경우가 많습니다. 그러한 코드는 그대로 같은 이름의 함수명을 붙여서 함수 분할로 해 두고 한쪽을 삭제합니다.

함수 분할을 하는 데 의식할 것이 3가지 있습니다.

- 입력하는 데이터는 무엇인가
- 출력하는 데이터는 무엇인가
- 무엇을 하는 함수인가

만일에 위의 3가지가 애매한 경우는 새롭게 정의합니다. 함수 분할을 하면서 코드에 대한 이해가 깊어집니다. 이 참에 이해가 깊어지기 때문에 독스트링을 이용하여 어떤 함수인지 그 자리에서 메모를 하도록 덧붙여 써 둡니다.

이후에는 하나씩 코드를 실행하고, 함수 분할하면서 아울러 함수 내에 3개의 더블 쿼테이션(""")을 이용하여 독스트링을 작성합니다. 여기에서는 독스트링으로서 간단히 함수의 역할만을 작성합니다. 함수 분할을 했으면 모듈(.py 파일)로 하는 것이 간단해집니다. 그럼 3개 코드의 함수 분할을 살펴봅시다.

[함수 분할] ① 데이터로 접근하는 코드

다음은 함수 분할을 하여 독스트링을 작성한 코드입니다.

▼ 데이터로 접근하는 코드(함수 분할)

```
INCLUDED_EXTENTION = [".png", ".jpg"]
dbname = 'images.db'
dir_name = 'handwriting_pics'

def load_filenames(dir_name, included_ext=INCLUDED_EXTENTION):
    """손글씨 문자 이미지가 놓여 있는 경로로부터 파일명을 취득하고, 리스트를 작성 """
    files = []
    filenames = sorted(os.listdir(dir_name))
    for filename in filenames:
        base, ext = os.path.splitext(filename)
        if ext not in included_ext:
```

```
            continue
        files.append(filename)
    return files


def create_table(dbname):
    """테이블을 생성하는 함수"""
    conn = sqlite3.connect(dbname)
    cur = conn.cursor()
    cur.execute('DROP TABLE image_info')
    cur.execute( 'CREATE TABLE image_info (id INTEGER PRIMARY KEY↵
AUTOINCREMENT, filename STRING)')
    conn.commit()
    conn.close()
    print("table is successully created")


def insert_filenames(dbname, dir_name):
    """손글씨 문자 이미지의 파일명을 데이터베이스에 저장"""
    filenames = load_filenames(dir_name)
    conn = sqlite3.connect(dbname)
    cur = conn.cursor()
    for filename in filenames:
        cur.execute('INSERT INTO image_info(filename) values(?)', (filename,))
    conn.commit()
    cur.close()
    conn.close()
    print("image file names are successully inserted")


def extract_filenames(dbname):
    """손글씨 문자 이미지의 파일명을 데이터베이스로부터 취득"""
    conn = sqlite3.connect(dbname)
    cur = conn.cursor()
    cur.execute( 'SELECT * FROM image_info')
    filenames = cur.fetchall()
    cur.close()
    conn.close()
```

데이터로 접근하는 코드의 입력, 출력, 무엇을 하는 함수인지를 확인합니다. 여기서는 handwriting_
pics 디렉터리에 있는 손글씨 문자의 파일 경로를 입력합니다. 그리고 print 함수로 각 함수가 성공했는지 여부를 출력하고 `extract_filenames` 함수로 파일명을 출력합니다. 이 반환값은 데이터베이스에 저장되어 있던 각 파일의 ID와 각 파일명의 여러 튜플을 리스트로 가진 데이터가 됩니다.

출력

```
create_table(dbname)
insert_filenames(dbname, dir_name)
extract_filenames(dbname)
```

```
table is successully created
image file names are successully inserted
[(1, '0.jpg'),
 (2, '1.jpg'),
 (3, '2.jpg'),
 (4, '3.jpg'),
 (5, '4.jpg'),
 (6, '5.jpg'),
 (7, '6.jpg'),
 (8, '7.jpg'),
 (9, '8.jpg'),
 (10, '9.jpg')]
```

그리고 데이터로 접근하는 코드로부터는 다음 4가지의 함수를 얻을 수 있었습니다.

- load_filenames: 손글씨 문자 이미지를 배치하고 있는 경로로부터 파일명을 취득하고 리스트를 작성.
- create_table: 테이블을 작성하는 함수.
- insert_filenames: 손글씨 문자 이미지의 파일명을 데이터베이스에 저장.
- extract_filenames: 손글씨 문자 이미지의 파일명을 데이터베이스로부터 취득.

[함수 분할] ② 데이터의 전처리를 하는 코드

다음은 함수 분할을 해서 독스트링을 작성한 코드입니다.

▼ 데이터의 전처리를 하는 코드(함수 분할)

```
def load_filenames(dir_name, included_ext=INCLUDED_EXTENTION):
    """손글씨 문자 이미지가 놓여 있는 경로로부터 파일명을 취득하고, 리스트를 작성하는 함수"""
    files = []
    filenames = sorted(os.listdir(dir_name))
```

```
    for filename in filenames:
        base, ext = os.path.splitext(filename)
        if ext not in included_ext:
            continue
        files.append(filename)
        return files


def get_grayscale(dir_name):
    """읽어 들인 손글씨 문자 이미지의 색을 그레이스케일로 변환하는 함수"""
    filenames = load_filenames(dir_name)
    for filename in filenames:
        img = Image.open(f'{dir_name}/{filename}').convert('L')
        yield img


def get_shrinked_img(dir_name):
    """이미지 크기를 8×8 픽셀의 크기로 통일하고, 그레이스케일로 변환하는 함수"""
    img_test = np.empty((0, 64))
    crop_size = 8
    for img in get_grayscale(dir_name):
        img_data256 = 255 - np.array(img.resize((crop_size, crop_size)))
        min_bright, max_bright = img_data256.min(), img_data256.max()
        img_data16 = (img_data256 - min_bright) / (max_bright - min_bright) * 16
        img_test = np.r_[img_test, img_data16.astype(np.uint8).reshape(1, -1)]
    return img_test
```

입력은 handwriting_pics 디렉터리에 있는 손글씨 문자의 파일 경로입니다.

출력으로서 64픽셀(8×8픽셀)의 16계조의 그레이스케일 이미지를 픽셀마다 농담을 0~16의 수치(0이 흰색이고 16이 검은색입니다)로 나타낸 데이터를 가진 리스트를 출력합니다. 이 리스트는 NumPy 의 ndarray형으로 파이썬의 리스트와는 다른 것입니다.

출력

```
get_shrinked_img(dir_name)
```

↓

```
array([[ 0., 0., 0., 0., 0., 0., 0., 0., 0., 0., 0., 0., 0.,
        0., 0., 0., 0., 0., 0., 8., 16., 0., 0., 0., 0., 0.,
        0., 16., 16., 8., 0., 0., 0., 0., 0., 8., 8., 8., 0.,
```

```
        0., 0., 0., 0., 8., 16., 0., 0., 0., 0., 0., 0., 0.,
        0., 0., 0., 0., 0., 0., 0., 0., 0., 0., 0., 0.],
       [ 0., 0., 0., 0., 0., 0., 0., 0., 0., 0., 0., 0., 0.,
        0., 0., 0., 0., 0., 16., 0., 0., 0., 0., 0., 0.,
        0., 8., 0., 0., 0., 0., 0., 0., 0., 8., 0., 0., 0.,
        0., 0., 0., 0., 0., 0., 0., 0., 0., 0., 0., 0., 0.,
        0., 0., 0., 0., 0., 0., 0., 0., 0., 0., 0., 0.],
       [ 0., 0., 0., 0., 0., 0., 0., 0., 0., 0., 3., 3.,
        0., 0., 0., 0., 0., 6., 3., 0., 0., 0., 0., 0., 0.,
        3., 3., 3., 0., 0., 0., 0., 0., 0., 9., 3., 0.,
        0., 0., 0., 3., 16., 9., 6., 0., 0., 0., 0., 3., 3.,
        0., 0., 0., 0., 0., 0., 0., 0., 0., 0., 0., 0.], ...])
```

그리고 데이터의 전처리를 하는 코드로부터는 다음의 함수를 얻을 수 있었습니다.

- **load_filenames**: 손글씨 문자 이미지를 배치하고 있는 경로로부터 파일명을 취득하고, 리스트를 작성하는 함수.

TIP 그레이스케일은 색의 농담을 명암을 나누는 기법입니다.

- **get_grayscale**: 읽어 들인 손글씨 문자 이미지의 색을 그레이스케일로 변환하는 함수.
- **get_shrinked_img**: 이미지 크기를 8×8픽셀 크기로 통일하고, 밝기도 16계조의 그레이스케일로 변환하는 함수.

`load_filenames` 함수는 이전의 데이터로 접근하는 코드 내에서도 같은 함수가 기술되어 있었습니다. 중복되므로 다음 과정에서 데이터의 전처리를 하는 코드의 `load_filenames` 함수는 삭제합니다.

[함수 분할] ③ 데이터를 학습/예측/계산하는 코드

다음은 함수 분할을 해서 독스트링을 작성한 코드입니다.

▼ 데이터를 학습/예측/계산하는 코드(함수 분할)

```python
import os
import numpy as np
from PIL import Image
from sklearn.datasets import load_digits
from sklearn.linear_model import LogisticRegression
from sklearn.model_selection import train_test_split


def load_filenames(dir_name, included_ext=INCLUDED_EXTENTION):
```

```
    """손글씨 문자 이미지가 놓여 있는 파일명을 취득하고, 리스트를 작성"""
    files = []
    filenames = sorted(os.listdir(dir_name))
    for filename in filenames:
        base, ext = os.path.splitext(filename)
        if ext not in included_ext:
            continue
        files.append(filename)
    return files


def create_logreg_model():
    """로지스틱 회귀의 학습 완료 모델을 생성"""
    digits = load_digits()
    X = digits.data
    y = digits.target
    X_train, X_test, y_train, y_test = train_test_split(X, y, test↵
_size=0.5, random_state=0)
    logreg = LogisticRegression(max_iter=2000)
    logreg_model = logreg.fit(X_train, y_train)


def evaluate_probs(dir_name, img_test, logreg_model):
    """테스트 데이터를 이용하여 로지스틱 회귀의 학습 완료 모델의 출력을 평가"""
    filenames = load_filenames(dir_name)
    X_true = [int(filename[:1]) for filename in filenames]
    X_true = np.array(X_true)
    pred_logreg = logreg_model.predict(img_test)

    print('손글씨 문자의 판별 결과')
    print('관측 결과:', X_true)
    print('예측 결과:', pred_logreg)
    print('정답률:', logreg_model.score(img_test, X_true))
    return "Propability calculation is successfully finished"
```

입력은 handwriting_pics 디렉터리에 있는 손글씨 문자의 파일 경로입니다.

이번은 0~9까지의 수치가 적힌 이미지 데이터(JPEG 파일)를 입력 데이터로 하고 있습니다.

출력 결과는 다음과 같습니다.

출력

```
logreg_model = create_logreg_model()
evaluate_probs(dir_name, img_test, logreg_model)
```

손글씨 문자의 판별 결과

```
관측 결과: [0 1 2 3 4 5 6 7 8 9]
예측 결과: [4 4 4 4 4 4 4 7 4 4]
정답률: 0.2


'Propability calculation is successfully finished'
```

출력의 내용은 다음의 3가지입니다.

- **관측 결과**: 입력한 손글씨 문자 이미지에 적혀 있는 수치입니다.
- **예측 결과**: 학습 완료 모델이 입력한 손글씨 문자에 대해서 적혀 있을 수치를 예측하여 출력한 것입니다.
- **정답률**: 입력한 손글씨 문자 이미지 중, 학습 완료 모델이 판별한 수치가 얼마나 맞는지를 출력한 것입니다.

예측 결과를 보면 4와 7밖에 판별하지 못했다는 것을 알 수 있습니다. 또한 2/10의 정답률이기 때문에 0.2라는 정답률의 결과를 출력하고 있습니다. 여기부터 예측의 정확도를 향상시키기 위해서는 적합률, 재현율, F1, ROC, AUC 등의 평가 축을 설정하고, 교차 검증(cross validation)을 하면서 정밀도를 높여 갑니다.

데이터를 학습/예측/계산하는 코드에서는 다음의 함수를 얻을 수 있었습니다.

- **load_filenames**: 손글씨 문자 이미지가 놓여 있는 경로로부터 파일명을 취득하고 리스트를 작성.
- **create_logreg_model**: 로지스틱 회귀의 학습 완료 모델을 생성.
- **evaluate_probs**: 테스트 데이터를 이용하여 로지스틱 회귀의 학습 완료 모델의 출력을 평가.

`load_filenames` 함수는 데이터의 전처리를 하는 코드와 데이터로 접근하는 코드에서도 기술되어 있었습니다. `load_filenames` 함수의 처리 내용은 데이터로 접근하는 역할을 하기 때문에 데이터를 학습/예측/계산하는 코드의 `load_filenames` 함수는 삭제합니다.

모듈 분할하기

각각 3개의 함수 분할이 이루어진 곳에서 모듈 분할을 합니다. 다음과 같이 각 코드 역할에 맞는 모듈명으로 모듈을 작성합니다.

- **데이터 접속 코드**: preparation.py
- **데이터 전처리 하는 코드**: preprocessing.py
- **데이터를 학습/예측/계산하는 코드**: calculation.py

TIP 이 책은 데이터 사이언스의 책이 아니기 때문에 이러한 모델의 평가 방법에 대해서는 언급하지 않습니다. 지도 학습의 모델 평가 방법에 대해서 알고 싶은 분은 다음의 책을 한번 읽어 보시길 추천합니다.
- <넘파이, 사이파이, 판다스, 매트플롯립을 활용하여 직접 실습해 보는 데이터 과학 트레이닝 북>(츠카모토 쿠니타카, 야마다 노리카즈, 오오사와 후미타카, 인사이트)

또한 각 모듈에 대해서 테스트 코드도 준비해 둡니다. 테스트 코드의 작성법이나 자세한 내용은 제 2부(제11장)에서 설명했기 때문에 여기에서는 다루지 않습니다. 손글씨 문자 인식의 테스트 코드는 GitHub에 있으므로 그것을 참조해 주세요.

https://github.com/ml-flaskbook/flaskbook/tree/main/ml_api/test

모듈 분할한 결과의 디렉터리 구성은 다음과 같습니다.

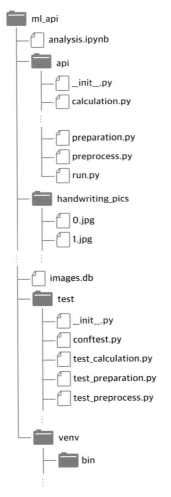

▲ 모듈 분할한 결과의 디렉터리 구성

이제 리팩터링을 할 수 있는 상태가 되었습니다.

1.3 리팩터링

입력, 출력, 함수의 역할을 의식하면서 함수 분할과 모듈 분할을 시행해 왔습니다. 여기까지 했으면 코드에 대한 이해가 깊어졌기 실제로 리팩터링을 합니다. 우선 다음 사항만이라도 의식해 두면 가독성과 보수성이 높아집니다. 분석 코드의 리팩터링을 하다 보면 이렇게 코드를 재작성할 일이 많습니다.

- 코드를 PEP8의 작성법으로 형식화한다.
- 코드의 역할 혹은 기술이 중복하고 있는 부분은 삭제하거나 공통화한다.
- for문의 경우 재작성하지 않기, 리스트 내포 표기로 재작성하기, 코드를 분할하기, 데이터 갖는 법을 바꾸기 중 하나의 리팩터링 방침을 검토하여 수정한다.
- SQL 쿼리문을 ORM으로 재작성한다.

> **TIP** 가독성과 보수성은 리팩터링에서 특히 중요한 부분입니다. 이 밖에도 세세한 리팩터링을 해야 할 부분이나 포인트가 있으나 이 책에서는 생략합니다. 더 자세히 알고 싶다면 다음의 책을 참고하면 좋을 것입니다.
> - <파이썬 코딩의 기술(개정2판)>(브렛 슬라킨, 길벗)

리팩터링 전에 한번 다음 명령어로 코드를 PEP8의 작성법으로 자동 형식화해 둡니다.

```
$ isort preparation.py preprocess.py calculation.py
$ black preparation.py preprocess.py calculation.py
```

이후로는 리팩터링 전과 리팩터링 후의 코드를 비교하면서 살핍니다. 리팩터링 전의 코드는 이전 절에서 다룬 .ipynb에 작성된 코드를 그대로 각 모듈에 복사, 붙여넣기한 것입니다.

리팩터링 전후의 코드를 비교하면서 살펴볼 때에는 black과 isort에서 형식화한 이전의 코드를 싣고 있으므로 어디가 PEP8에 따른 코드인가 하는 것도 의식해서 비교해 보세요.

또한 리팩터링 후의 코드에는 필요에 따라서 타입 힌트를 기술하고 있기 때문에 타입 힌트의 작성법도 함께 확인해 보세요.

데이터로 접근하는 코드의 리팩터링

리팩터링 전의 코드는 다음과 같습니다.

▼ [리팩터링 전] 데이터로 접근하는 코드(preparation.py)

```
import os
import sqlite3
```

```python
INCLUDED_EXTENTION = [".png", ".jpg"]
dbname = 'images.db'
dir_name = 'handwriting_pics'

def load_filenames(dir_name, included_ext=INCLUDED_EXTENTION):
    """손글씨 문자 이미지가 놓여있는 파일명을 취득하고 리스트를 작성"""
    files = []
    filenames = sorted(os.listdir(dir_name))
    for filename in filenames:
        base, ext = os.path.splitext(filename)
        if ext not in included_ext:
            continue
        files.append(filename)
    return files


def create_table(dbname):
    """테이블을 작성하는 함수"""
    conn = sqlite3.connect(dbname)
    cur = conn.cursor()
    cur.execute('DROP TABLE image_info')
    cur.execute( 'CREATE TABLE image_info (id INTEGER PRIMARY KEY↵
AUTOINCREMENT, filename STRING)')
    conn.commit()
    conn.close()
    print("table is successully created")


def insert_filenames(dbname, dir_name):
    """손글씨 문자 이미지의 파일명을 데이터베이스에 저장"""
    filenames = load_filenames(dir_name)
    conn = sqlite3.connect(dbname)
    cur = conn.cursor()
    for filename in filenames:
      cur.execute('INSERT INTO image_info(filename) values(?)', (filename,))
        conn.commit()
    cur.close()
    conn.close()
    print("image file names are successfully inserted")
```

```
def extract_filenames(dbname):
    """손글씨 문자 이미지의 파일명을 데이터베이스로부터 취득"""
    conn = sqlite3.connect(dbname)
    cur = conn.cursor()
    cur.execute('SELECT * FROM image_info')
    filenames = cur.fetchall()
    cur.close()
    conn.close()
    return filenames
```

이 코드에 기능을 추가하고 테이블을 하나 더 추가하고 싶은 경우, 다음과 같은 코드를 추가해야 합니다.

```
cur.execute( 'CREATE TABLE image_info (id INTEGER PRIMARY KEY↵
AUTOINCREMENT, filename STRING)')
```

그러나 딱 보기에는 어떤 테이블명으로 어떤 컬럼 정의가 되어 있는지 어떤 데이터를 취득해 올지 알기 어렵습니다. 그럼 리팩터링 후의 코드를 살펴 봅시다.

▼ [리팩터링 후] 데이터로 접근하는 코드(preparation.py)

```
from pathlib import Path
import uuid

from flask import abort, current_app, jsonify
from sqlalchemy.exc import SQLAlchemyError

from api.models import ImageInfo, db

def load_filenames(dir_name: str) -> list[str]:
    """손글씨 문자 이미지가 놓여 있는 경로로부터 파일명을 취득하고 리스트를 작성"""
    included_ext = current_app.config["INCLUDED_EXTENTION"]
    dir_path = Path(__file__).resolve().parent.parent / dir_name
    files = Path(dir_path).iterdir()
    filenames = sorted(
        [
            Path(str(file)).name
            for file in files
            if Path(str(file)).suffix in included_ext
        ]
```

```
    )
    return filenames


def insert_filenames(request) -> tuple:
    """손글씨 문자 이미지의 파일명을 데이터베이스에 저장 """
    dir_name = request.json["dir_name"]
    filenames = load_filenames(dir_name)
    file_id = str(uuid.uuid4())
    for filename in filenames:
        db.session.add(ImageInfo(file_id=file_id, filename=filename))
    try:
        db.session.commit()
    except SQLAlchemyError as error:
        db.session.rollback()
        abort(500, {"error_message": str(error)})
    return jsonify({"file_id": file_id}), 201


def extract_filenames(file_id: str) -> list[str]:
    """손글씨 문자 이미지의 파일명을 데이터베이스로부터 취득 """
    img_obj = db.session.query(ImageInfo).filter(ImageInfo.file_id ==↵
file_id)
    filenames = [img.filename for img in img_obj if img.filename]
    if not filenames:
        return jsonify({"message": "filenames are not found in database",↵
"result": 400}), 400
    return filenames
```

리팩터링 후의 코드에서는 O/R 매퍼인 **sqlalchemy**를 이용하고, 테이블 작성을 하는 부분을 공통화
하여 신규로 테이블을 추가하거나 수정하기 쉽도록 했습니다. 공통화된 코드는 models.py 모듈에 합
쳐서 기술하고 있습니다. O/R 매퍼를 사용하여 데이터베이스 내의 데이터로 접근하는 코드를 단축
할 수 있었습니다. 또한 리스트 내포 표기에서 기술할 수 있는 **for** 문은 리스트 내포 표기로 바꿔 쓰
고 있습니다.

데이터의 전처리를 하는 코드의 리팩터링

리팩터링 전의 코드는 다음과 같습니다.

```python
import numpy as np
from PIL import Image


INCLUDED_EXTENTION = [".png", ".jpg"]
dbname = 'images.db'
dir_name = 'handwriting_pics'


def load_filenames(dir_name, included_ext=INCLUDED_EXTENTION):
    """손글씨 문자 이미지가 놓여 있는 경로로부터 파일명을 취득하고 리스트를 작성하는 함수"""
    files = []
    filenames = sorted(os.listdir(dir_name))
    for filename in filenames:
        base, ext = os.path.splitext(filename)
        if ext not in included_ext:
            continue
        files.append(filename)
    return files


def get_grayscale(dir_name):
    """읽어 들인 손글씨 문자 이미지의 색을 그레이스케일로 변환하는 함수"""
    filenames = load_filenames(dir_name)
    for filename in filenames:
        img = Image.open(dir_name / filename).convert('L')
        yield img


def get_shrinked_img(dir_name):
    """이미지 크기를 8×8픽셀의 크기로 통일하고, 명암도 16계조의 그레이스케일로 변환하는 함수"""
    img_test = np.empty((0, 64))
    crop_size = 8
    for img in get_grayscale(dir_name):
        img_data256 = 255 - np.array(img.resize((crop_size, crop_size)))
        min_bright, max_bright = img_data256.min(), img_data256.max()
        img_data16 = (img_data256 - min_bright) / (max_bright - min_bright) * 16
        img_test = np.r_[img_test, img_data16.astype(np.uint8).reshape(1, -1)]
    return img_test
```

상수가 직접 기술되어 있습니다. preparation.py의 리팩터링과 비교하면 리팩터링 전부터 읽기 쉬워 보입니다.

그러나 resize만으로 전처리를 실시하고 있기 때문에 어떤 이미지의 크기라도 8×8픽셀 크기로 축소해 버립니다. 만약 여백이 많은 이미지가 입력되어 축소한 경우, 정보량이 적어지고 숫자의 판별이 불안정한 모델이 생기고 맙니다. 그럼 리팩터링 후의 코드를 봅시다.

▼ [리팩터링 후] 데이터의 전처리를 하는 코드(preprocess.py)

```python
from pathlib import Path

import numpy as np
from flask import current_app
from PIL import Image


def get_grayscale(filenames: list[str]):
    """읽어 들인 손글씨 문자 이미지의 색을 그레이스케일로 변환하는 함수"""
    dir_name = current_app.config["DIR_NAME"]
    dir_path = Path(__file__).resolve().parent.parent / dir_name
    for filename in filenames:
        img = Image.open(dir_path / filename).convert("L")
        yield img


def shrink_image(
    img, offset=5, crop_size: int = 8, pixel_size: int = 255,
    max_size: int = 16
):
    """이미지 크기를 8×8픽셀의 크기로 통일하고, 그레이스케일로 변환하는 함수"""
    img_array = np.asarray(img)
    h_indxis = np.where(img_array.min(axis=0) < 255)
    v_indxis = np.where(img_array.min(axis=1) < 255)
    h_min, h_max = h_indxis[0].min(), h_indxis[0].max()
    v_min, v_max = v_indxis[0].min(), v_indxis[0].max()
    width, hight = h_max - h_min, v_max - v_min
    if width > hight:
        center = (v_max + v_min) // 2
        left = h_min - offset
        upper = (center - width // 2) - 1 - offset
        right = h_max + offset
```

```
            lower = (center + width // 2) + offset
        else:
            center = (h_max + h_min + 1) // 2
            left = (center - hight // 2) - 1 - offset
            upper = v_min - offset
            right = (center + hight // 2) + offset
            lower = v_max + offset

        img_croped = img.crop((left, upper, right, lower)).resize((crop_size, crop_size))
        img_data256 = pixel_size - np.asarray(img_croped)

        min_bright, max_bright = img_data256.min(), img_data256.max()
        img_data16 = (img_data256 - min_bright) / (max_bright - min_bright) * max_size
        return img_data16

def get_shrinked_img(filenames: list[str]):
    """모델에 입력하는 이미지의 수치 데이터의 리스트를 작성하는 함수"""
    img_test = np.empty((0, 64))
    for img in get_grayscale(filenames):
        img_data16 = shrink_image(img)
        img_test = np.r_[img_test, img_data16.astype(np.uint8).reshape(1, -1)]
    return img_test
```

파일 경로를 config 파일에 기술하여 직접 읽어 들이도록 함으로써 `load_filenames` 함수를 삭제할 수 있었습니다.

또한 리팩터링 전의 코드의 `get_shrinked_img` 함수를 `get_shrinked_img` 함수와 `shrink_image` 함수로 나누었습니다. `get_shrinked_img` 함수는 전처리된 이미지를 머신러닝 알고리즘에 입력할 수 있는 형식으로 변환하는 역할을 합니다. 그에 반해 `shrink_image` 함수는 전처리만 하는 역할입니다. `shrink_image` 함수 내에서는 이미지에 적혀 있는 숫자 이외의 여분의 여백 부분을 잘라낸 후에 `resize`하고 있습니다.

또한 `crop_size`, `pixel_size`, `max_size`도 함수의 디폴트 인수로서 설정함으로써 수치의 의미를 알 수 있도록 하고 디폴트 값의 변경을 용이하게 했습니다.

데이터를 학습/예측/계산하는 코드의 리팩터링

리팩터링 전의 코드는 다음과 같습니다.

▼ [리팩터링 전] 데이터를 학습/예측/계산하는 코드(calculation.py)

```python
import os
import numpy as np
from PIL import Image
from sklearn.datasets import load_digits
from sklearn.linear_model import LogisticRegression
from sklearn.model_selection import train_test_split


def load_filenames(dir_name, included_ext=INCLUDED_EXTENTION):
    """손글씨 문자 이미지가 놓여 있는 경로로부터 파일명을 취득하고 리스트를 작성"""
    files = []
    filenames = sorted(os.listdir(dir_name))
    for filename in filenames:
        base, ext = os.path.splitext(filename)
        if ext not in included_ext:
            continue
        files.append(filename)
    return files


def create_logreg_model():
    """로지스틱스 회귀의 학습 완료 모델을 생성"""
    digits = load_digits()
    X = digits.data
    y = digits.target
    X_train, X_test, y_train, y_test = train_test_split(X, y, test_size=0.5, random_state=0)
    logreg = LogisticRegression(max_iter=2000)
    logreg_model = logreg.fit(X_train, y_train)
    return logreg_model


def evaluate_probs(dir_name, img_test, logreg_model):
    """테스트 데이터를 이용하여 로지스틱 회귀의 학습 완료 모델의 출력을 평가"""
    filenames = load_filenames(dir_name)
    X_true = [int(filename[:1]) for filename in filenames]
    X_true = np.array(X_true)
    pred_logreg = logreg_model.predict(img_test)

    print('손글씨 문자의 판별 결과')
```

```
    print('관측 결과:', X_true)
    print('예측 결과:', pred_logreg)
    print('정답률:', logreg_model.score(img_test, X_true))
    return "Propability calculation is successfully finished"
```

데이터를 학습, 예측, 계산하는 코드에는 기본적으로 API의 최종 결과를 출력하는 코드가 모입니다. JSON으로 데이터를 주고받는 경우는 인터페이스를 정돈해야 합니다. 또한 학습 완료 모델의 갱신이나 전환을 고려하여 변수명이나 함수명의 변경도 포함한 리팩터링을 해야 합니다.

학습시키는 데이터의 내용이 변하지 않는 한 재학습시킬 필요가 없기 때문에 학습시키는 코드는 ml_api에 포함하지 않고 사전에 학습 완료 모델을 작성해서 저장해 둡니다. 그러므로 sklearn 모듈을 import하는 코드는 삭제해 둡니다. 그럼 리팩터링 후의 코드를 봅시다.

▼ [리팩터링 후] 데이터를 학습/예측/계산하는 코드 (calculation.py)

```
import pickle

import numpy as np
from flask import jsonify
from sklearn.datasets import load_digits                    ┐
from sklearn.linear_model import LogisticRegression         ├─ 삭제
from sklearn.model_selection import train_test_split        ┘


from api.preparation import extract_filenames
from api.preprocess import get_shrinked_img
    def evaluate_probs(request) -> tuple:
    """테스트 데이터를 이용하여 로지스틱 회귀의 학습 완료 모델의 출력을 평가"""
    file_id = request.json["file_id"]
    filenames = extract_filenames(file_id)
    img_test = get_shrinked_img(filenames)

    with open("model.pickle", mode="rb") as fp:
        model = pickle.load(fp)

    X_true = [int(filename[:1]) for filename in filenames]
    X_true = np.array(X_true)
    predicted_result = model.predict(img_test).tolist()
    accuracy = model.score(img_test, X_true).tolist()
    observed_result = X_true.tolist()
```

```
    return jsonify(
        {
            "results": {
                "file_id": file_id,
                "observed_result": observed_result,
                "predicted_result": predicted_result,
                "accuracy": accuracy,
            }
        },
        201,
    )
```

JSON으로 데이터를 주고받기 위해서 `evaluate_probs` 함수의 `print` 함수에서 기술되었던 출력을 JSON 형식에 맞춰서 다음과 같이 했습니다.

```
{
    # 손글씨 문자의 판별 결과
    "results": {
        # 파일 ID
        "file_id": file_id,
        # 관측 결과
        "observed_result": observed_result,
        # 예측 결과
        "predicted_result": predicted_result,
        # 정답률
        "accuracy": accuracy,
    }
# 상태 코드
}, 201
```

`logreg_model`이라는 변수명은 로지스틱 회귀 이외의 모델에서도 대응할 수 있도록 `model`로 변경했습니다.

또한 `create_logreg_model` 함수는 Jupyter Notebook으로 돌아가 사전에 학습 완료 모델을 작성하여 api 아래에 저장합니다.

학습 완료 모델을 `pickle`이라는 파이썬의 표준 라이브러리를 이용하여 외부 스토리지에 저장하고,

evaluate_probs 함수를 사용하여 pickle로 저장된 학습 완료 모델을 읽어 들여 예측값을 출력하는 코드입니다.

실제로 ml_api를 작동하는 경우에는 다음 코드를 미리 실행하여 학습 완료 모델을 작성해 두어야 합니다.

▼ 학습 완료 모델 작성하기

```python
import pickle
from sklearn.datasets import load_digits
from sklearn.linear_model import LogisticRegression
from sklearn.model_selection import train_test_split

digits = load_digits()
X = digits.data
y = digits.target
X_train, X_test, y_train, y_test = train_test_split(X, y, test_size=0.5, random_state=0)
logreg = LogisticRegression(max_iter=2000)
model = logreg.fit(X_train, y_train)

with open('./api/model.pickle', mode='wb') as fp:
    pickle.dump(model, fp)
```

데이터를 학습시키는 create_logreg_model 함수를 분리하는 것으로 '모델이 학습하는 코드는 다른 서버에서 배치 처리를 하여 데이터가 새로워지면 정기적으로 재학습시킨다'는 설계를 할 수 있습니다. 모델의 학습과 예측값을 내는 빈도가 같은 경우는 적기 때문에 같은 API 내에 구현하지 않아도 되는 경우가 많습니다.

여기까지로 리팩터링이 거의 끝났습니다. 그러나 리팩터링에는 끝이 없습니다. 더욱 잘 쓰려고 하면, 가독성/보수성을 높이는 데 한없이 시간을 소비할 수 있습니다. 한편, 거기에 시간을 너무 많이 소비하면 언제까지고 프로덕트를 완성할 수 없습니다. 그러므로 여기에서는 리팩터링에서 가장 중요한 포인트로 좁혀서 설명했습니다.

다음의 [구현 과정 2]에서는 위에 작성한 프로덕션 코드를 API로서 작동하도록 해 보겠습니다.

17.6 [구현 과정 2] 프로덕션 코드를 API로 만들기

프로덕션 코드의 범용화, 즉 어떤 프로그래밍 언어에서든, 어떤 앱에서든 엔드포인트에 접근하면 API를 이용할 수 있도록 합니다. 예를 들어 어떤 기능을 API로 한 경우, JavaScript의 프론트 기술을 사용하여 다른 언어로 구현된 기능을 앱에 넣을 수 있습니다.

[구현 과정 2]에서 다루는 API는 엔드포인트(URI)를 정의하고, 그 URI로 접근하기 위해서 요청을 보내면 응답을 반환합니다. API의 엔드포인트로 요청이 오면 엔드포인트로 라우팅된 함수가 실행되기 전에 요청으로 보내는 내용을 체크합니다. 만약 함수 내에서 문제가 있었을 때에는 오류를 반환하도록 합니다.

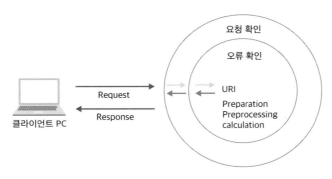

▲ 요청 검증하기

출처: Tetsuya Jesse Hirata- TransformationFromResearchOrientedCodeIntoMLAPIswithPython| PyData Global 2020(https://www.youtube.com/watch?v=wcnJru03yLY)

이후에는 프로덕션 코드를 API로 만들기 위한 3가지 단계에 대해서 설명하겠습니다.

- **2.1 라우팅**: URI(엔드포인트) 명명 규칙의 책정
- **2.2 오류 확인**: 오류 코드와 오류 메시지의 정의
- **2.3 요청 확인**: 검증 코드의 구현

이것들은 api/__init__.py 모듈에 모든 엔드포인트를 구현합니다.

▼ 프로덕션 코드를 API로 하는 코드(api/__init__.py)

```
import json
```

```python
from flask import Blueprint, jsonify, request

from api import calculation, preparation

from .json_validate import validate_json, validate_schema

api = Blueprint("api", __name__, url_prefix="/v1")

@api.post("/file-id")
@validate_json
@validate_schema("check_dir_name")
def file_id():
    return preparation.insert_filenames(request)

@api.post("/probabilities")
@validate_json
@validate_schema("check_file_id")
def probabilities():
    return calculation.evaluate_probs(request)

@api.post("/check-schema")
@validate_json
@validate_schema("check_file_schema")
def check_schema():
    data = json.loads(request.data)
    print(data["file_id"])
    print(data["file_name"])
    d = data["file_name"]
    return f"Successfully get {d}"

@api.errorhandler(400)
@api.errorhandler(404)
@api.errorhandler(500)
def error_handler(error)
    response = jsonify(
      {"error_message": error.description["error_message"], "result": error.code}
    )
  return response, error.code
```

json schema의 유무를 체크하는 데코레이터

json schema의 정의가 있는지
여부를 체크하는 데코레이터

json schema의 유무를 체크하는 데코레이터

json schema의 정의가 있는지
여부를 체크하는 데코레이터

❶

그럼 하나씩 살펴봅시다.

2.1 라우팅: URI(엔드포인트) 명명 규칙의 책정

URI뿐만 아니라, 함수나 변수 등의 명명은 프로그래밍을 하는 중에 누구나 어렵다는 느끼거나 고민하는 부분입니다. 다음과 같은 순서로 진행하면 망설임 없이 명명할 수 있습니다.

TIP REST API 설계용으로 Google이 공개하고 있는 API 설계 가이드를 한번 읽어 두는 것을 추천합니다.
https://cloud.google.com/apis/design

❶ 데이터를 학습, 예측, 계산할 코드의 함수에 입력하는 데이터와 그 함수가 출력하는 데이터가 무엇인지 확인합니다.

❷ 그 함수가 출력하는 데이터를 명사 그리고 한 단어로 표현할 수 있는 영어 단어를 찾습니다.

❸ API의 버전을 엔드포인트명에 포함합니다.

API의 버전을 포함하는 이유는 API의 기능, 예를 들어 예측 모델의 알고리즘을 변경 혹은 갱신한 경우에 어떤 알고리즘을 사용했는지를 나중에 판별할 수 있도록 하기 때문입니다.

함수의 명명 규칙

먼저 함수의 명명 규칙에 대해 설명해 둡니다. 함수의 명명 규칙은 주로 3가지가 있습니다.

- 타동사(뒤에 목적어를 가진 동사) + 명사
- 함수가 출력하는 데이터의 명사
- 함수의 역할을 나타내는 명사

예를 들어 `insert_filenames` 함수는 이미지 파일명을 데이터베이스에 저장하기 때문에 `insert`(삽입하다)라는 타동사와 `filenames`(파일명)라는 복수형의 명사를 언더스코어(_)로 연결하여 함수명으로 하고 있습니다. `evaluate_probs` 함수도 마찬가지로 `evaluate`(평가한다)라는 타동사와 probabilities(확률)을 단축한 probs라는 복수형의 명사를 언더스코어로 연결하여 함수명으로 하고 있습니다. 복수형으로 만든 이유는 여러 개의 이미지 데이터를 입력하여 여러 개의 확률을 출력하기 때문입니다.

이번에 구현하는 API는 `file id`를 발행하는 역할과 그 `file id`를 사용하여 손글씨 문자 이미지의 판별 결과를 반환하는 역할이 있습니다. `insert_filenames` 함수와 `evaluate_probs` 함수의 입력 데이터, 출력 데이터, 엔드포인트를 정리하면 다음과 같습니다.

insert_filenames 함수
- **입력 데이터**: 손글씨 문자의 이미지가 배치된 디렉터리명

- **출력 데이터**: 각 디렉터리별로 발행된 파일 ID
- **엔드포인트**: "/v1/file-id"

evaluate_probs 함수

- **입력 데이터**: 파일 ID
- **출력 데이터**: 이미지 내의 손글씨 문자의 판별 결과
- **엔드포인트**: "/v1/probabilities"

엔드포인트의 명명 규칙

엔드포인트의 명명 규칙에는 3가지 패턴이 있습니다.

[패턴 1] 엔드포인트명과 함수명이 같은 경우

```python
@api.post("/v1/probabilities")
def probabilities():
    return evaluate_probs()
```

[패턴 2] 엔드포인트명과 함수명이 다르고 함수명이 타동사 + 명사인 경우

```python
@api.post("/v1/probabilities")
def calc_probs():
    return evaluate_probs()
```

[패턴 3] 엔드포인트명과 함수명이 다르고 함수명이 명사뿐인 경우

```python
@api.post("/v1/probabilities")
def calculation():
    return evaluate_probs()
```

[패턴 1]이라면 엔드포인트명과 라우팅하는 함수명이 같고, 명명 규칙을 생각하는 수고를 하나 덜 수 있습니다. 적재적소에서 단순하게 각 엔드포인트의 역할이 무엇인지 알 수 있도록 고릅니다.

또한 Blueprint의 인수인 url_prefix에 각 엔드포인트에 공통의 prefix를 설정함으로써 엔드포인트명을 단축하여 라우팅에 정의할 수 있습니다. 예를 들어 다음과 같이 함으로써 모듈의 버전이 여러 개 있는 경우에 따로따로 모듈을 관리하기 쉬워집니다.

module_v1.py

```python
api = Blueprint("api", __name__, url_prefix="/v1")
```

```
@app.post("/probabilities")
def probabilities():
    return evaluate_probs()
```

module_v2.py

```
api = Blueprint("api", __name__, url_prefix="/v2")


@app.post("/probabilities")
def probabilities():
    return evaluate_probs()
```

이 책에서는 여러 개의 버전의 모듈을 작성하지 않는데, [패턴 1]의 엔드포인트 명명 규칙과 Blueprint를 이용하여 라우팅을 구현하고 있습니다.

2.2 오류 확인: 오류 코드와 오류 메시지의 정의

오류 코드란 다음 표에서 200, 201 이외의 상태 코드를 말합니다. 오류 메시지에는 HTTP 상태 코드만으로는 설명할 수 없는 오류의 상세한 내용을 정의합니다.

오류 코드와 오류 메시지를 반환하도록 구현하는 이유는 다양하지만 개발자에게 있어서는 '어디에서 어떤 문제가 있었는지를 찾기 쉬워진다'라는 큰 이점이 있습니다.

▼ 주요 HTTP 상태 코드 일람

상태 코드	이름	설명
200	OK	요청은 성공하여 응답과 함께 요구에 응한 리소스가 반환된다.
201	CREATED	요청은 완료하여 새롭게 리소스가 작성되었다. Location 헤더에는 새롭게 작성된 리소스의 URI가 포함된다 POST에서 이용된다.
204	NO CONTENT	내용 없음. 요청을 받았으나, 반환해야 하는 응답 엔티티가 존재하지 않는 경우에 반환된다. PUT, POST, DELETE 등에서 이용된다.
303	SEE OTHER	다른 것을 참조해라. 요청에 대한 응답이 다른 URI로서 존재할 때에 반환된다. Location 헤더에 이동처의 URI가 나타나 있다.
400	BAD REQUEST	요청이 부정이다. 정의되지 않는 메서드를 사용하는 등, 클라이언트의 요청이 이상한 경우에 반환된다.
401	UNAUTHORIZED	인증이 필요하다. Basic 인증이나 Digest 인증 등을 실시할 때에 사용된다.
404	NOT FOUND	미검출. 리소스를 찾을 수 없다.
405	METHOD NOT ALLOWED	허가되지 않는 메서드. 허가되지 않는 메서드를 사용하려고 했다.
409	CONFLICT	경합. 요청은 현재의 리소스와 경합하므로 완료할 수 없다.
500	INTERNAL SERVER ERROR	서버 내부 오류. 서버 내부에 오류가 발생한 경우에 반환된다.
506	SERVICE UNAVAILABLE	서비스 이용 불가. 서비스가 일시적으로 과부하 및 유지 보수로 사용 불가능하다.

오류 코드와 오류 메시지 표시하기

플라스크의 프레임워크 내에 정의되어 있는 errorhandler 함수를 호출하고, 데코레이터로서 error를 반환하는 함수로 데코레이트합니다. 인수에는 앞의 표에서 임의의 상태 코드를 기술합니다. 실제로 구현하면 다음과 같습니다.

▼ 오류 코드와 오류 메시지를 표시하기(api/__init__.py)

```
...생략...

@app.errorhandler(400)
@app.errorhandler(404)
@app.errorhandler(500)
def error_handler(error):
    response = jsonify(
        {"error_message": error.description["error_message"], "result": error.code}
    )
    return response, error.code
```

이 코드에서는 요청이 부정확한 경우(400), 리소스를 찾을 수 없었던 경우(404), 서버 내부에 오류가 발생한 경우(500)에 플라스크의 abort 함수를 사용하여 오류 코드와 오류 메시지를 표시합니다. abort 함수를 호출하면 거기에서 처리가 멈춥니다.

데이터베이스 내에 파일명이 발견되지 않았을 경우, 각각의 오류 메시지와 오류 코드가 위의 error_hander 함수의 인수로 전달되어 response로서 JSON 형식으로 표시됩니다.

▼ abort로 처리를 멈추는 경우(api/preparation.py)

```
...생략...

def extract_filenames(file_id: str) -> list[str]:
    """손글씨 문자 이미지의 파일명을 데이터베이스로부터 취득"""
    img_obj = db.session.query(ImageInfo).filter(ImageInfo.file_id == file_id)
    filenames = [img.filename for img in img_obj if img.filename]
    if not filenames:
        abort(404, {"error_message": "filenames are not found in database"})
    return filenames
```

abort로는 처리가 멈추고 말기 때문에 처리를 멈추고 싶지 않은 경우는 abort와 오류 핸들러를 이용하지 않고 오류 메시지와 오류 코드를 표시해도 됩니다. 다만 그 경우 직접 그 함수를 라우팅하고 오류를 반환하도록 구현해야 하며, 함수가 어딘가 다른 함수 내에서 이용되고 있는 경우는 jsonify 에서 기술한 내용이 반환되고 함수 내에서 오류가 발생합니다. 사양에 영향이 나오는 경우는 abort 로 처리를 중지하도록 합시다.

다음의 코드에서는 extract_filenames 함수가 calculation.py의 evaluate_probs 함수에서 이용되고 있기 때문에 오류가 발생하고 오류 핸들러도 캐치하지 않습니다.

▼ abort로 처리를 멈추지 않고 jsonify를 구현한 경우 (api/preparation.py)

```
...생략...

def extract_filenames(file_id: str) -> list[str]:
    """손글씨 문자 이미지의 파일명을 데이터베이스로부터 취득"""
    img_obj = db.session.query(ImageInfo).filter(ImageInfo.file_id == file_id)
    filenames = [img.filename for img in img_obj if img.filename]
    if not filenames:
        return jsonify({"message": "filenames are not found in database",↵
"result": 400}), 400
    return filenames
```

출력 확인하기

위의 abort로 처리를 멈춘 경우, abort로 처리를 멈추지 않고 jsonify를 구현한 경우의 출력을 확인합니다. 실제로 데이터베이스에는 없는 file id인 dummy를 curl 명령어로 요청하고 그 결과를 확인해 봅시다.

```
$ export FLASK_APP=run.py
$ cd api
$ flask db init
$ flask db migrate
$ flask db upgrade
$ flask run
curl http://127.0.0.1:5000/v1/probabilities -X POST -H "Content-Type:↵
application/json" -d '{"file_id": "dummy"}'
```

abort로 처리를 멈추는 경우의 출력 결과는 다음과 같습니다. abort로 처리를 멈추고, error handler 가 오류를 캐치하여 상태 코드와 오류 메시지를 반환하고 있습니다. 데이터베이스에 해당 file이 없는 것이 원인이라고 바로 알 수 있습니다.

abort로 처리를 멈추는 경우의 출력

```
{"error_message":"filenames are not found in database","result":404}
```

이것에 반해 abort로 처리를 멈추지 않고 jsonify를 구현한 경우의 출력은 다음과 같습니다.

abort로 처리를 멈추지 않고 jsonify를 구현한 경우의 출력

```
<!DOCTYPE HTML PUBLIC "-//W3C//DTD HTML 3.2 Final//EN">
<title>500 Internal Server Error</title>
<h1>Internal Server Error</h1>
<p>The server encountered an internal error and was unable to complete
your request. Either the server is overloaded or there is an error in
the application.</p>
```

처리가 멈추지 않고 오류 핸들러도 오류를 잡아내지 않고 서버 측으로부터 직접 500 오류가 반환됩니다. 그러므로 이 오류 메시지에는 어디에 어떠한 문제가 있는지 알 수 없습니다.

여기까지 살펴본 바와 같이 오류 메시지와 오류 코드를 정의하고, 오류 핸들러를 구현해 두면 무언가 문제가 있었을 때에 어디에 어떤 문제가 있었는지 바로 알 수 있습니다.

2.3 요청 확인: 검증 코드의 구현

클라이언트가 보낸 요청의 JSON 내용을 확인하려면 입력 데이터가 기대되고 있는 것인지 여부를 확인해야 합니다. 예를 들어 클라이언트 측의 문제로 요청 내용이 잘못된 상태로 전송되고, 그것이 API의 엔드포인트까지 도달하여 코드가 실행되어 버리면 잘못된 데이터가 전송되었는데도 오류가 되지 않고 데이터베이스에 그대로 유지되어 데이터의 부정합이 일어나고 큰 장애를 일으킵니다. 또한 데이터를 입력하기 전에 문제가 있음을 알 수 없다면 API 측의 문제인지 클라이언트 측의 문제인지 판별하기 어렵습니다.

그러므로 요청이 엔드포인트로 도달하기 전에 오류가 없는지 여부를 체크하는 즉, 입력하는 데이터의 검증을 실시해야 합니다.

검증 코드 구현하기

요청의 내용에서 확인하는 것은 '데이터 포맷이 JSON인지 여부'입니다. 보내온 요청의 데이터명, 데이터의 형, 데이터의 길이의 검증을 실시합니다.

요청의 검증 코드는 JSON Schema라는 JSON 파일 내에 다음과 같이 정의합니다. JSON Schema 에서는 요청의 body로 송신하고 있는 내용의 검증을 실시하는 항목을 정의하고 있습니다.

▼ JSON Schema(api/config/json-schemas/check_file_schema.json)

```json
{
    "$schema": "http://json-schema.org/draft-04/schema#",
    "type": "object",
    "properties": {
        "file_id": {
        "type": "integer",
     },
        "file_name": {
           "type": "string",
           "maximum": 120,
           "minimum": 1
        }
    },
     "required": [
        "file_id",
        "file_name"
  ]
}
```

데이터 타입이 int *number라는 형도 있는데 이것은 부동 소수점이나 지수 표시를 포함할 수 있는 수치

JSON Schema를 체크하는 데코레이터 구현하기

다음에 JSON의 데이터 유무를 체크하는 데코레이터(함수 validate_json)와 JSON Schema의 정의가 맞는지 여부를 체크하는 데코레이터(함수 validate_schema)를 구현합니다. JSON Schema를 이용하려면 $pip install jsonschema를 사전에 실행해 두어야 합니다.

▼ JSON Schema를 체크하는 데코레이터 (api/json_validate.py)

```python
from functools import wraps
from flask import (
    current_app,
    jsonify,
    request,
)
from jsonschema import validate, ValidationError
from werkzeug.exceptions import BadRequest


def validate_json(f):
    @wraps(f)
```

```
    def wrapper(*args, **kw):
        # 요청의 콘텐츠 타입이 JSON인지 여부를 확인한다
        ctype = request.headers.get("Content-Type")
        method_ = request.headers.get("X-HTTP-Method-Override",
        request.method)

        if method_.lower() == request.method.lower() and "json" in ctype:
            try:
                # body 메시지가 애당초 있는지 여부를 확인한다
                request.json
            except BadRequest as e:
                msg = "This is an invalid json"
                return jsonify({"error": msg}), 400
            return f(*args, **kw)
    return wrapper


def validate_schema(schema_name):
    def decorator(f):
        @wraps(f)
        def wrapper(*args, **kw):
            try:
                # 조금 전 정의한 json 파일대로 json의 body 메시지가 보내졌는지 확인한다
                validate(request.json, current_app.config[schema_name])
            except ValidationError as e:
                return jsonify({"error": e.message}), 400
            return f(*args, **kw)
        return wrapper

    return decorator
```

데코레이터를 구현하면 엔드포인트의 아래에 @ + 함수명을 기술합니다. 그렇게 함으로써 엔드포인트의 함수인 check_schema()가 실행되기 전에 validate_json 함수와 validate_schema('check_file_schema') 함수가 실행됩니다.

▼ 검증을 실시하는 함수를 먼저 실행하기(api/_init_.py)

```
...생략...
```

```
@api.post("/check-schema")
# json schema의 유무 확인을 하는 데코레이터
@validate_json
# json schema의 정의가 맞는지 여부의 확인을 하는 데코레이터
@validate_schema("check_file_schema")
def check_schema():
    data = json.loads(request.data)
    print(data["file_id"])
    print(data["file_name"])
    d = data["file_name"]
    return f"Successfully get {d}"


@app.errorhandler(400)
@app.errorhandler(404)
@app.errorhandler(500)
def error_handler(error):
    response = jsonify(
        {"error_message": error.description["error_message"], "result": error.code}
    )
    return response, error.code
return app
```

위의 코드에서는 /v1/check-schema라는 엔드포인트에 접근했을 때에는 요청으로 보내는 JSON 데이터가 check_file_schema 내에서 정의된 형식이나 데이터의 형에 따르지 않으면 check_schema()가 실행되지 않습니다.

동작 확인하기

정상 동작을 확인합니다. 다음의 curl 명령어를 실행하여 정상적으로 요청이 오면 다음과 같은 메시지가 반환됩니다.

```
$ cd api
$ export FLASK_APP=run.py
$ flask db init
$ flask db migrate
$ flask db upgrade
$ flask run
$ curl http://127.0.0.1:5000/v1/check-schema -X POST -H↵
```

```
"Content-Type: application/json" -d '{"file_id": 1 , "file_name":"handwriting"}'
```

```
1

handwriting

127.0.0.1 - - [11/Oct/2020 21:13:15] "POST /v1/check-schema HTTP/1.1" 200 -
```

print(data["file_id"])와 print(data["file_name"])로 요청이 무사히 도착하고, POST 메서드의 응답 상태 코드가 200으로 되어 있으므로 성공입니다.

API의 출력 결과는 다음과 같습니다. 기대했던 문구가 반환되었습니다.

```
Successfully get handwriting
```

다음에 string 타입이 아닌 int 타입의 12345를 가진 요청을 보낸 경우를 확인합니다.

```
$ curl http://127.0.0.1:5000/v1/check-schema -X POST -H "Content-Type:↵
application/json" -d '{"file_id": 1 , "file_name": 12345}'
```

```
127.0.0.1 - - [11/Oct/2020 22:41:42] "POST /v1/check-schema HTTP/1.1" 400 -
```

400 오류의 상태 코드가 반환됩니다.

또한 api/config/json-schemas/make_file_name.json에서 정의한 데이터 타입과 다르기 때문에 오류 메시지가 반환됩니다.

```
{
    "error": "12345 is not of type 'string'"
}
```

이로써 요청 확인을 실시하는 검증 코드를 구현했습니다. 이번 구현한 /v1/file-id와 /v1/probabilities의 엔드포인트에도 JSON Schema를 구현하고 있으므로 자신이 정의하지 않는 데이터와 함께 요청을 보내서 확인해 보세요.

정상 동작 확인하기

여기까지 분석 코드를 바탕으로 해서 머신러닝 API를 구현해 왔습니다. 마지막으로 정상 동작을 확인합니다.

handwriting_pics 디렉터리 아래에 있는 이미지를 데이터베이스에 저장하고 응답으로서 파일의 ID를 받습니다.

```
$ curl http://127.0.0.1:5000/v1/file-id -X POST -H "Content-Type:↵
application/json" -d '{"dir_name": "handwriting_pics"}'
```

출력

```
{
    "file_id": "685136a0-6575-4568-9561-68209a7aacb5"
}
```

응답으로서 반환된 파일의 ID와 함께 요청을 보내면 '판별 대상의 손글씨 이미지(observed_result)의 숫자', '모델이 판별한 숫자(predicted_result)', '얼마나 맞았는지(accuracy)'가 응답으로서 반환됩니다.

```
$ curl http://127.0.0.1:5000/v1/probabilities -X POST -H "Content-Type:↵
application/json" -d '{"file_id": "685136a0-6575-4568-9561-68209a7aacb5"}'
```

출력

```
[
  {
    "results": {
      "accuracy": 0.3,
      "file_id": "685136a0-6575-4568-9561-68209a7aacb5",
      "observed_result": [
        0,
```

```
            1,
            2,
            3,
            4,
            5,
            6,
            7,
            8,
            9
        ],
        "predicted_result": [
            3,
            3,
            4,
            9,
            4,
            3,
            6,
            7,
            3,
            4
        ]
    }
  },
  201
]
```

분석 코드와 비교하여 판별하는 숫자가 하나 늘었습니다. 아마도 이미지의 전처리의 로직에 변경을 가한 것이 영향을 미치고 있습니다.

이로써 이미지 데이터의 손글씨 문자를 판별할 수 있는 API를 작성했습니다.

[과제] 머신러닝 API로부터
머신러닝 기반과 MLOps로

17.8

이번에 구현한 머신러닝 API에서는 scikit-learn에서 이미 준비된 학습 데이터를 이용했습니다. 실제 현장에서는 데이터베이스에 있는 데이터를 사용하여 모델에 학습시켜야 합니다. 그리고 데이터의 질과 양이 달라지면 동시에 학습 완료 모델을 업데이트해야 합니다.

항상 모델의 정밀도가 좋다고는 할 수 없기 때문에 갱신된 모델을 계속 평가하고, 모니터링해야 합니다. 또한 모델의 정밀도가 떨어진 경우 즉시 이전의 모델로 전환할 수 있도록 백업해 둬야 합니다. 이러한 경우 다음과 같은 구성을 생각할 수 있습니다. 배경색으로 표시한 부분이 추가한 항목입니다.

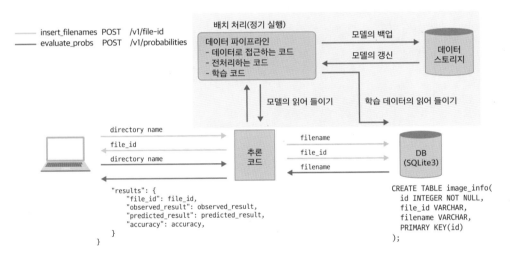

▲ 배치 처리와 모델의 백업

데이터를 학습, 예측, 계산하는 코드로부터 예측값을 출력하는 추론 코드와 최소한으로 필요한 데이터의 읽어 들이기를 하는 코드나 구동하는 코드만을 꺼내서 API로서 구현합니다. 그 밖의 코드는 정기적으로 실행되는 배치 처리에서 다룹니다. API로 구현된 추론 코드는 웹 앱에서 요청이 올 때마다 처리가 실행됩니다.

한편 배치로서 구현된 코드는 제3부에서 다룬 Cloud Run과 같은 서버리스 서비스를 사용해서 동작하거나 정기 실행해 주는 Google Cloud와 같은 클라우드 서비스를 사용해서 모델을 갱신합니다.

물론 온프레미스에서도 AWS나 Azure에서도 가능합니다. 또한 데이터의 양이 너무 많아서 배치로 구현된 코드의 정기 실행이 늦는 경우는 코드를 세분화하여 병렬로 처리를 작동시키는 설계를 생각해야 합니다.

이처럼 각 퍼블릭 클라우드의 매니지드 서비스나 오픈소스 툴을 사용하여 배치 처리의 실행, 모델의 갱신, 모델의 백업, 배포 등이 자동화된 인프라를 머신러닝 기반이라고 합니다. 배치 처리의 실행, 모델의 갱신, 모델의 백업, 배포 등이 자동화되어 편리한 한편, 그 기반 자체의 운용 보수가 필요해집니다. 머신러닝 기반의 운용 보수를 Machine Learning Operations(MLOps)라고 합니다.

그러나 이러한 머신러닝 프로덕트의 설계는 어떤 코드가 어떤 역할이고, 어떤 입력과 출력을 낼지 모르면 구현할 수 없습니다.

또한 머신러닝 API의 기초가 되는 코드는 항상 분석 코드이며, 분석 코드를 이해하는 것부터 시작됩니다. 따라서 이 장에서 배운 내용은 여러 가지 설계 패턴에 대한 자세한 지식보다 더 본질적인 것이라고 생각합니다.

분석 코드로부터 머신러닝 프로덕트의 설계를 생각하는 경우에는 '어느 부분의 코드를 범용화할 수 있는가', '어떻게 코드끼리 소결합할 수 있는가', '어느 부분을 클라우드 서비스로 바꿀 수 있는가', '자동화할 수 있는가'라는 시점에서 생각해 보세요.

TIP 머신러닝을 중심으로 한 시스템 설계에 흥미가 있는 분은 다음의 책을 한번 읽어 보길 추천합니다.
 • <머신러닝 실무 프로젝트>(아리가 아키미치, 나카야마 신타, 타카시 니시바야시, 한빛미디어)

이 장의 마무리

머신러닝 API 개발 과정에는 다음 2가지가 있으며, 이 장에서는 [개발 과정 2]에 대해 설명했습니다.

• [개발 과정 1] 최적의 머신러닝 알고리즘/모델의 선정
• [개발 과정 2] 머신러닝 알고리즘/모델의 구현

이 장에서 살펴본 바와 같이 머신러닝 알고리즘/모델의 구현에는 다음 2가지 과정이 있습니다.

• [구현 과정 1] 분석 코드를 프로덕션 코드로 만들기
• [구현 과정 2] 프로덕션 코드를 API로 만들기

[구현 과정 1]에서는 분석 코드의 보수성/가용성을 강화해 나가는 절차, [구현 과정 2]에서는 머신러닝 API에 필요한 과정 항목에 대해서 설명했습니다.

이 장에서 다룬 과정이 필요한 주된 이유는 머신러닝 API 개발에서는 분석 코드를 작성하는 데이터 사이언티스트와 API를 개발하는 엔지니어의 협력이 되는 경우가 많고, 각각의 코딩 스타일이나 코드를 작성하는 목적이 다르기 때문입니다. 만약 양쪽이 최적인 머신러닝 알고리즘/모델의 선정과 머신

러닝 알고리즘/모델의 구현의 양쪽을 할 수 있다면 과정이나 협업을 의식하지 않아도 혼자서 개발할 수 있습니다.

그리고 머신러닝 알고리즘/모델의 구현에 대한 구체적인 정보나 경험이 세상에 아직 적은 것도 있어서 이 책에서는 머신러닝 알고리즘의 개발 방법이나 정밀도를 올리는 법 등의 데이터 사이언스가 아닌 엔지니어링에 비중을 두어서 설명했습니다.

손글씨 문자 인식의 문제를 소재로서 다룬 분석 코드를 프로덕션 코드로 하는 과정(17.5절)은 데이터 사이언티스트와 함께 일하고 있는 엔지니어 및 데이터 사이언티스트가 읽어 주길 바라는 내용입니다.

TIP 머신러닝이라는 수단을 포함한 데이터 활용을 실시하여, 어떻게 비즈니스상의 문제를 해결할 수 있는지의 전체 내용을 알려면 다음의 책을 한번 읽어 보길 추천합니다.

- <AI 데이터 분석 프로젝트의 모든 것>(오오시로 노부아키, 머스크드 애널라이즈, 이토 테츠로, 코니시 텟페이, 니시하라 히데키, 유이시로, 기술평론사, 2020, ISBN: 9784297117580)

INDEX

Python Flask 파이썬 플라스크 웹 앱
Web App 개발 입문

초판 1쇄 인쇄 2023년 02월 10일
초판 1쇄 발행 2023년 02월 15일

저자 : 사토 마사키, 히라타 테츠야
감수 : 테라다 마나부
번역 : 김은철, 유세라

펴낸이 : 이동섭
편집 : 강민철
디자인 : 강민철, 조세연
영업·마케팅 : 송정환, 조정훈
e-BOOK : 홍인표, 최정수, 서찬웅, 김은혜, 이홍비, 김영은
관리 : 이윤미

㈜에이케이커뮤니케이션즈
등록 1996년 7월 9일(제302-1996-00026호)
주소 : 04002 서울 마포구 동교로 17안길 28, 2층
TEL : 02-702-7963~5 FAX : 02-702-7988
http://www.amusementkorea.co.kr

ISBN 979-11-274-5932-1 13000

Python Flask によるWeb アプリ開発入門
(Python Flask ni Yoru Web Apuri Kaihatsu Nyumon : 6646-9)
© 2022 Masaki Sato/Tetsuya Hirata/Manabu Terada
Original Japanese edition published by SHOEISHA Co.,Ltd.
Korean translation rights arranged with SHOEISHA Co.,Ltd. through Digital Catapult inc.
Korean translation copyright © 2023 by A.K Communications Inc.